Mein Patenonkel

Rune Westlin kommt aus Älvdalen in Schweden und ist Bäcker und Konditor. Er ist Evas Patenonkel und lieferte mit seinem Wissen den Grundstock zu diesem Buch.

Im Jahr 1949 begann er seine Bäckerlehre in der Konditorei Morin mit 30 Kronen Wochenlohn und einer freien Mahlzeit am Tag. Er war begeistert von diesem Beruf. In seiner Freizeit reiste er umher und schaute sich die Schaufenster anderer Bäckereien an. Auf diesen Reisen sammelte er auch neue Rezepte von Torten und Gebäck. Dann kehrte er nach Hause zurück und backte sie für die Konditorei Morin nach. Der Inhaber der Konditorei schätzte Runes Unternehmungsgeist und steckte ihm öfter einmal einen Groschen zu, als Dankeschön dafür, dass er die Zuckerbäckerkunst in Älvdalen so unterstützte.

Doch nicht alle freuten sich über Runes Ambitionen. So zum Beispiel eine gewisse Agda. Besagte Dame bediente im Café und verkaufte im Laden der Konditorei – und sie wollte nichts von den neuen Entdeckungen wissen. Alles sollte so bleiben wie es war! Jeden Sonntagabend schrieb Agda eine Liste, was für den nächsten Montag gebacken werden sollte. Die Liste endete immer mit dem Satz: KEINE NEUEN SORTEN! So verkümmerten die neuen Kreationen in einer Ecke der Backstube. Aber Rune hielt durch. Nach drei Jahren war er Bäcker und nach weiteren zwei Konditor.

Zu Weihnachten wurden natürlich Berge von Lebkuchen gebacken. Meist die üblichen Sorten – damit Agda zufrieden war. Manchmal wurden aber auch Lebkuchenhäuser von Brotläden und Geschäften bestellt, die sie ins Schaufenster stellen wollten. Da es dafür aber keine Vorlagen gab, mussten sich die Konditoren ihre eigenen Modelle ausdenken. So war es der Brauch. Rune baute am liebsten Häuser mit einem kleinen Holzzaun darum herum und einem Lämpchen im Innern, das ins Winterdunkel hinausleuchtete.

Irgendwann hängte er jedoch seinen Beruf an den Nagel und wurde Musiklehrer. Aber er verriet uns für dieses Buch all die kleinen Tricks und Handgriffe, die man kennen sollte, um ein echtes Lebkuchenhaus bauen zu können. Dieses wertvolle Wissen möchten wir Ihnen nun auf den folgenden Seiten weitergeben.

Die Geschichte des Lebkuchens

Deutschland ist das Lebkuchenland Nummer eins. Im Mittelalter stellten die Mönche dort nicht nur Likör her, sondern backten auch. Zu jener Zeit galt in der Heilkunde die Devise: „Je stärker der Geschmack, desto größer der Effekt." Pfeffer sollte zum Beispiel auf hysterische, nervöse Menschen beruhigend wirken. Also stellten die Mönche neben Oblaten auch Pfefferkuchen, das heißt kräftig gewürzten Lebkuchen, her. Um den Geschmack und die Haltbarkeit zu verbessern, fügte man Honig hinzu. Das süße, würzige Gebäck erfreute sich großer Beliebtheit und wurde von den Mönchen schließlich in ganz Europa verbreitet. Es gibt aber auch Hinweise darauf, dass bereits 1800 v. Chr. in Mesopotamien Lebkuchen gegessen wurde. Da er haltbar war und nicht schimmelte, diente er römischen Soldaten als Verpflegung, wenn sie in den Krieg zogen.

Im 14. Jahrhundert entstand in Deutschland der Beruf der „Lebküchler". Diese Lebkuchenbäcker waren zugleich wahre Künstler. Sie schnitzten Holzmodeln in Form von Wappen, Barockkönigen, Trommlern, Reitern, Porträts, Siegeln und religiösen Motiven. Der Teig wurde in die Modeln gedrückt und zu schönem Motivgebäck gebacken.

Aufzeichnungen aus dem Jahr 1444 zufolge aßen in Schweden erstmals Nonnen aus Vadstena Pfefferkuchen zur Verdauungsförderung. Ihre Magenbeschwerden wurden durch die vielen Gewürze darin gelindert. Zu jener Zeit enthielt der Teig nämlich außer den traditionellen Gewürzen wie Zimt, Ingwer und Gewürznelken, auch Pfeffer, Kardamom, Anis, Fenchelsamen, Zedernöl sowie Zitronen- und Pomeranzenschale.

Auch dem schwedisch-norwegisch-dänischen König Hans, der von 1497 bis 1501 regierte, wurden Pfefferkuchen von seinem Leibarzt verordnet. Der Grund dafür: Der König war oft sehr schlecht gelaunt, und es herrschte allgemein die Meinung, Pfefferkuchen mache gute Laune. Die Verzeichnisse einer Kopenhagener Apotheke belegen, dass sie dem König gleich mehrere Kilogramm dieses Stimmungsaufhellers geschickt hatte.

Die ersten Quellen, die Lebkuchen als Handelsware belegen, stammen aus dem 16. Jahrhundert. So wurde das Gebäck in den Klosterapotheken und Bäckereien schwedischer Städte angeboten, aber auch auf Märkten verkauft. Nach alten, noch erhaltenen Import- und Lagerlisten wurde fertiger Lebkuchen auch importiert, vor allem aus Nürnberg, einem wichtigen Zentrum der mittelalterlichen Lebkuchenherstellung.

Zunächst erhielt man Pfefferkuchen das ganze Jahr hindurch für medizinische Zwecke. Erst ab dem 19. Jahrhundert wurde er zum Weihnachtsgebäck, weil sich nun auch das einfache Volk Zucker und Mehl kaufen konnte. Im Jahr 1860 hielt zudem der Eisenherd in den Küchen Einzug. Das vereinfachte das Backen vieler Köstlichkeiten.

Das Formen der Lebkuchen in Modeln wurde mit der Industrialisierung durch Blechausstecher abgelöst. Der Teig wurde nun ausgerollt, und die Formen wurden ausgestochen. Am beliebtesten waren Herzen. Dieses Symbol für die Liebe wurde auch gern in Klöstern verwendet. Ausstecher in Form von Schweinen standen dagegen für Wohlstand, und Engel symbolisierten Güte. Den Detailreichtum der alten Holzmodeln ersetzte man durch die Verzierung der Lebkuchen nach dem Backen.

Übrig gebliebener Teig wurde zu kleinen Kugeln gerollt und gebacken. Diese Pfeffernüsse waren besonders bei Kindern beliebt.

Ende des 19. Jahrhunderts begann man in Deutschland, Lebkuchenhäuser zu backen. Zur gleichen Zeit veröffentlichten die Gebrüder Grimm das Märchen von Hänsel und Gretel. In dieser Geschichte verirren sich zwei Geschwister im Wald und treffen auf eine Hexe, die in einem Lebkuchenhaus wohnt.

Die Alte Pfefferküchlerei im deutschen Weißenberg, nahe der polnischen Grenze, ist das einzige Lebkuchenmuseum der Welt. Viele der dort ausgestellten Lebkuchenhäuser zeigen dieses Hexenhaus aus dem Grimmschen Märchen in verschiedenen Variationen.

Pfeffernüsse – mittelalterliche Leckereien

Übrig gebliebenen Teig rollte man im Mittelalter zu kleinen Kugeln, die anschließend gebacken wurden. Diese Pfeffernüsse waren vor allem bei Kindern sehr beliebt.

Ein guter Teig ist der Grundstock aller Häuser

Ein gutes Baumaterial ist die Basis für jedes Haus. Das gilt auch für Lebkuchenhäuser. Bei einem guten Teig sind Farbe, Haltbarkeit und Duft wichtig, und natürlich sollte er den kleinen und großen Schleckermäulern schmecken, die es nicht lassen können, schon vorab ein Stück zu probieren. Der folgende Teig hat uns – nach vielen Experimenten – überzeugt:

Unser bester Lebkuchenteig

---

250 g Margarine oder Butter
280 g heller Zuckerrübensirup
400 g Feinstzucker
2 EL Zimt
etwa 1 EL gemahlener Kardamom
1 EL gemahlene Gewürznelken
1 TL gemahlener Ingwer
200 ml Wasser
1 EL Natron
780 g Weizenmehl sowie etwas Mehl zum Kneten und Ausrollen des Teiges

---

1. Butter oder Margarine mit dem Sirup in einem Topf zerlassen.
2. Den Zucker mit allen Gewürzen in eine große Rührschüssel geben.
3. Die Sirup-Butter-Mischung darübergießen. Alles gut vermischen.
4. Das Wasser angießen. Die Mischung nochmals verrühren und auf Zimmertemperatur abkühlen lassen.
5. Natron mit Mehl vermengen und unter den Teig heben. Er ist zunächst etwas krümelig, quillt später aber noch. Den Teig am besten mit einem Holzlöffel oder in der Rührschüssel einer Küchenmaschine durchkneten.

Den Teig vor dem Backen 1–2 Tage zugedeckt in einer Schüssel oder in einer Plastiktüte eingewickelt kühl stellen, damit er gehen kann. Danach lässt er sich leichter ausrollen und bekommt eine glänzende, gleichmäßige Farbe. Auch wenn der Teig anfangs sehr locker zu sein scheint: Geben Sie lieber später zum Kneten noch Mehl hinzu, bevor der Teig von Anfang an zu fest ist.

Man kann Teig natürlich auch fertig kaufen und damit Häuser backen.
Äußerlich werden die meisten zunächst auch keinen Unterschied feststellen können – bis sie den Teig kosten.

Entscheiden Sie, welches Haus Sie bauen möchten

Dieses Buch enthält Vorlagen im Maßstab 1:1, sie müssen nur noch auf Backpapier übertragen und ausgeschnitten werden. Danach können Sie die Teile aus dem ausgerollten Teig ausschneiden. Die benötigte Stückzahl steht auf der Vorlage. Keine Angabe heißt nur ein Stück, die Abkürzung „spv" bedeutet spiegelverkehrt. Sie können Ihr Haus natürlich – unabhängig von den Vorgaben – auch ganz individuell verzieren. Besonders Kinder denken sich gern kleine Figuren aus, die zu dem Haus passen. Das kann richtig spannend werden!

Dann können Sie loslegen

Stellen Sie an dem Ort, an dem Sie backen wollen, alle verfügbaren Bleche auf einem Tisch oder einer Bank bereit. Beginnen Sie mit einem Teil des Teiges und kneten Sie ihn auf der Arbeitsfläche geschmeidig. Streuen Sie etwas Mehl auf die Unterlage und rollen Sie den Teig ca. 3 mm dick aus. Er darf aber nicht zu dünn werden! Üben Sie keinen Druck aus, sondern rollen Sie ihn nur leicht! Lassen Sie den Teig auf dem Mehl darunter „fließen".

Von Onkel Rune haben wir außerdem gelernt, mit der Handfläche leicht über den ausgerollten Teig zu reiben, bis er glänzt. Dadurch wird die Oberfläche der Teile noch schöner.

Backofen auf 175 °C vorheizen

Den Teig mithilfe des Teigrollers auf das ausgelegte Backpapier legen. Dann die Vorlagen der Größe nach sortieren, damit am Ende große und kleine Teile auf verschiedenen Blechen liegen, denn sie haben unterschiedliche Backzeiten. Die Schablonen auf dem Teig verteilen. Bei normalem Papier die Unterseite unbedingt mit etwas Mehl bestäuben, sonst bleibt es am Teig kleben. So viele Teile ausschneiden wie Platz auf den Blechen vorhanden ist. Kontrollieren Sie, wie oft jedes Bauteil gebraucht wird und ob es spiegelverkehrt sein muss. Zum Schluss alle Teile zusammen mit dem Backpapier auf die Bleche geben.

Den Lebkuchen auf der mittleren Schiene im Ofen backen. Große Stücke brauchen ungefähr 20 Minuten, die kleinsten nur 5–6 Minuten. Vorsicht: Lebkuchenteig verbrennt sehr schnell. Die ideale Farbe hat der Teig, wenn er nur leicht gebräunt ist.

Die Ränder begradigen, solange der Teig noch warm und weich ist

Wenn Sie ein fertiges Blech mit den noch warmen Teilen aus dem Ofen holen, sollten Sie sofort die Kanten der Teile begradigen, die später zusammengefügt werden sollen. Nehmen Sie dazu ein langes, glattes Messer oder durchtrennen Sie den Teig mit einem Teigschaber, wenn die Teile nicht zu groß sind. Legen Sie sie dann zum Auskühlen mit dem Backpapier auf einen Tisch oder eine Bank. Um zu verhindern, dass sich die Einzelteile verziehen, legen Sie noch eine Lage Backpapier darüber und darauf ein dickes Buch oder ein kaltes Backblech.

Achtung: Ist das Blech nicht vollständig ausgekühlt, bevor Sie neue Teile zum Backen darauflegen, können sich Blasen im Teig bilden!

Geschmolzener Zucker ist der beste Kleber

Erst wenn alle Teile komplett erkaltet sind, können Sie mit dem Zusammenbau Ihres kleinen Meisterwerks beginnen. Das Ganze muss schnell gehen, da der Zucker umso zähflüssiger wird, je länger er in der Pfanne köchelt. Deshalb ist es so wichtig, die Teile vorher probehalber zusammenzusetzen und die späteren Klebekanten sauber zu glätten.

Schmelzen Sie den Zucker langsam in einer gusseisernen Pfanne. Wenn er Blasen wirft und hellbraun wird, ist er fertig und sollte bei schwacher Hitze flüssig gehalten werden. Wenn Sie einen Elektroherd haben, können Sie Münzen zwischen die Herdplatte und die Pfanne legen. So erhalten Sie eine gleichmäßigere Wärme, bei der der Zucker weich bleibt.

Für jedes Haus gibt es in diesem Buch eine kurze Anleitung zum Zusammenbauen. Zudem sollte eine Reibe und ein scharfes Zackenmesser zum Bearbeiten des Teiges immer zur Hand sein. Bedenken Sie beim Bearbeiten, dass Lebkuchenteig ein zerbrechliches Material ist! Im Ofen verändert sich außerdem, je nach Teigdicke und -typ, oft die Form der Teile. Das ist nicht weiter schlimm: Ein echtes Lebkuchenhaus muss nicht perfekt sein – es braucht keine vollkommen geraden Ecken und Kanten. Es würde dadurch viel von seinem Charme verlieren. Bricht ein Teil, kann es meist mit Zuckerkleber repariert werden.

Die beste Glasur

120 g Puderzucker, gesiebt
1/2 Eiweiß
2–3 Tropfen Essig (12 %)

Die Zutaten für die Glasur in einer Schale verrühren. Einen Löffel hineintauchen. Bleibt die Glasur haften, ist die Konsistenz richtig. Ist die Glasur zu dünnflüssig, kann man damit nicht gut dekorieren. Die Glasur in eine Spritztüte aus Papier oder in einen Spritzbeutel füllen. Die Öffnung des Spritzbeutels sollte möglichst klein sein. Kleine Patzer beim Dekorieren können mit dem Messer vorsichtig weggekratzt werden.

Das fertige Haus hält sich am besten an einem trockenen Ort, ohne allzu große Temperaturschwankungen. Feuchtigkeit oder Zug verträgt es nicht – dann fällt es zusammen. Doch kein Haus wird ewig stehen bleiben! Das ist auch nicht der Sinn des Ganzen. Spätestens am 13. Januar sollte das Lebkuchenhaus ganz offiziell und mehr oder weniger feierlich aufgegessen werden.

Wichtige Geräte

Beim Backen von Lebkuchenhäusern macht das Ausschneiden der Teigteile einen großen Teil der Arbeit aus. Das ist etwas knifflig und ein ziemliches Geduldsspiel. Spezielle Geräte können Ihnen diese Arbeit sehr erleichtern.

Ein Teigschaber aus Metall ist von unschätzbarem Wert. Mit seiner Hilfe werden die Kanten der Teigteile gerade und lassen sich außerdem sehr gut nachträglich begradigen.

Ein Lachsmesser ist ideal für das Schneiden langer, gerader Kanten, sowohl vor als auch unmittelbar nach dem Backen. Ein kleines scharfes Messer ist dagegen hilfreich bei kleineren Detailarbeiten.

Für größere, runde Formen haben wir den Küchenschrank nach Gläsern oder Schüsseln im gewünschten Durchmesser durchsucht und damit den Teig ausgestochen.

Für alle kleinen Fensterscheiben haben wir die Vierecksform eines Lebkuchenausstechers benutzt, den wir irgendwann in einem kleinen Set mit Lebkuchenformen entdeckt haben.

Beim Backen geraten die Teile oft etwas aus der Form. Damit sie immer noch mit den anderen Teilen zusammenpassen, haben wir die Kanten mit einem Reibeisen vorsichtig geglättet. Sollte das nicht funktionieren, können Sie die Unebenheiten auch mit einem Zackenmesser vorsichtig „wegsägen“. Durchsuchen Sie einfach Ihre Küchenschubläden nach geeigneten Geräten.

Kuckucksuhr – ein Lebkuchenhaus für die Wand

Die erste Beschreibung einer Kuckucksuhr stammt von Philipp Hainhofer (1578–1647) aus dem Jahr 1629 – also lange vor der Zeit der „traditionellen" Schwarzwalduhren. Die beschriebene Uhr gehörte Prinz August von Sachsen. Die ersten „traditionellen" Kuckucksuhren wurden erst zwischen 1740 und 1750 im Schwarzwald hergestellt.

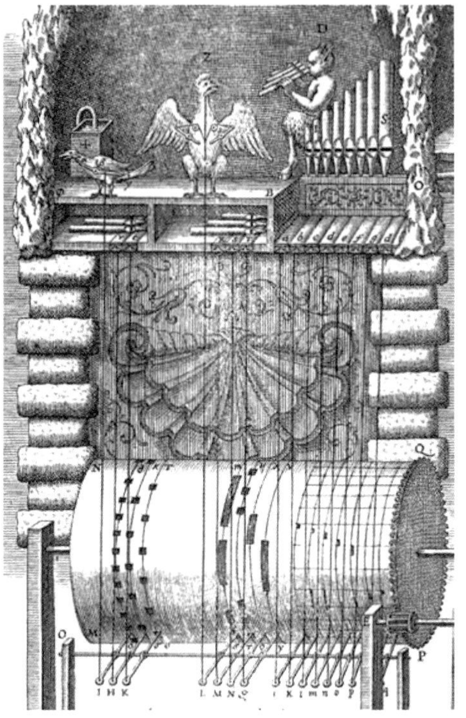

Wie groß der Anteil von Kuckucksuhren an der Gesamtproduktion Schwarzwälder Uhren gewesen ist, lässt sich heute schwer abschätzen. Orientiert man sich an den noch erhaltenen Exemplaren, muss es aber ein ziemlich kleiner Teil gewesen sein. Die Quellenlage zu Kuckucksuhren ist insgesamt dürftig. Eigentlich gibt es nur zwei Hinweise:

Der erste stammt aus dem Jahr 1796 und ist in dem Schriftstück „Geschichte der Schwarzwälder Uhrmacherkunst" von Pfarrer Franz Steyrer zu finden. Er beschreibt darin die Begegnung zweier Uhrenladenbesitzer aus dem Schwarzwald mit einem fahrenden Händler aus dem Habsburgerland, der Kuckucksuhren aus Holz verkaufte. Die beiden waren so begeistert von seinen Waren, dass sie eine Uhr erstanden. Zu Hause kopierten sie sie und zeigten sie ihren Kollegen. Ob diese Geschichte stimmt, ist mehr als zweifelhaft, da man im Habsburger Reich zu jener Zeit eigentlich keine Uhren herstellte.

Der zweite Hinweis stammt von dem Geistlichen Markus Fidelis Jäck. In seinem Bericht „Darstellungen aus der Industrie und des Verkehrs aus dem Schwarzwald" findet sich folgende Stelle: „Die Kuckucksuhr wurde 1730 vom Uhrenmacher Franz Anton Ketterer aus Schönwald erfunden." Ketterer habe, inspiriert von der Mechanik der Kirchenorgel, eine Uhr mit einem Kuckuck versehen, der jede halbe Stunde rief.

Mit der Zeit wurde die zweite Anekdote die bekanntere und ist heute die am häufigsten zitierte. Leider gaben weder Steyrer noch Jäck irgendwelche Belege an, die ihre Behauptungen hätten stützen können.

Von wem jedoch die Kuckucksuhr aus Lebkuchen stammt, die bei Ihnen zu Hause an der Wand hängt, darüber besteht kein Zweifel. Denken Sie beim Aufhängen Ihrer Kuckucksuhr daran, dass Luftfeuchtigkeit die Haltbarkeit des Lebkuchens beeinträchtigt – und befestigen Sie die Uhr sicher an der Wand.

Anleitung zum Zusammenbauen

1. Backpapier auf ein Tablett oder Schneidebrett legen, auf dem die Kuckucksuhr mit den Pendeln Platz hat. Alle benötigten Teile darauf anordnen. Das Tablett/Brett in die Nähe der Pfanne mit dem geschmolzenen Zucker stellen, damit die Teile nach dem Eintauchen der Klebeflächen in den Zucker schnell zusammengefügt werden können.
2. Kanten der BODENPLATTE, SEITENTEILE, RÜCK- und VORDERSEITE, die zusammengesetzt werden sollen, glätten. Obere Kanten der SEITENTEILE so begradigen, dass sie ein kleines Stück unter den Ansatz der Dachschräge passen. Das Dach muss so angebracht werden können, dass es glatt aufliegt. Alle Teile bis auf die VORDERSEITE zusammenkleben.
3. Vier Löcher in die BODENPLATTE bohren. Zwei ca. 20 cm lange Fruchtgummischnüre durchziehen.
4. Die VORDERSEITE anbringen.
5. Die Firstkanten des DACHES glätten. Das DACH auf der VORDER- und RÜCKSEITE befestigen. Mit der RÜCKSEITE bündig abschließen lassen.
6. Die WINDBRETTER an der Giebelspitze glätten und darauf achten, dass sie den gleichen Winkel bilden wie die Dachschrägen. An der Vorderkante des DACHES anbringen. Nicht zu niedrig, sie sollen das FIRSTBRETT verdecken!
7. Die Kanten des FIRSTBRETTS glätten und das Brett so ausrichten, dass es bündig mit der Rückseite und den WINDBRETTERN abschließt. Dann ankleben.
8. Nun die Kuckucksuhr dekorieren: PENDEL und TÜREN mit viel Glasur verzieren, am besten in verschiedenen Farben. Achtung: Das Ziffernblatt hat römische Ziffern! Beim Dekorieren der Seitenteile sollte eine andere Person die Uhr halten.
9. ZEIGER, PENDEL und BLÄTTER ankleben.
10. Die FEDER innen an der Öffnung der Vorderseite anbringen. Auch wenn es etwas kniffIig ist, sollte sie so gerade wie möglich ausgerichtet werden.
11. Die TÜREN befestigen. Geöffnet sollte der Winkel mehr als 90 Grad betragen.
12. Den KUCKUCK auf die FEDER kleben.
13. Die Schoko-Tannenzapfen an die Schnüre hängen.
14. Die Kuckucksuhr kann nun an einem stabilen Haken an der Wand angebracht werden. Wenn Sie möchten, dass sie länger dort hängt, müssen Sie sie entsprechend abstützen. Unsere Uhr hing zwei Tage an der Wand, dann fiel sie herunter.
15. Bestäuben Sie alles mit Puderzucker und prüfen Sie, wie spät es gerade ist – dieser Kuckuck schaut sogar zwischen den vollen Stunden heraus.

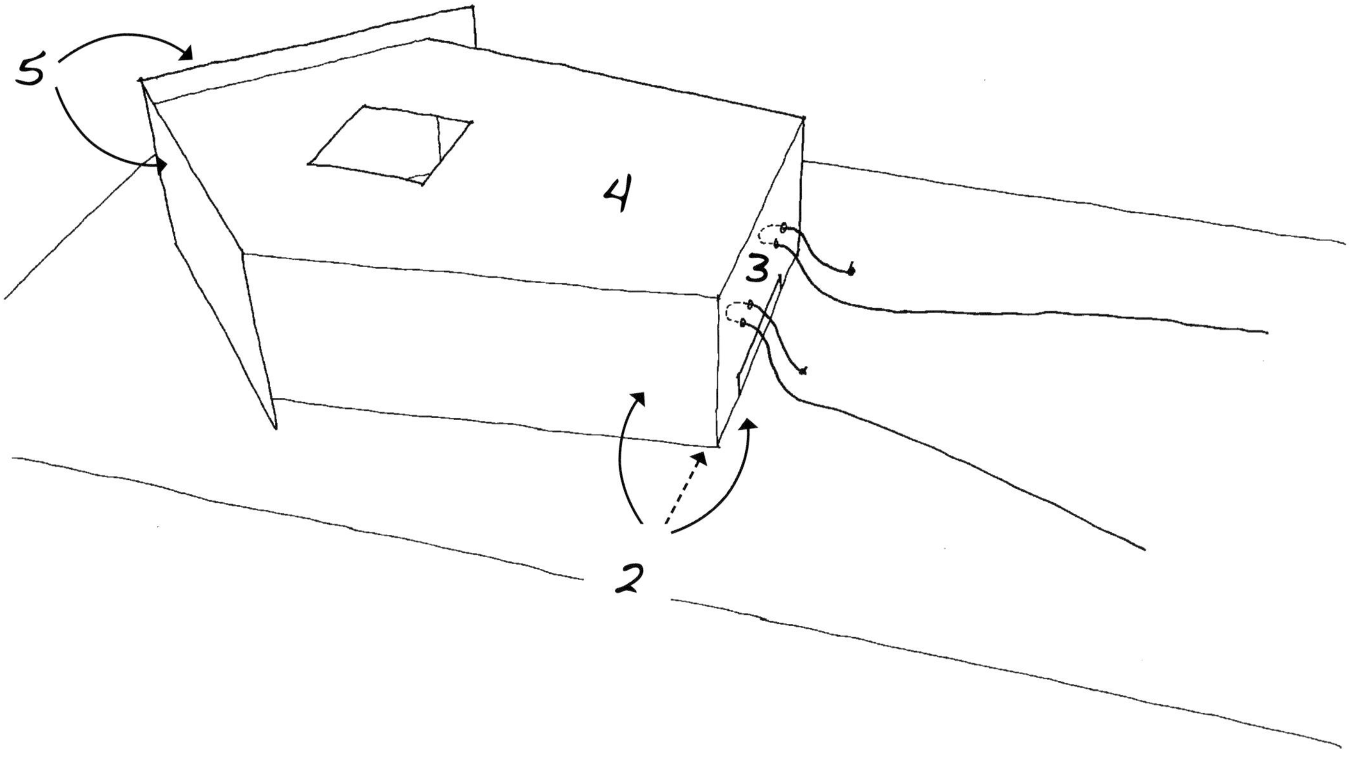
5
4
3
2

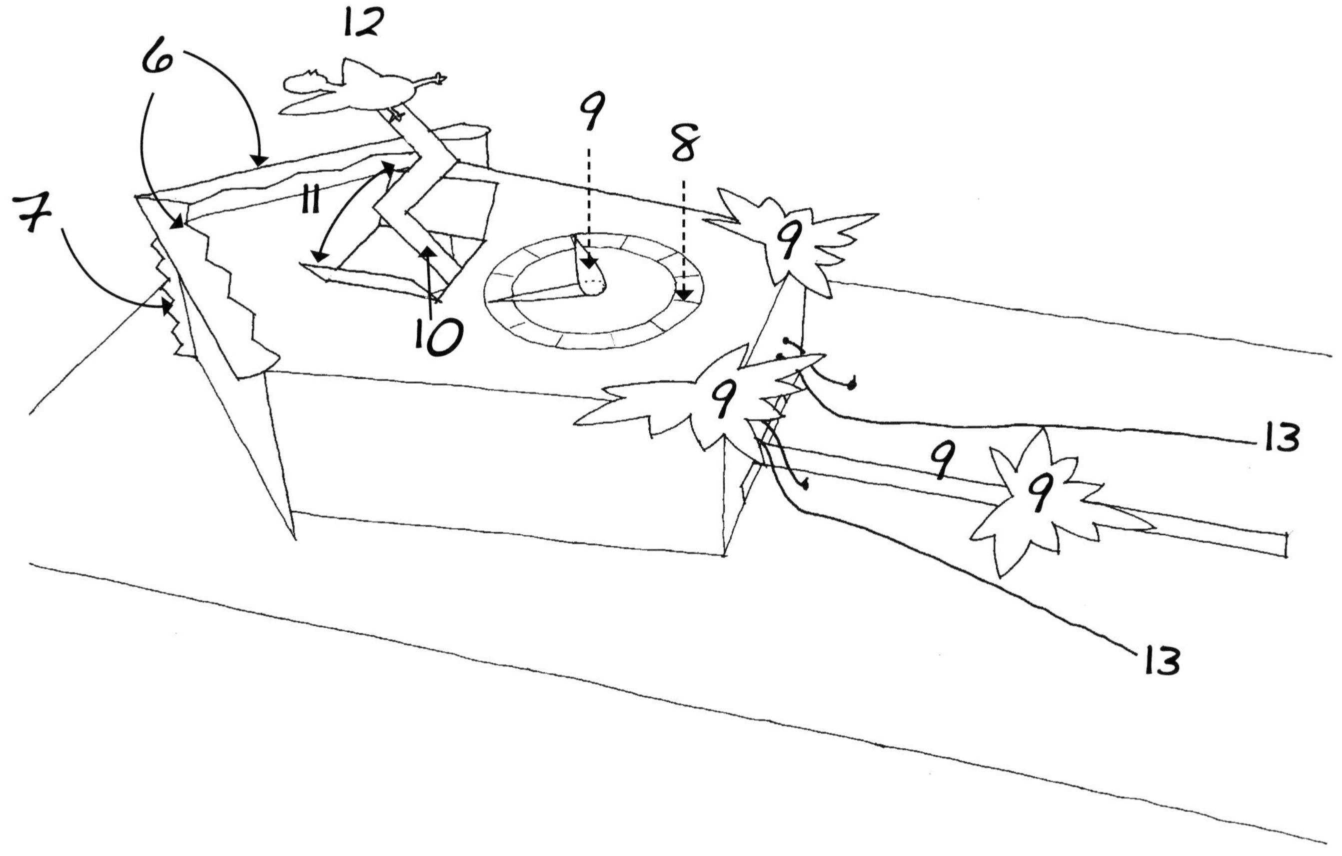
12
6
7
11
10
9
8
9
9
13
9
9
13

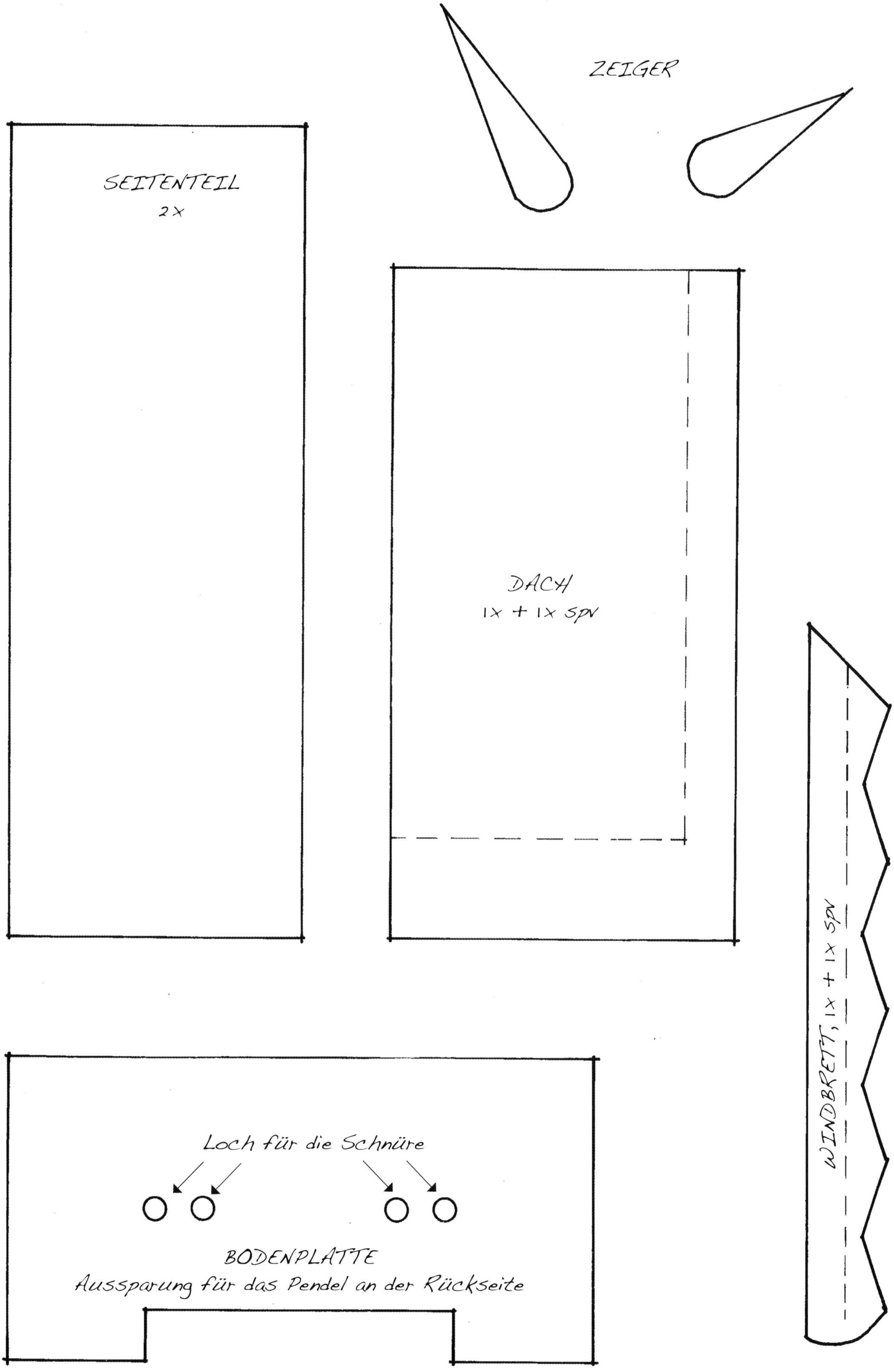
ZEIGER
SEITENTEIL
2x
DACH
1x + 1x spv
WINDBRETT, 1x + 1x spv
Loch für die Schnüre
BODENPLATTE
Aussparung für das Pendel an der Rückseite

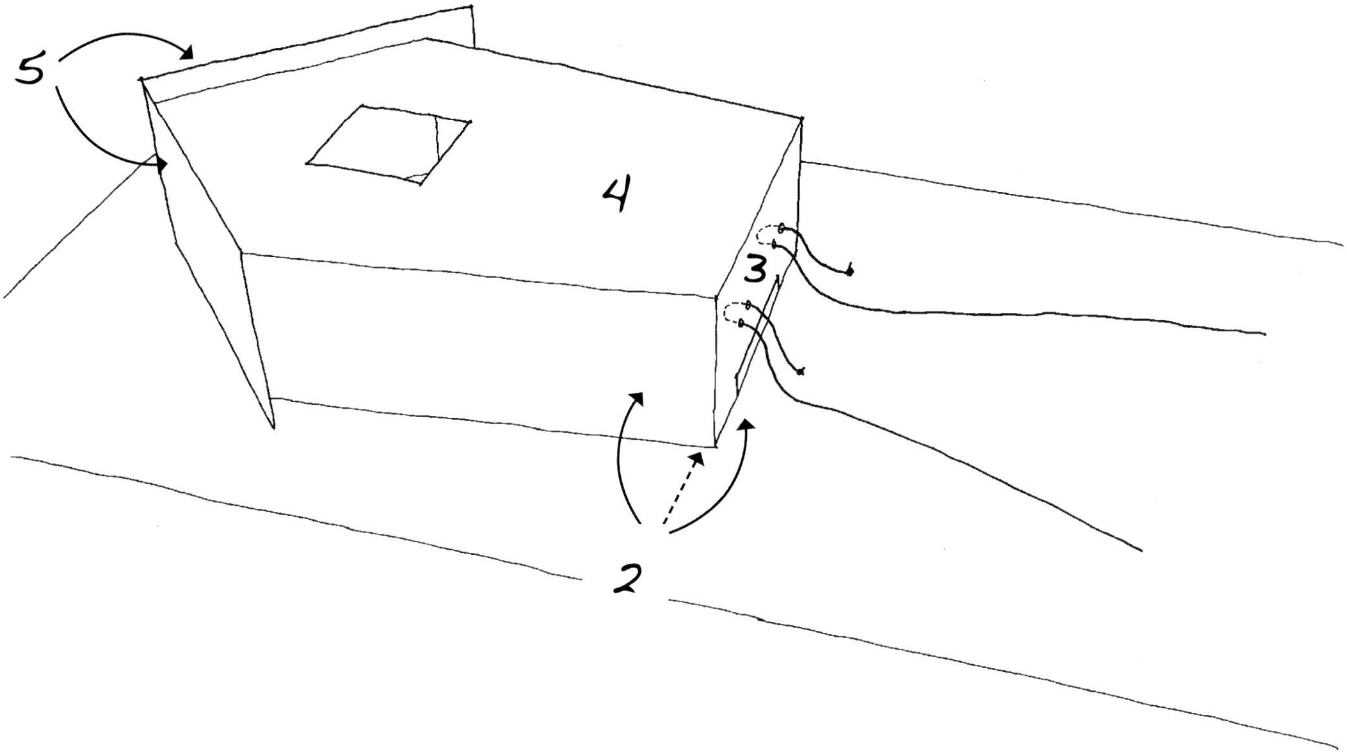
5
4
3
2

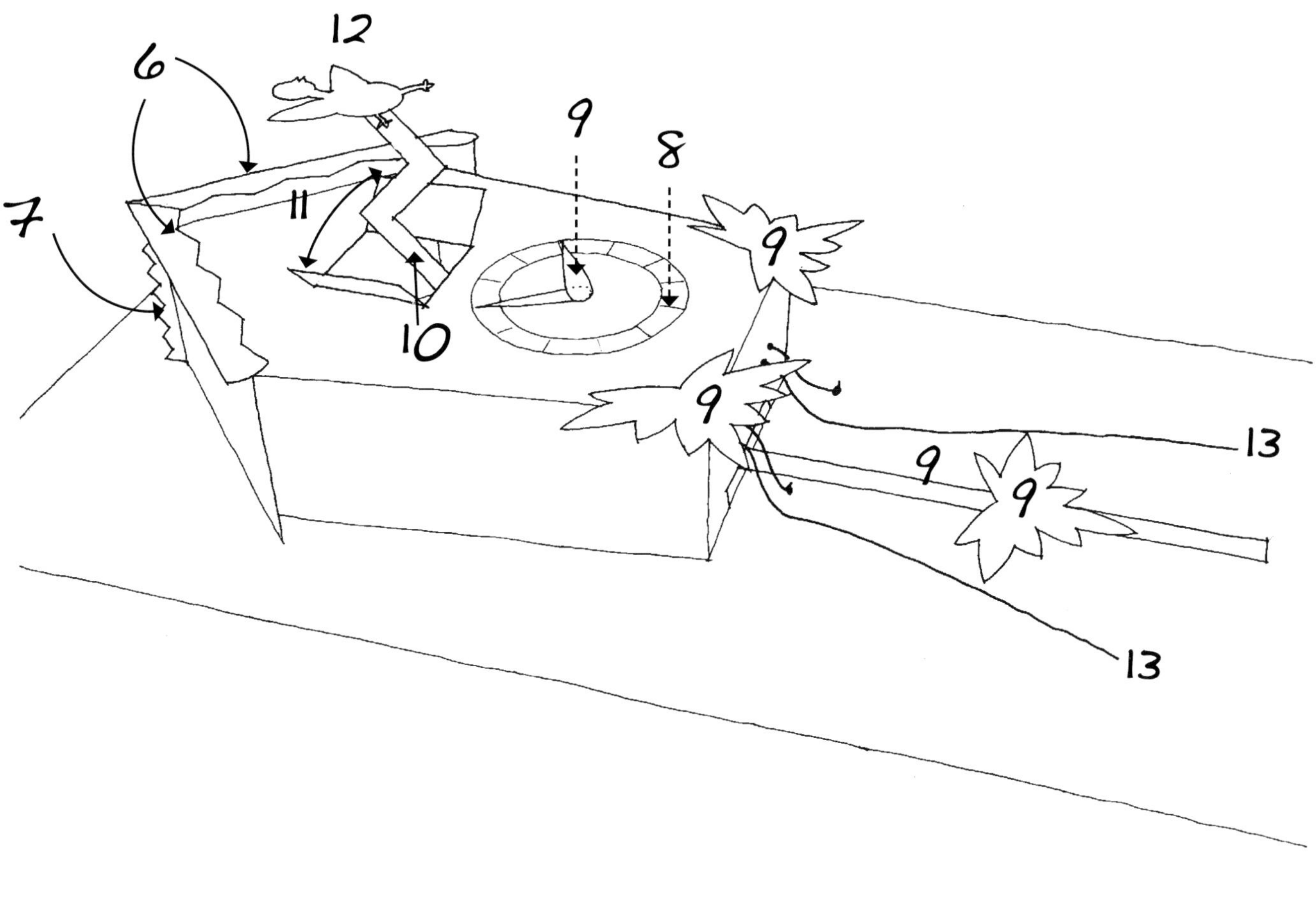
12
6
7
11
9
8
9
10
9
13
9
9
13

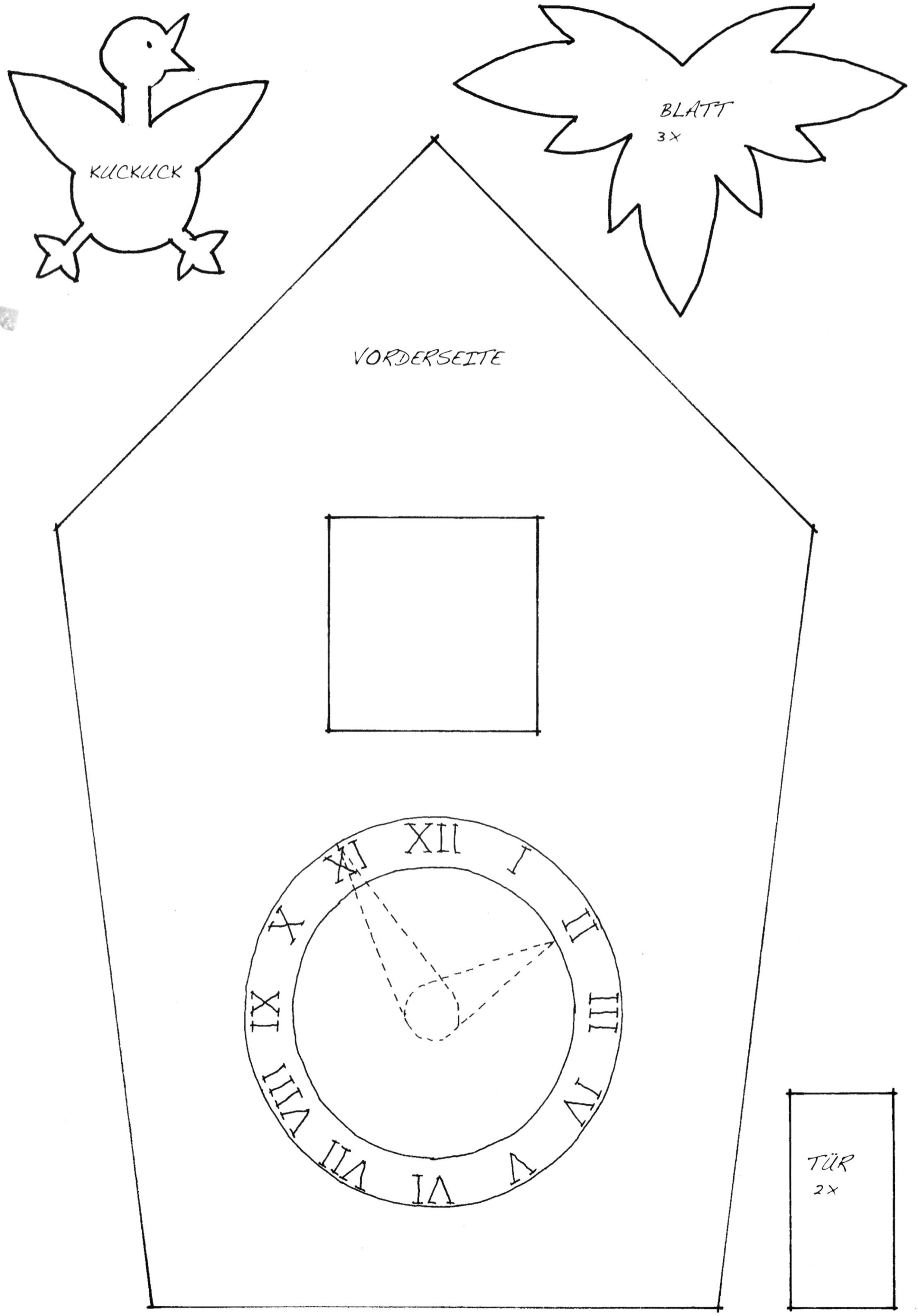
KUCKUCK
BLATT
3x
VORDERSEITE
XII
I
II
III
IIII
V
VI
VII
VIII
IX
X
XI
TÜR
2x

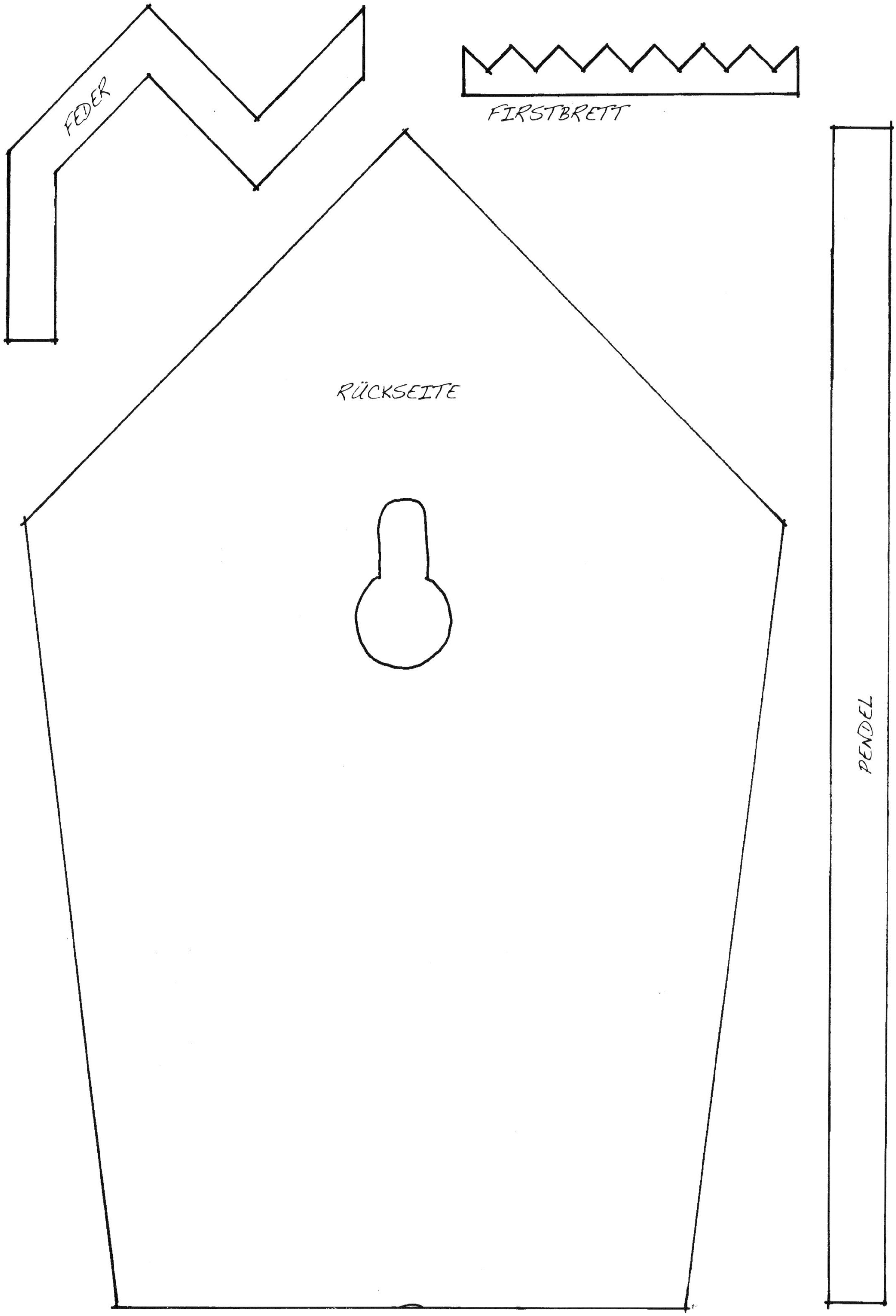
FEDER
FIRSTBRETT
RÜCKSEITE
PENDEL

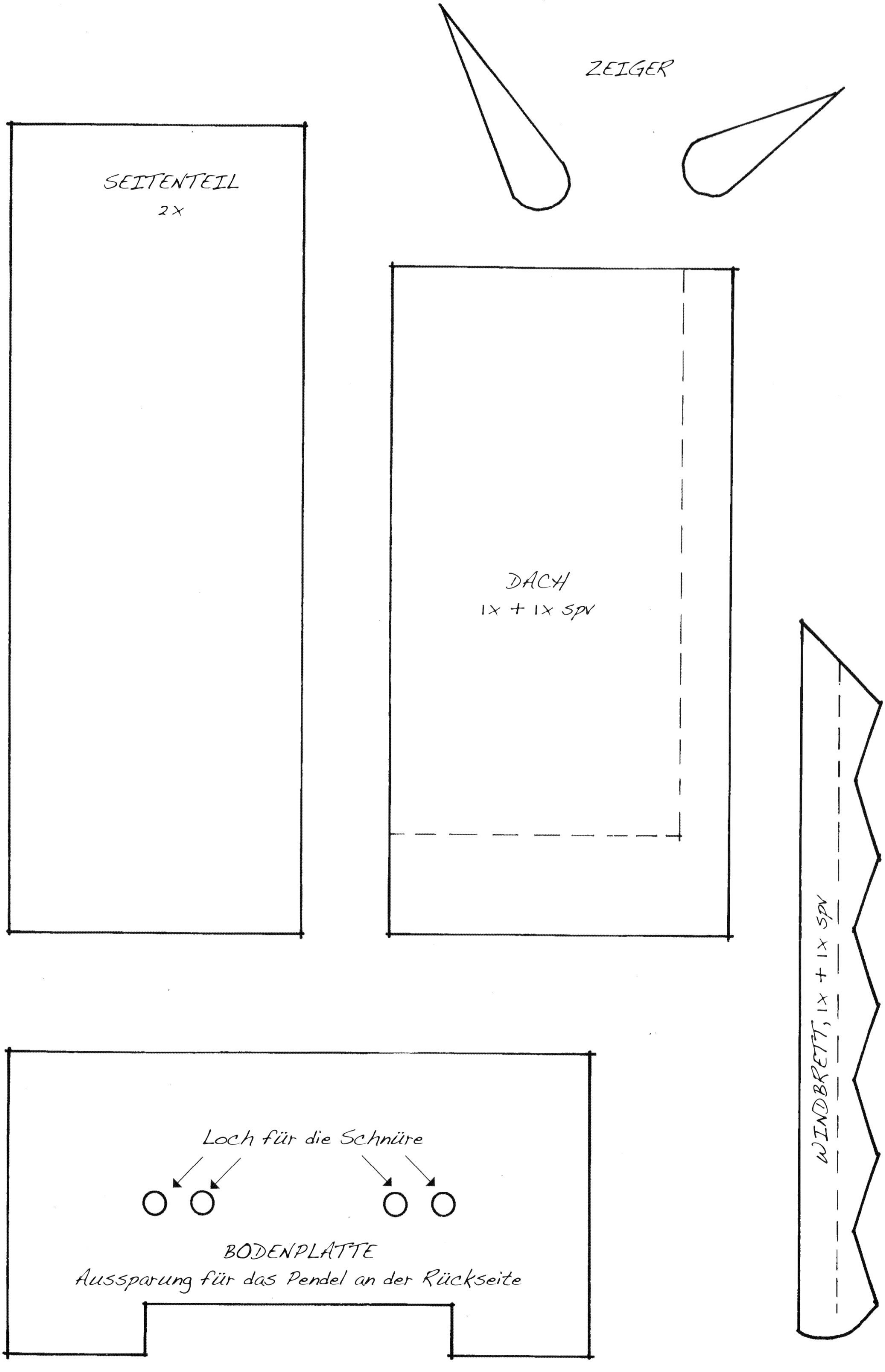
ZEIGER
SEITENTEIL
2x
DACH
1x + 1x spv
WINDBRETT, 1x + 1x spv
Loch für die Schnüre
BODENPLATTE
Aussparung für das Pendel an der Rückseite

Zwei Lusthäuser

Ein hübsches Lusthäuschen ist genau das Richtige für alle, die noch nicht viele Lebkuchenhäuser gebaut haben. Außerdem braucht es nicht viel Platz, wenn es fertig ist und das weihnachtliche Heim schmücken soll.

Die Geschichte des Lusthauses ist eng verknüpft mit der Entwicklung der Gartenkunst – vom Renaissancegarten mit Spalierhäusern und Labyrinthen bis zum geometrischen Barockgarten im Stil des Schlossgartens von Drottningholm. Im Gegensatz zur schönen Aussicht nach vorne zeigte die Rückseite der Lusthäuser oft auf Hecken oder Mauern.

Im späten 18. Jahrhundert kamen die Gärten der Romantik und englische Parks in Mode. Um sich von der früheren Vorliebe für die Geometrie abzusetzen, wurden die Parks nun mit verschlungenen Pfaden, Teichen, kleinen Bogenbrücken, chinesischen Lusthäusern, türkischen Pavillons, Tempeln, Grotten und Laubhütten angelegt.

Großes Lusthaus

Anleitung zum Zusammenbauen

1. Backpapier auf ein Tablett oder Schneidebrett legen, auf dem das ganze Haus Platz hat. Alle benötigten Teile darauf anordnen. Das Tablett/Brett in die Nähe der Pfanne mit dem geschmolzenen Zucker stellen, damit die Teile nach dem Eintauchen der Klebeflächen in den Zucker schnell zusammengefügt werden können.
2. Den Zucker in einer Pfanne schmelzen. Ständig rühren, damit er nicht anbrennt.
3. Gelatineblätter innen an allen Fenstern und an den TÜREN anbringen. Mit Zuckerpunkten über und unter den Fenstern fixieren. Dekorieren, wenn alle Teile an ihrem Platz liegen, außer den Stücken, bei denen die Glasur beim Zusammensetzen noch brechen könnte.
4. Die sieben WÄNDE des Hauses und den TÜRGIEBEL zusammensetzen. Sollen die TÜREN offen stehen, werden sie zum Schluss montiert.
5. Die Längskanten des DACHES glätten und die Teile so zusammenbauen, dass sie auf die Wandecken gestellt werden können.
6. Die Längs- und Firstkanten der DACHKUPPELN glätten. Der untere Überhang am Dachfuß muss mit der nächsten Dachkuppel zusammenpassen und eventuell auf der anderen Seite noch leicht schräg angeschnitten werden. Die DACHKUPPELN aufsetzen.
7. Das Haus fertig dekorieren und Verzierungen auf die Giebelspitzen und die Dachspitze setzen. Eine zusätzliche Innenbeleuchtung verzaubert das Lusthaus.

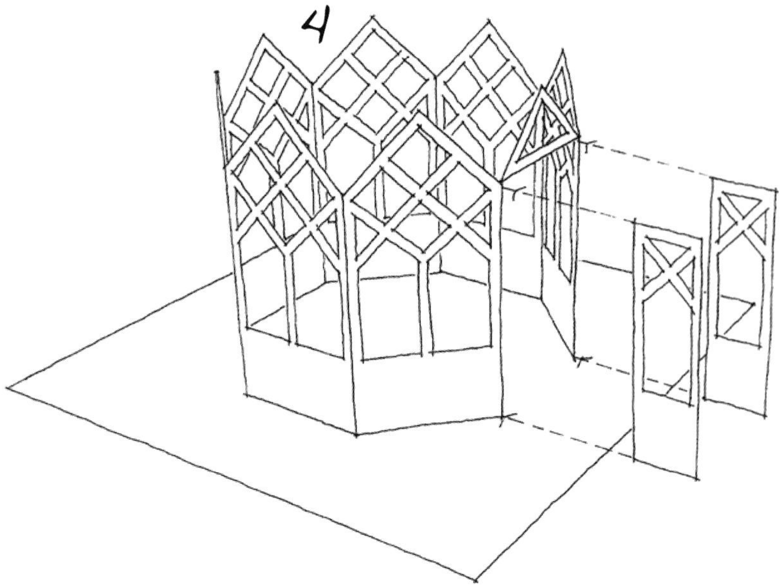
4

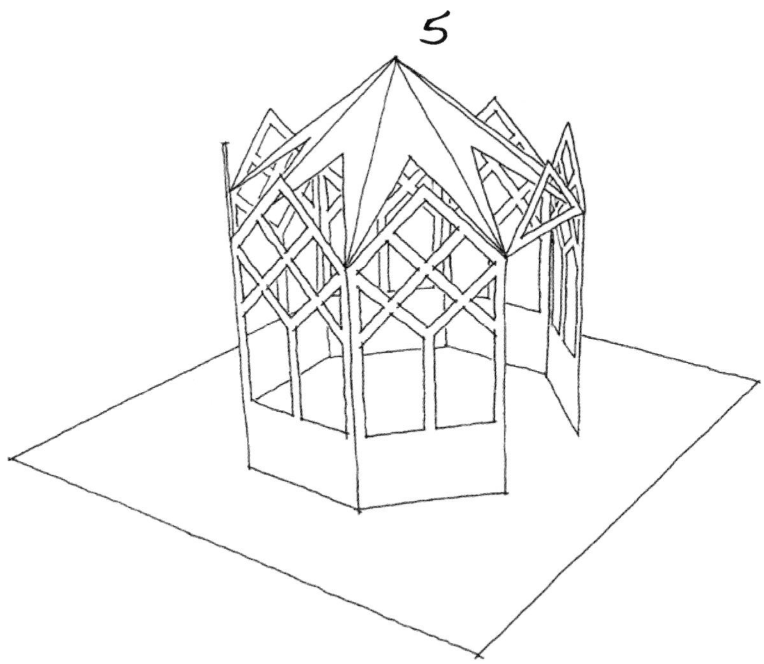
5

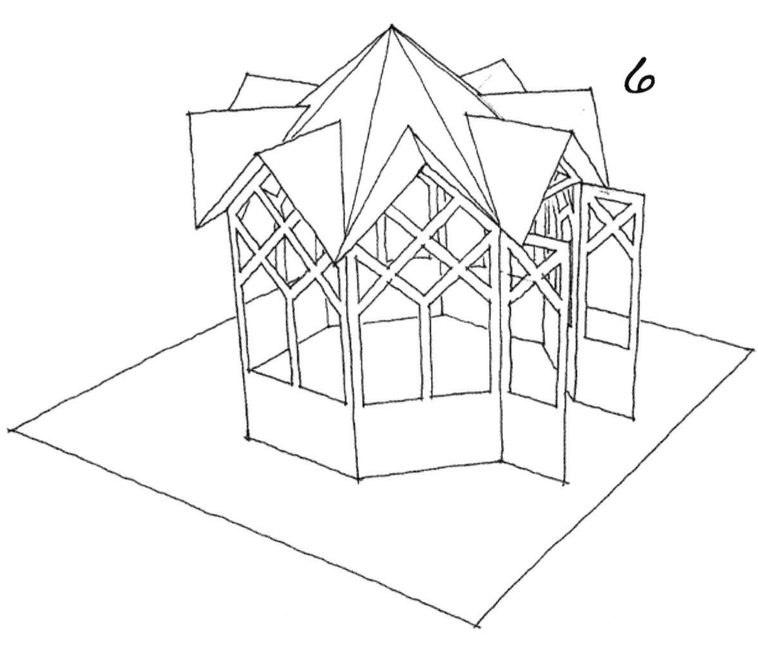
6

DACHKUPPEL
LINKS
8×
DACHKUPPEL
RECHTS
8×
DACH
8×
Dachteile für
das kleinere
Lusthaus
DACH
LINKS
4×
DACH
RECHTS
4×
TÜRGIEBEL
TÜR,
2×
WAND, 3×
alternativ 7×

Kleines Lusthaus

Anleitung zum Zusammenbauen

1. Backpapier auf ein Tablett oder Schneidebrett legen, auf dem das ganze Haus Platz hat. Alle benötigten Teile darauf anordnen. Das Tablett/Brett in die Nähe der Pfanne mit dem geschmolzenen Zucker stellen, damit die Teile nach dem Eintauchen der Klebeflächen in den Zucker schnell zusammengefügt werden können.
2. Den Zucker in einer Pfanne schmelzen. Ständig rühren, damit er nicht anbrennt.
3. Gelatineblätter innen an allen Fenstern und an den TÜREN anbringen. Mit Zuckerpunkten über und unter den Fenstern und Türen fixieren. Dekorieren, wenn alle Teile an ihrem Platz liegen, außer den Stücken, bei denen die Glasur beim Zusammensetzen noch brechen könnte.
4. Die drei WÄNDE des Hauses und den TÜRGIEBEL zusammensetzen. Sollen die TÜREN offen stehen, werden sie zum Schluss befestigt.
5. Die Längskanten des DACHES glätten und die Teile so zusammenbauen, dass sie auf die Wandecken gesetzt werden können.
6. Das Haus fertig dekorieren und eine Verzierung auf die Spitze des DACHES setzen. Eine zusätzliche Innenbeleuchtung verzaubert das kleine Lusthäuschen.

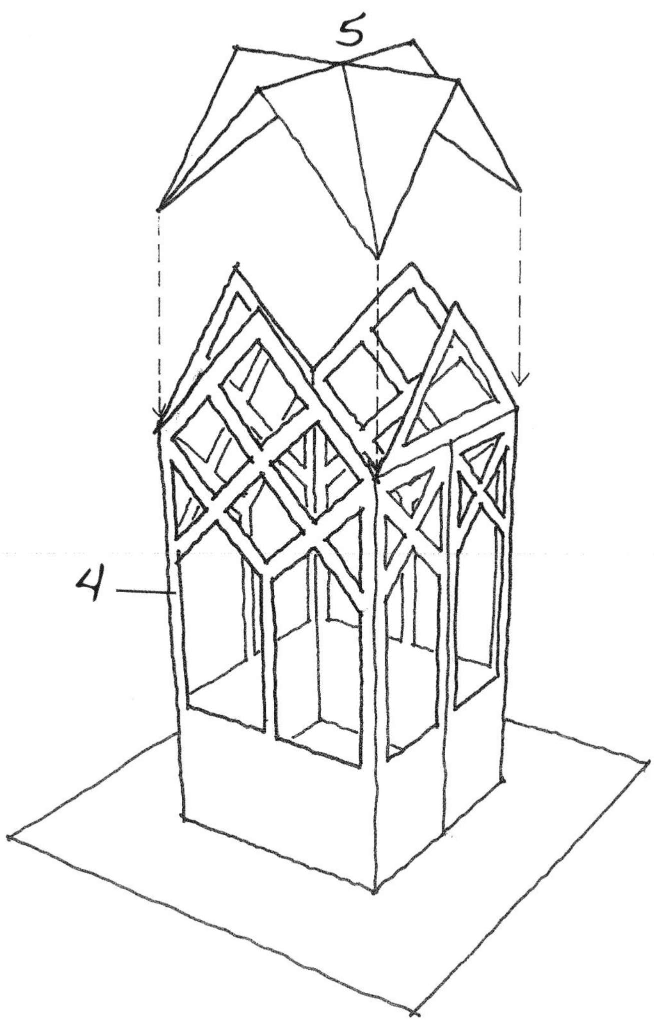

Das Zelt des letzten Mohikaners

Zu den vielleicht einfachsten Hausformen zählt das Tipi, das Zelt der Indianer. Sie errichteten es aus Holzstangen und bedeckten diese mit Tierhäuten, die mit Sehnen erlegter Tiere zusammengenäht wurden.

In der Mitte des Zeltdaches ließ man eine kleine Öffnung für den Rauch des Feuers. Die Verzierungen auf den Zeltwänden waren meist geometrische Muster und basierten in der Regel auf den Träumen der Zeltbesitzer. Über den Zelteingang malte er sein Totem. In der Kultur der Indianer stand jede Sippe in einem mystischen Verhältnis zu einer Tierart, einer Pflanze oder einem Naturphänomen. Das Totem war zugleich Schutzsymbol und Stammeszeichen. Wer möchte, kann sich noch an einem Totempfahl aus Lebkuchenteig versuchen. Viel Spaß dabei!

Die Teigteile vorbereiten und im Ofen backen. Sobald sie Farbe angenommen haben, herausholen und zum Auskühlen auslegen. Falls nötig, die Kanten begradigen. Sind die Teile erkaltet, werden sie dekoriert. Mit dem Verzieren der Ecken warten, sonst bricht die Glasur beim Zusammensetzen des Zeltes.

Anleitung zum Zusammenbauen

1. Backpapier auf ein Tablett oder Schneidebrett legen, auf dem das ganze Zelt Platz hat. Alle benötigten Teile darauf anordnen. Das Tablett/Brett in die Nähe der Pfanne mit dem geschmolzenen Zucker stellen, damit die Teile nach dem Eintauchen der Klebeflächen in den Zucker schnell zusammengefügt werden können.
2. Den Zucker in einer Pfanne schmelzen. Ständig rühren, damit er nicht anbrennt.
3. Die Zeltteile probeweise zusammensetzen und testen, wie die Zeltstangen oben am besten angeordnet werden können. Vorsicht: Die Stangen sind sehr zart und brechen leicht. In diesem Fall hilft etwas geschmolzener Zucker.
4. Zwei ZELTSEITEN aneinanderfügen. Mit einer Hand so halten, dass sie richtig positioniert sind, wenn der Zucker erstarrt. Gleichzeitig eine dritte ZELTSEITE in Zucker tauchen und an den anderen befestigen. Darauf achten, dass alle Teile so im Winkel zueinander stehen, dass die übrigen Zeltteile eingepasst werden können.
5. Den Rest des Zeltes zusammensetzen.
6. Dekorieren Sie das Zelt fantasievoll. Verwandeln Sie Lebkuchenmännchen mit etwas geschmolzenem Zucker in Indianer. Stellen Sie ein Teelicht als Lagerfeuer vor das Zelt. Oder formen Sie Pferde aus Teig.

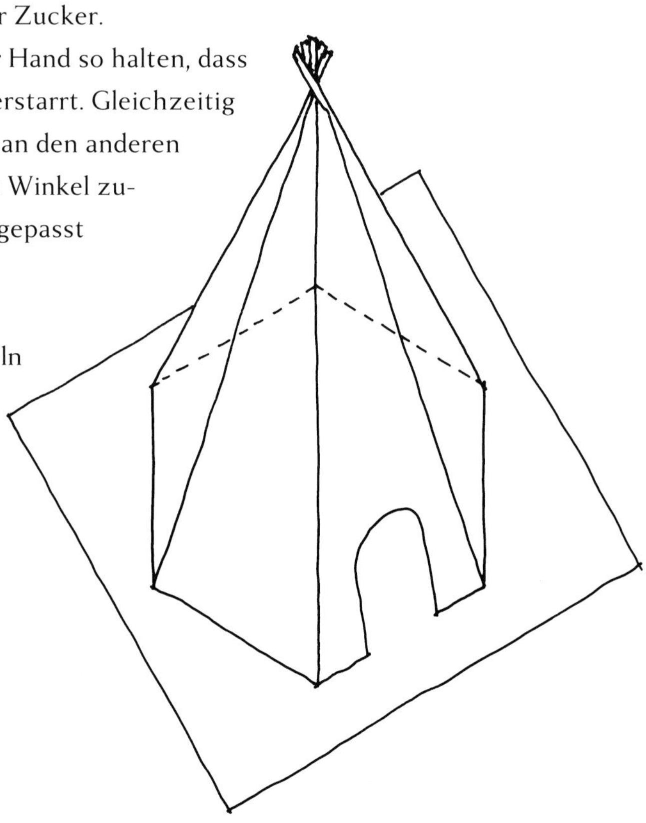

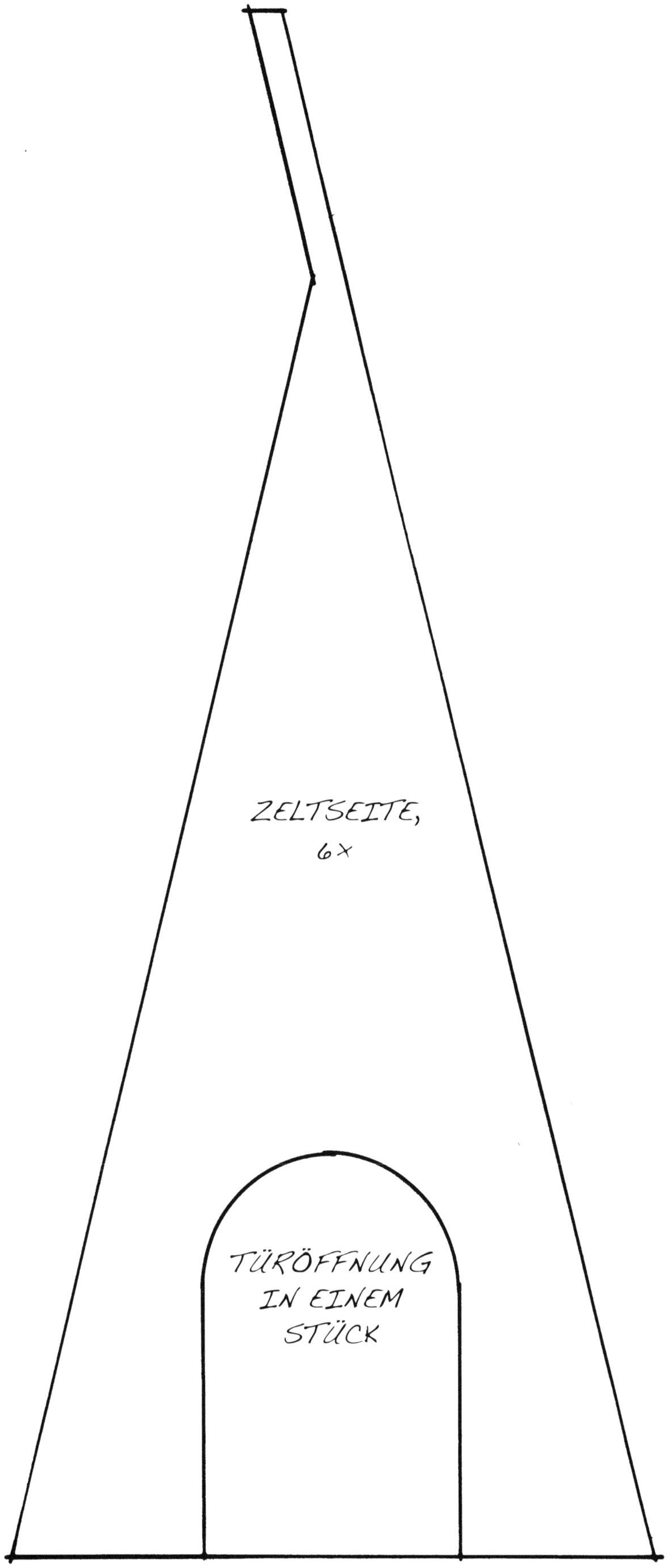
ZELTSEITE,
6x
TÜRÖFFNUNG
IN EINEM
STÜCK

Gewächshaus

Weihnachten und Gewächshaus ... das passt nicht recht zusammen. Dekoriert der Frost jedoch dessen Fensterscheiben und glitzert der Schnee auf dem Boden davor, gleicht es einem Eisschlösschen. Wenn Sie eine Lampe hineinstellen, erhalten Sie eine prächtige Beleuchtung für Ihren winterlichen Garten. Um die Schönheit dieser winterlichen Beleuchtung miterleben zu können, ist gar kein echtes Gewächshaus nötig. Backen Sie einfach ein Häuschen und nehmen Sie Gelatineblätter als Glas für die Fensterscheiben. Glasur und Puderzucker sorgen für ein frostiges Aussehen. Dann können Sie den kleinen Märchen-Elfen zuflüstern, dass sie auf ihrem Flug gern kurz hier verweilen dürfen ...

Anleitung zum Zusammenbauen

1. Backpapier auf ein Tablett oder Schneidebrett legen, auf dem das ganze Haus Platz hat. Alle benötigten Teile darauf anordnen. Das Tablett/Brett in die Nähe der Pfanne mit dem geschmolzenen Zucker stellen, damit die Teile nach dem Eintauchen der Klebeflächen in den Zucker schnell zusammengefügt werden können.
2. Den Zucker in einer Pfanne schmelzen. Ständig rühren, damit er nicht anbrennt.
3. Gelatineblätter innen an den Fenstern, den WÄNDEN, der TÜR und dem DACH anbringen. Mit kleinen Zuckerpunkten über und unter den Öffnungen fixieren.
4. Dekorieren, wenn alle Teile flach ausliegen, mit Ausnahme der Teile, bei denen beim Zusammensetzen die Glasur brechen könnte.
5. WÄNDE und TÜRGIEBEL des Hauses zusammensetzen. Die Kanten vorsichtig glätten und die Teile im 90-Grad-Winkel zusammenbauen.
6. Wenn die TÜR offen stehen soll, wird sie zum Schluss angebracht.
7. Die DACHTEILE auflegen. Sie sollten mit den unteren Hausteilen bündig abschließen.
8. Das fertige Haus mit Eiszapfen aus Glasur und viel Frost (Puderzucker) auf den Scheiben dekorieren.

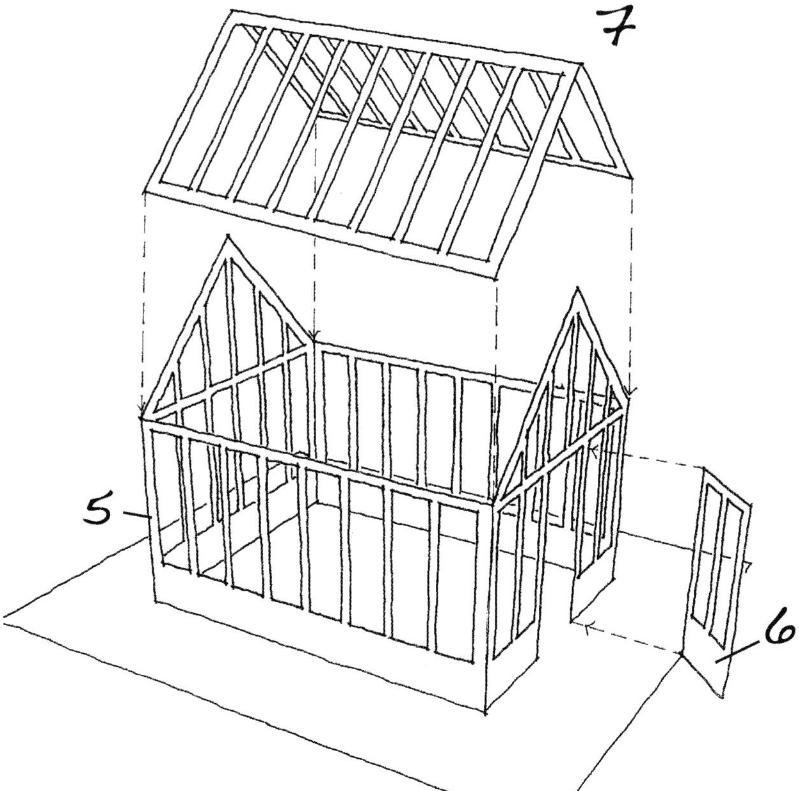

GIEBEL

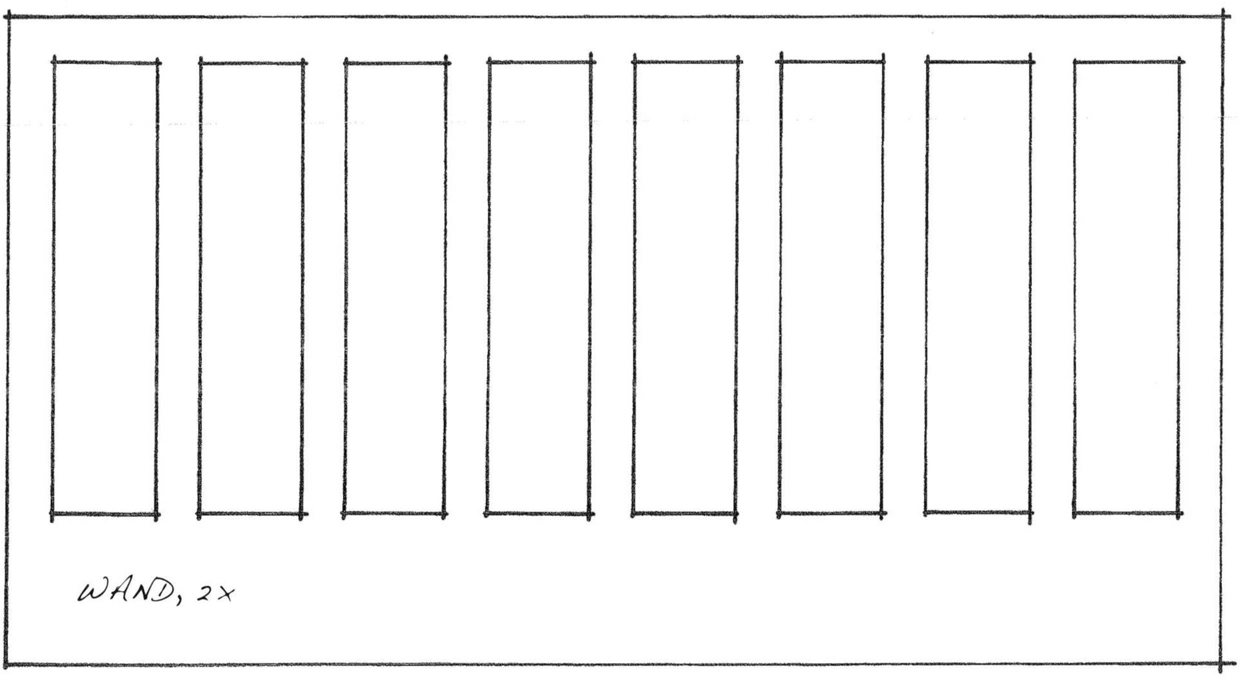
WAND, 2x

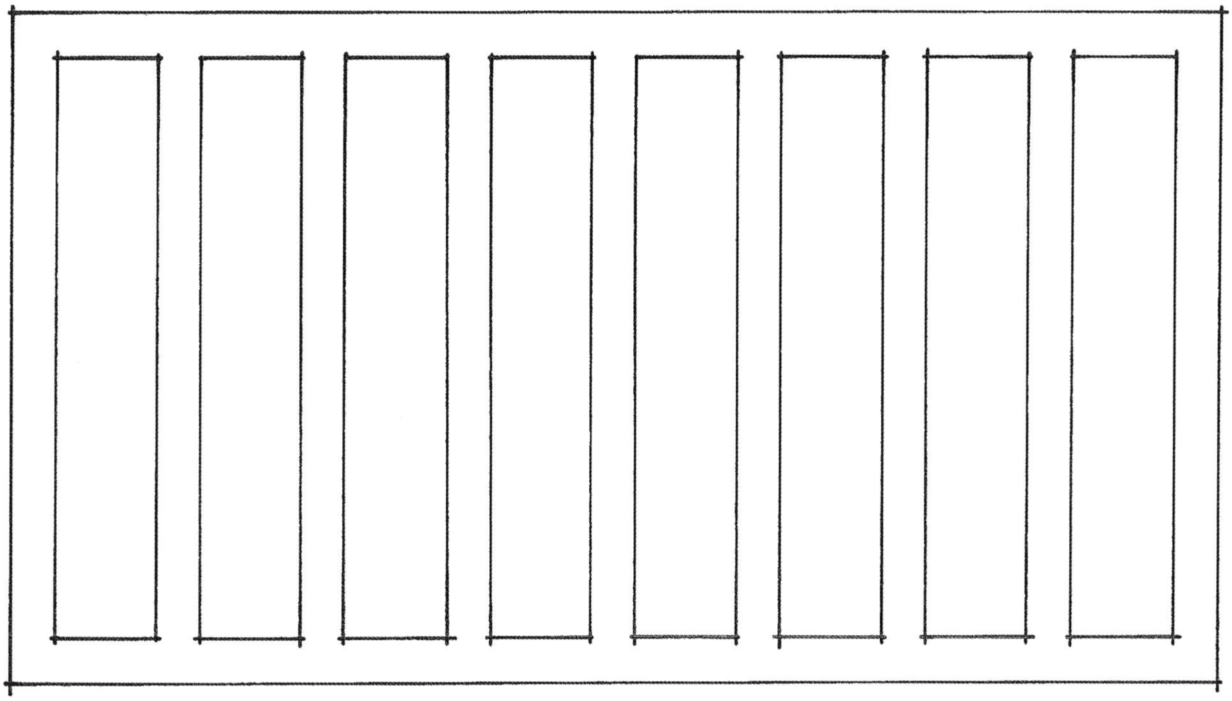

DACH, 2x

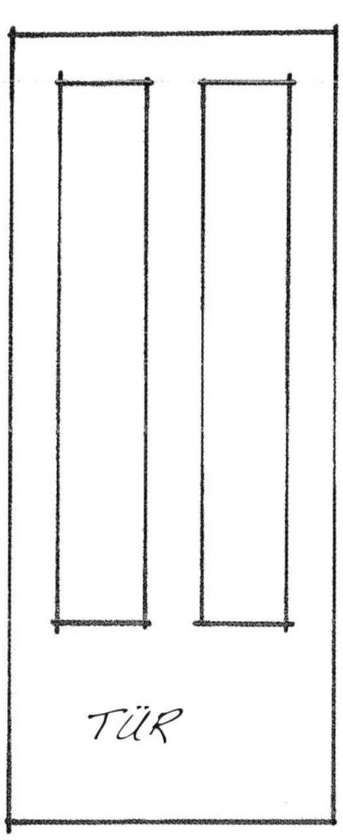

Weihnachtsbaum, unbeleuchtet

Viele, viele Sterne in verschiedenen Größen übereinanderstapeln, Glasur als „Kleber" einsetzen – und fertig ist der Christbaum.

Anleitung zum Zusammenbauen
Mit der größten Sternbackform als Boden beginnen und mit immer kleineren Sternen nach oben weiterbauen. Die Glasur fungiert als „Kleber". Stellen Sie den Baum in ein Meer von kleinen Silberkugeln und dekorieren Sie ihn mit Glasur, Mini Chocolate Chip Cookies, Karamellen und Fruchtgummischnüren. Sieht toll aus, duftet himmlisch und schmeckt super!

Die Geschichte des Adventssterns

Er leuchtet im dunklen Dezember in unseren Fenstern und symbolisiert den Stern von Bethlehem, der den drei Weisen aus dem Morgenland den Weg zum Stall wies, in dem das neugeborene Jesuskind lag.

Nach Schweden kam der Adventsstern zwischen 1930 und 1940. Erste Exemplare entstanden jedoch schon im Jahr 1880 in der deutschen Stadt Herrnhut. Sie war Sitz der Herrnhuter Brüdergemeine mit mehreren Internatsschulen für die Kinder der Missionare. Einer der Lehrer bastelte im Jahr 1880 mit seinen Schülern Papiersterne mit einer Lampe darin, um die Schule in der Adventszeit zu dekorieren. Der Überlieferung nach soll der Vorschlag dafür von einem der Missionare gekommen sein, der in Schweden umherwandernde Sternsinger mit einem Stern gesehen hatte.

Herrnhuter Stern

Ein Papierwaren- und Missionsbuchhändler in Herrnhut konstruierte – mit den in der Schule gebastelten Sternen als Vorlage – für Verkaufszwecke einen montierbaren Stern mit abnehmbaren Spitzen. Dieses Modell war kugelförmig mit abstehenden Zacken. Durch die speziellen Spitzen konnten die ausladenden Sterne in kleine längliche Schachteln verpackt werden. Das erleichterte den Transport und Verkauf der Sterne. Licht spendete eine kleine Öllampe im Innern des Sterns, die im Laufe der Zeit durch eine Glühlampe ersetzt wurde. Ab 1910 tauchten solche Herrnhuter Sterne vereinzelt in Schweden auf, oft wurden sie durch Mundpropaganda weiterempfohlen. In Herrnhut begann man unterdessen, die Sterne maschinell zu produzieren. Ab 1930 wurden sie in andere Länder exportiert – unter anderem nach Schweden, wo sie in Buch- und Papierwarenläden erhältlich waren. Die Sterne wurden unter der Bezeichnung „Weihnachtsstern", später als Original Herrnhuter Stern, verkauft. Das Aussehen dieser Sterne hat sich bis heute nicht verändert. Sie besitzen 17 viereckige und acht dreieckige Spitzen, die zu einem Stern zusammengesetzt werden, der in alle Richtungen strahlt. Man hängt diese großen Sterne normalerweise an die Zimmerdecke oder in eine Türöffnung.

Der erste schwedische Beleg für das Wort „Adventsstern" stammt aus dem Jahr 1934. Seit jenem Jahr werden in Schweden die aus Deutschland importierten Sterne verkauft.

Da die deutschen Sterne sehr teuer waren, startete Erling Persson, der spätere Gründer des Bekleidungshauses Hennes & Mauritz, eine billige Massenproduktion von Adventssternen. Der typische flache, siebenzackige, gelbrote Adventsstern, der zu Weihnachten in vielen unserer Fenster hängt, ist seine Schöpfung.

Villa Kunterbunt

Pippi Langstrumpf ist eine Erzählung von Astrid Lindgren. Pippi ist das stärkste Mädchen der Welt. Sie besitzt ein eigenes Haus. Dort wohnen auch das Äffchen Herr Nilsson und der Apfelschimmel Kleiner Onkel. Im Haus steht ein Koffer mit Geld, und davor wächst ein Baum, der Pippi mit frischer Limonade versorgt. Das Pferd steht meist auf der Veranda, Herr Nilsson ist dagegen fast überall zu finden.

Anleitung zum Zusammenbauen

1. Backpapier auf ein Tablett oder Schneidebrett legen, das groß genug für die ganze Villa ist. Alle benötigten Teile darauf anordnen. Das Tablett/Brett in die Nähe der Pfanne mit dem geschmolzenen Zucker stellen, damit die Teile schnell zusammengefügt werden können, nachdem die Klebeflächen in den Zucker getaucht wurden.
2. Den Zucker in einer Pfanne schmelzen. Ständig rühren, damit er nicht anbrennt.
3. Die Teile dekorieren, wenn alle flach ausliegen. Warten Sie noch mit dem Verzieren der Teile, bei denen die Glasur beim Zusammensetzen brechen könnte.
4. Alle Wände des Hauses und Turmes rechtwinklig zusammensetzen. Soll die TÜR offen stehen, wird sie zum Schluss angebracht.
5. Die Kanten der BALKONBODENPLATTE glätten und zusammenkleben.
6. Die VERANDAFRONTSEITE und die VERANDASEITE links befestigen.
7. Die Kanten des VERANDABODENS glätten. Beim Anbringen braucht man etwas Fingerfertigkeit. Tipp: Ein Lebkuchenstück an der Hauswand als Auflage für den Boden fixieren.
8. Das VERANDADACH 1 und 3 leicht geneigt, VERANDADACH 2 eben über den Ecken der Verandawände anbringen.
9. Die Firstkanten der großen DACHTEILE glätten. Zuerst die DACH-VORDERSEITE befestigen und rund um den Turm einpassen. Das Dach mit der Hand stützen, bis die DACH-RÜCKSEITE befestigt wurde. Dann die restlichen DACHTEILE ankleben.
10. Die Kanten des großen und kleinen TURMDACHS glätten, dann zusammen- und ankleben.
11. Den SCHORNSTEIN zusammenkleben, auf den Dachfirst setzen.
12. Die TREPPENTEILE aneinanderfügen und an der Veranda fixieren.
13. Das Haus dekorieren und den LIMONADENBAUM aufstellen.

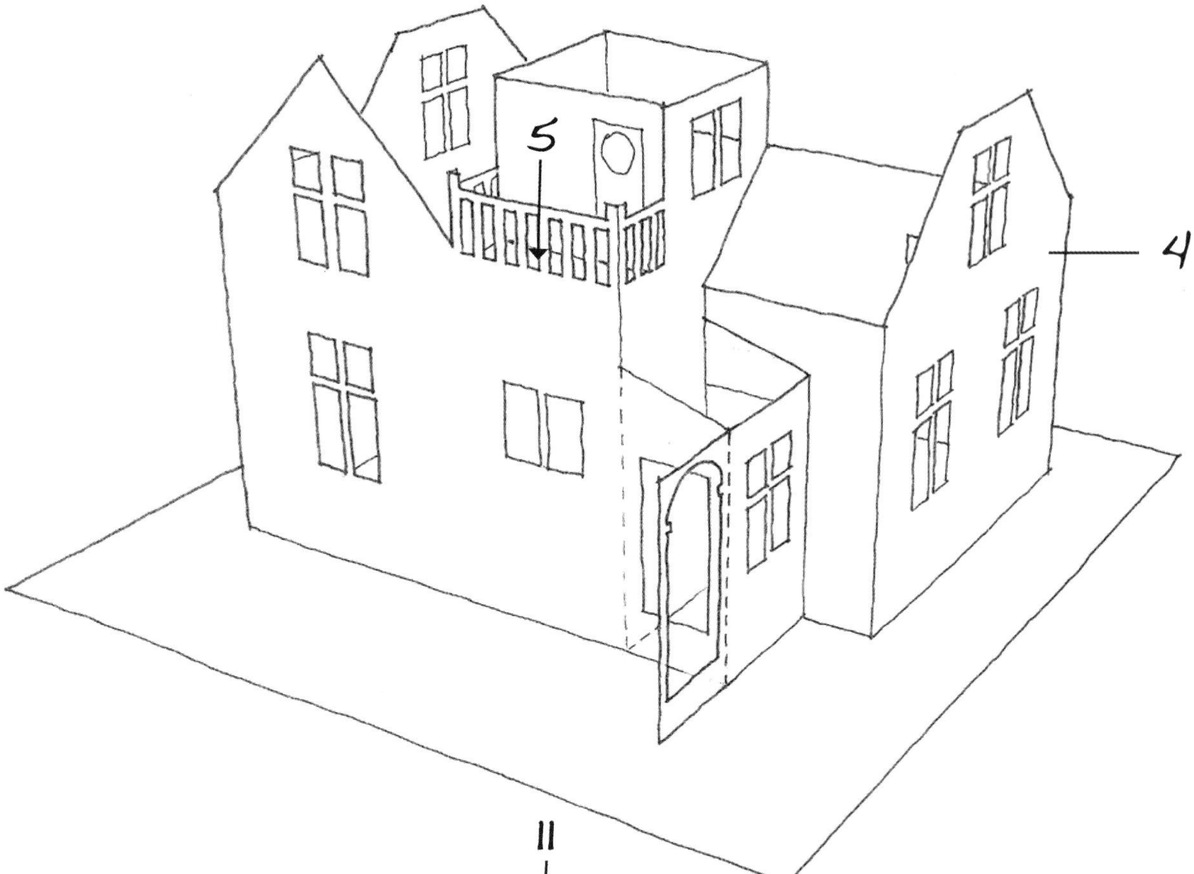
5
4

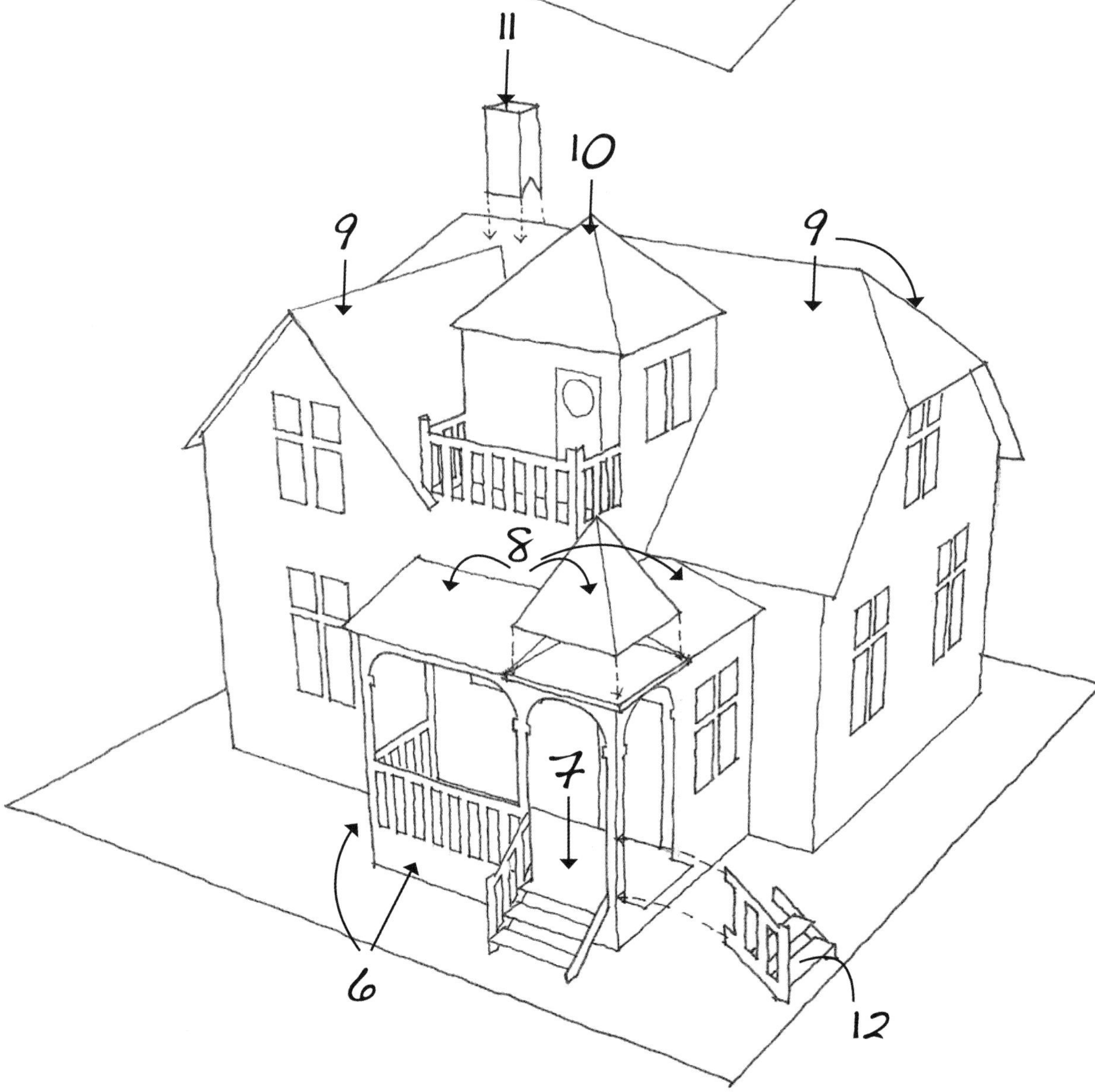
11
10
9
9
8
7
6
12

BALKONBODENPLATTE

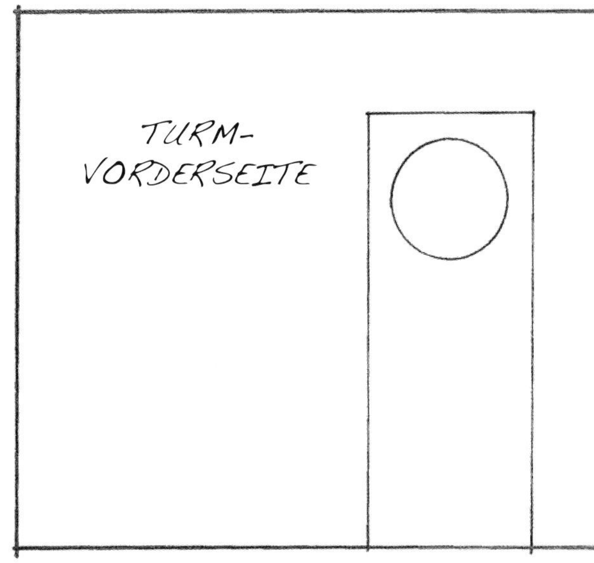
TURM-
VORDERSEITE

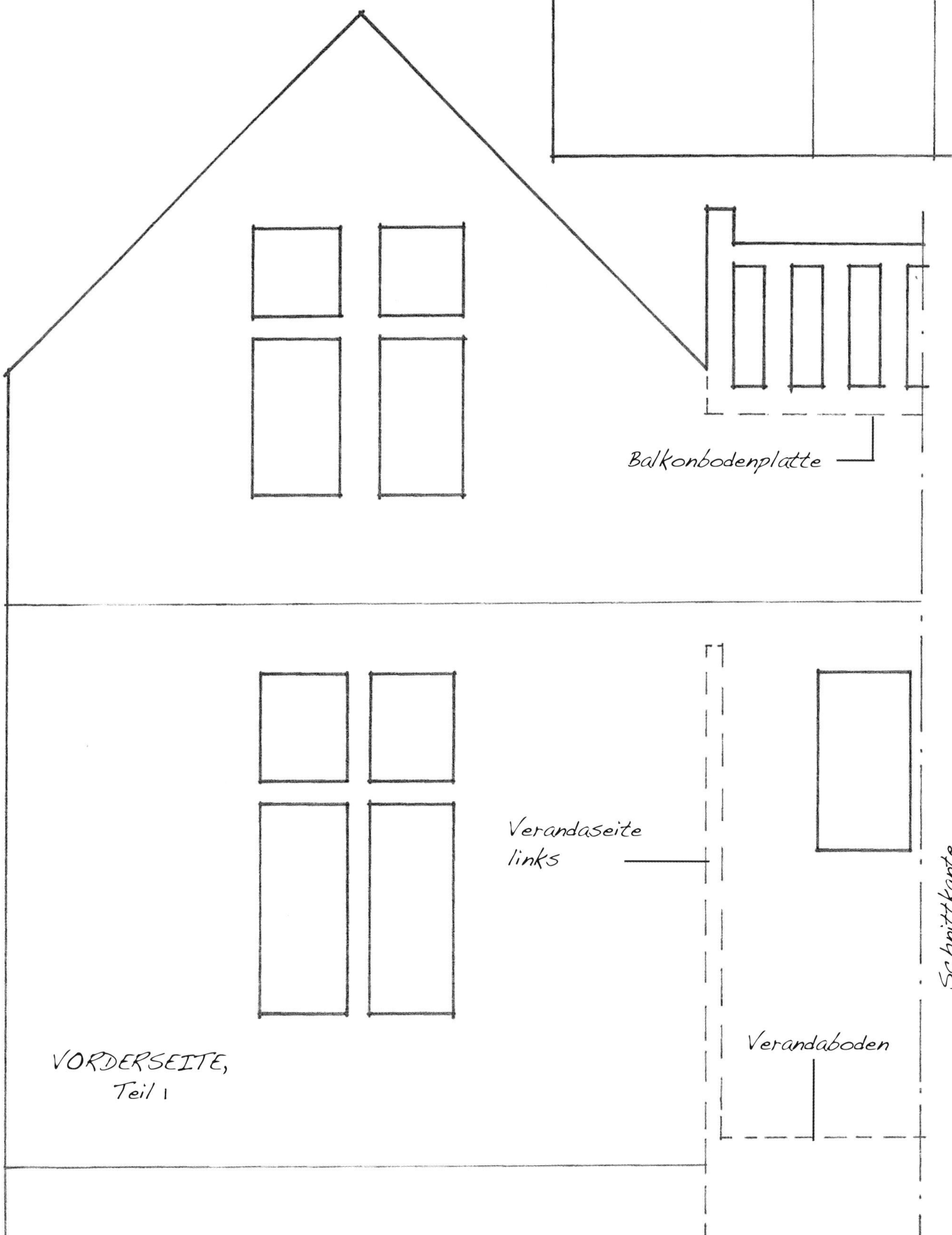
Balkonbodenplatte
Verandaseite
links
Schnittkante
Verandaboden
VORDERSEITE,
Teil 1

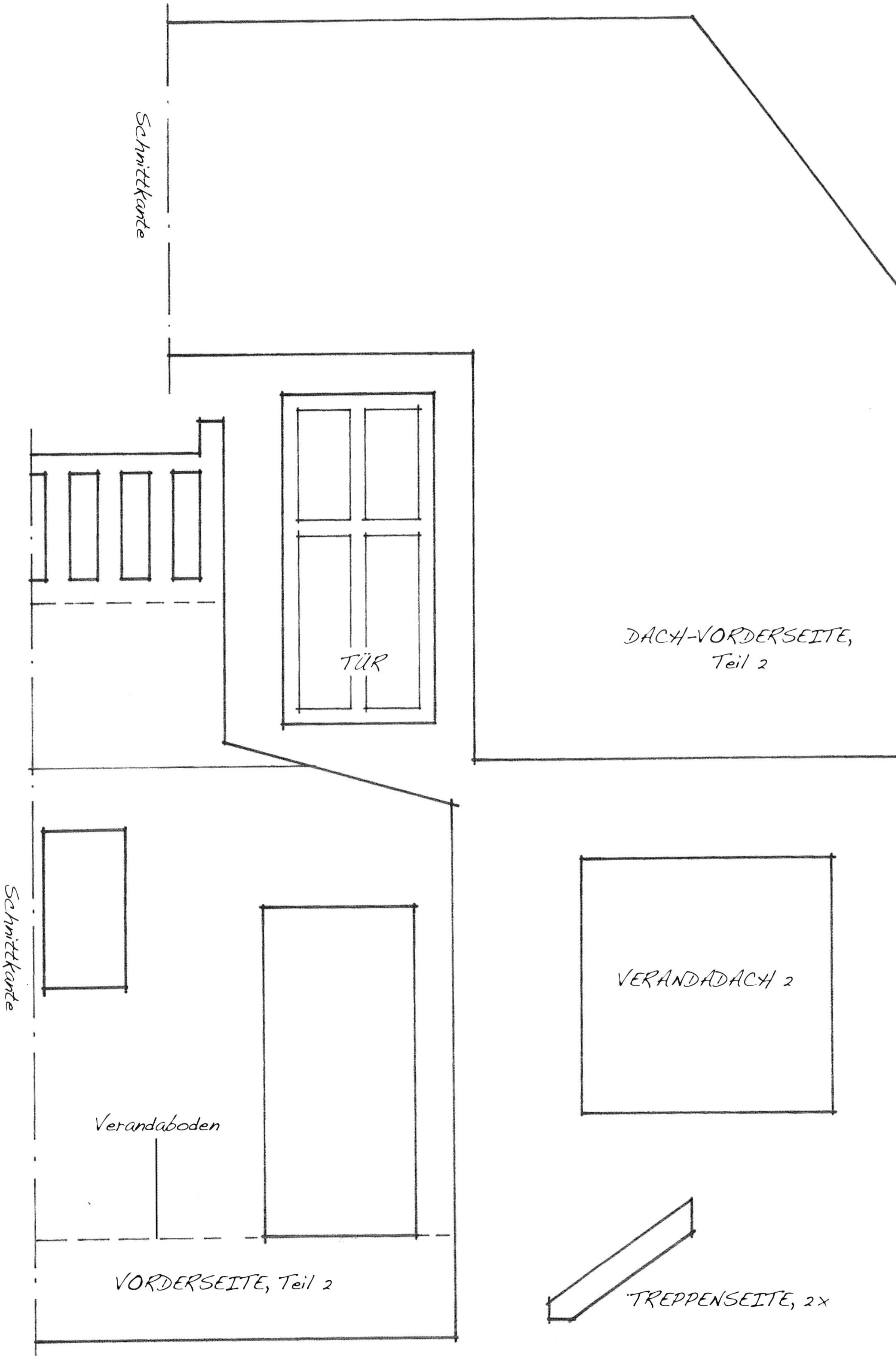
Schnittkante
DACH-VORDERSEITE,
Teil 2
TÜR
Schnittkante
VERANDADACH 2
Verandaboden
VORDERSEITE, Teil 2
TREPPENSEITE, 2x

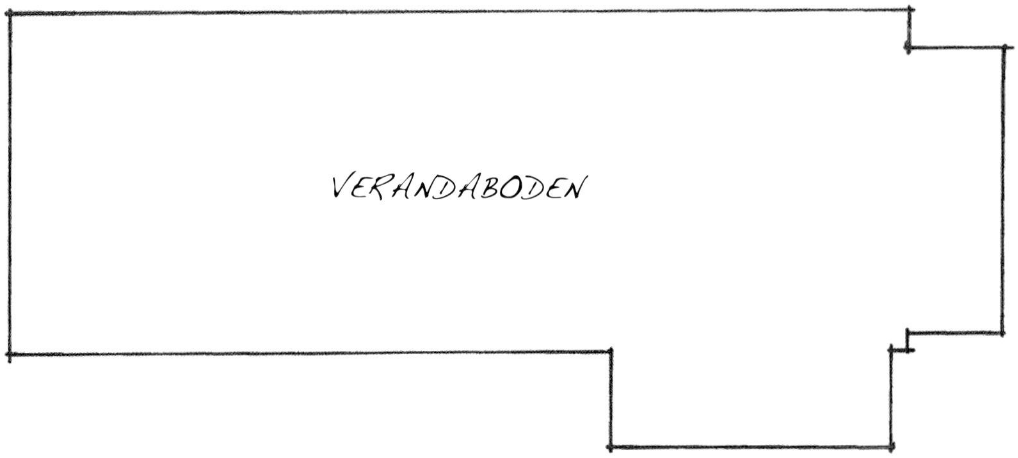
VERANDABODEN

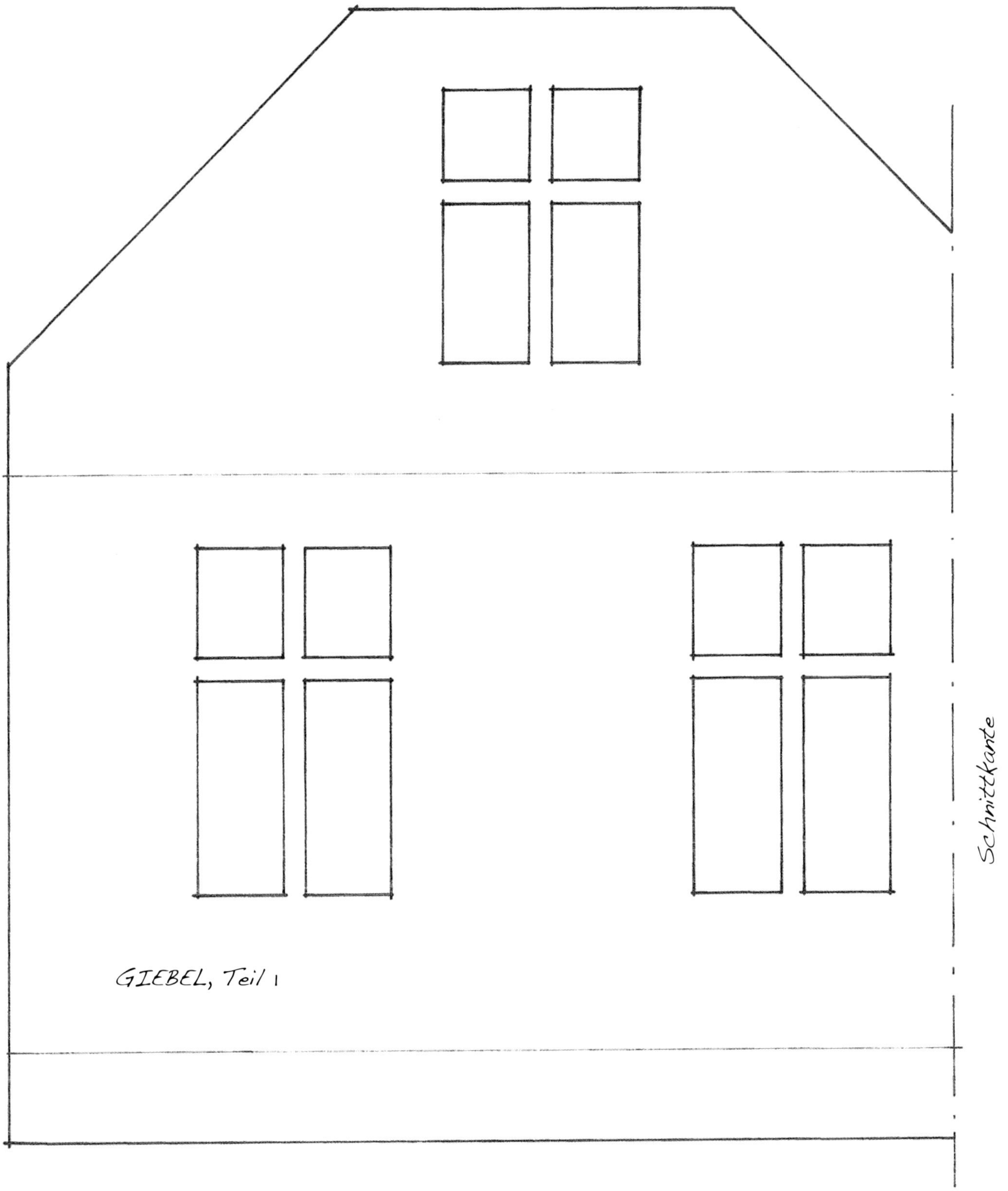
GIEBEL, Teil 1
Schnittkante

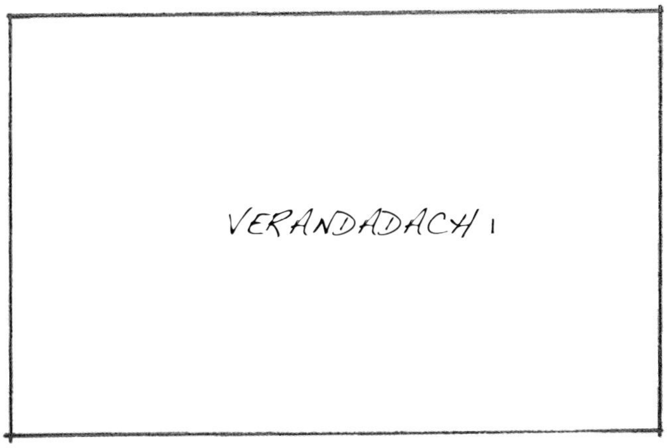
VERANDADACH 1

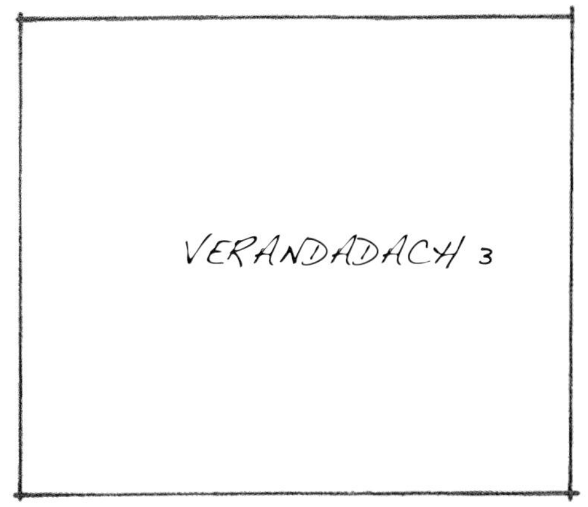
VERANDADACH 3

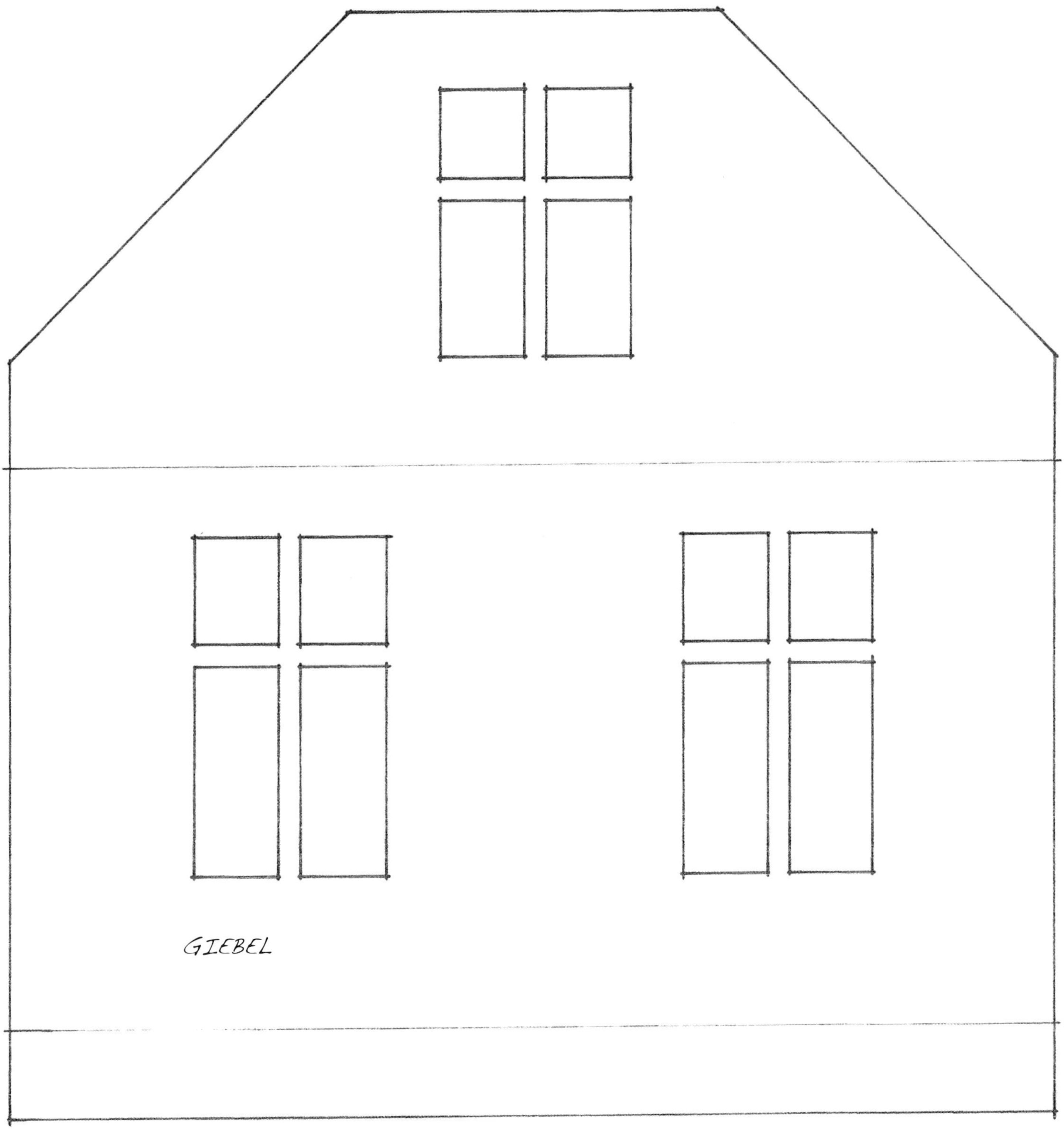
GIEBEL

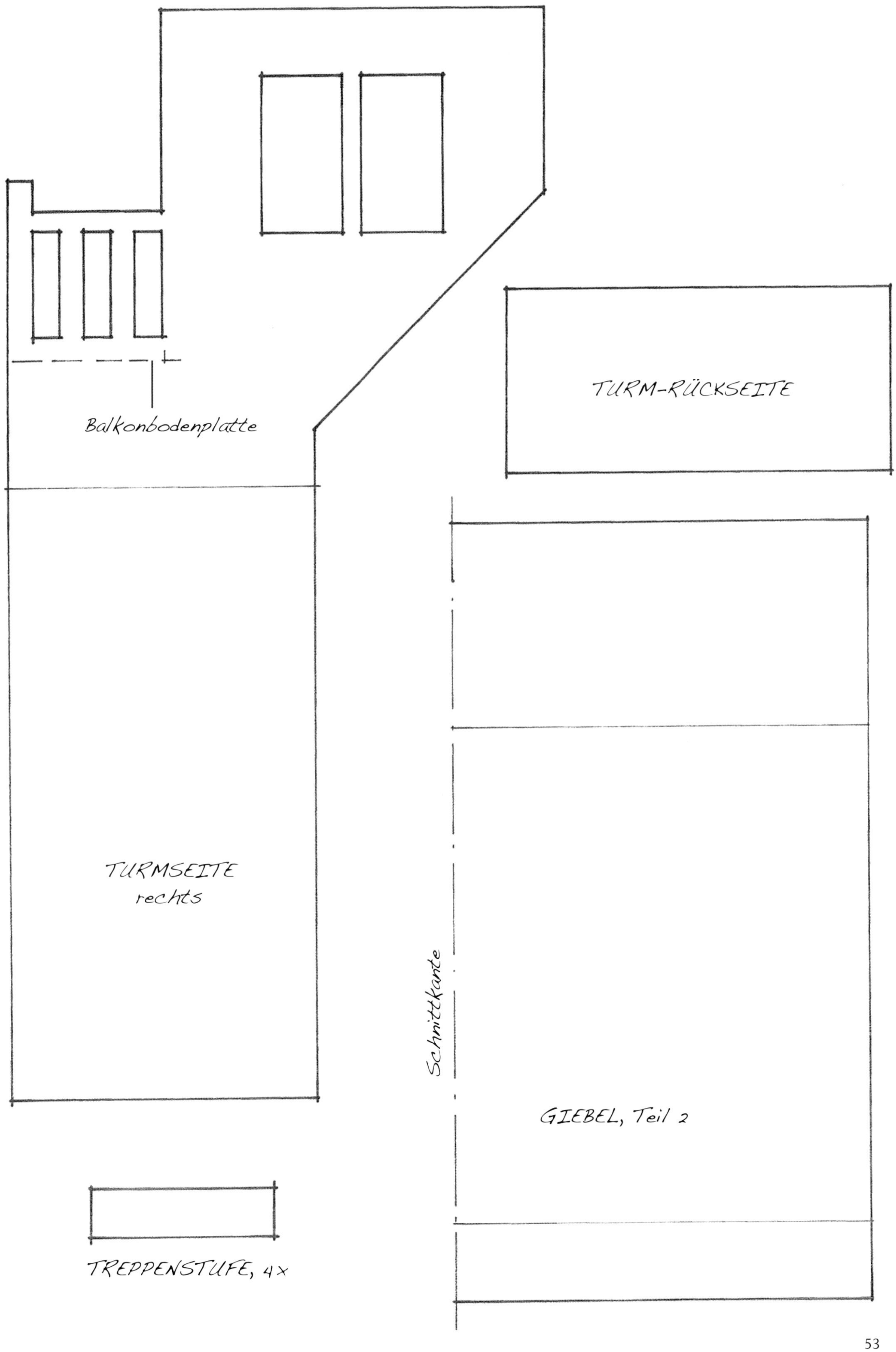
Balkonbodenplatte
TURM-RÜCKSEITE
TURMSEITE rechts
Schnittkante
GIEBEL, Teil 2
TREPPENSTUFE, 4x

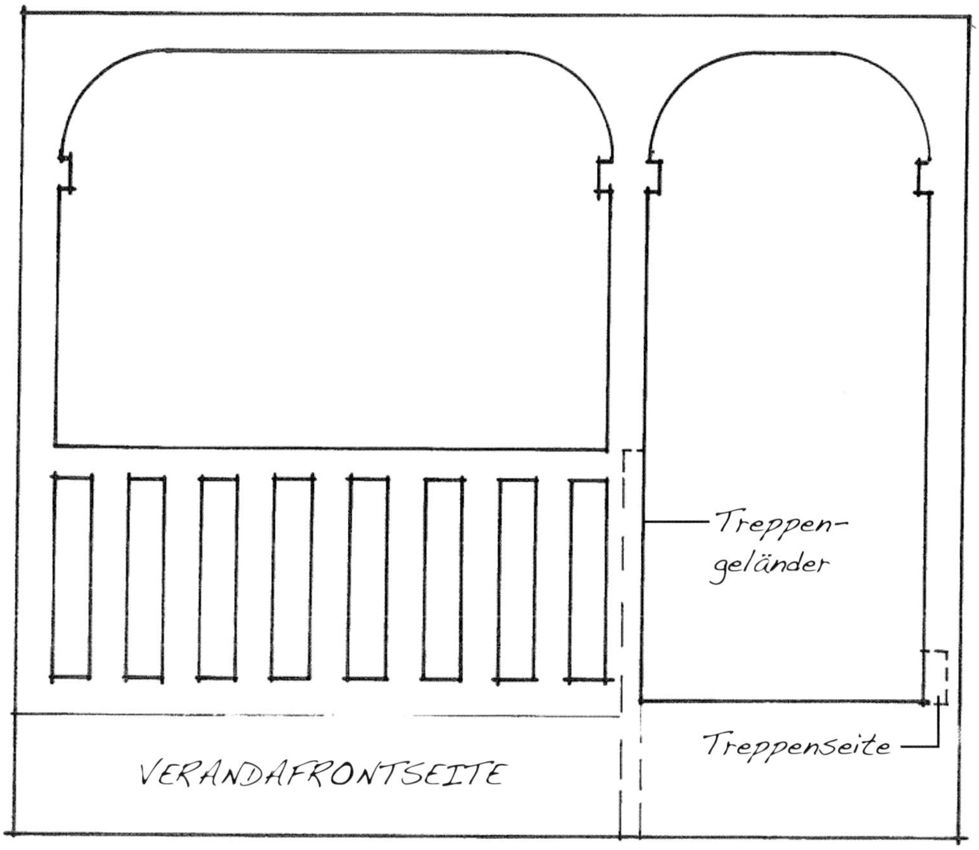

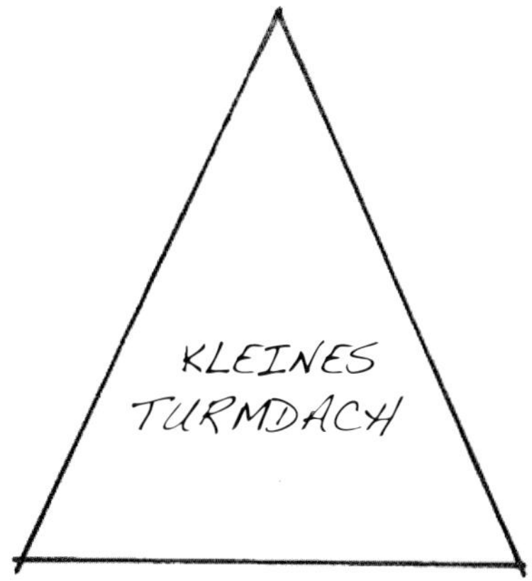

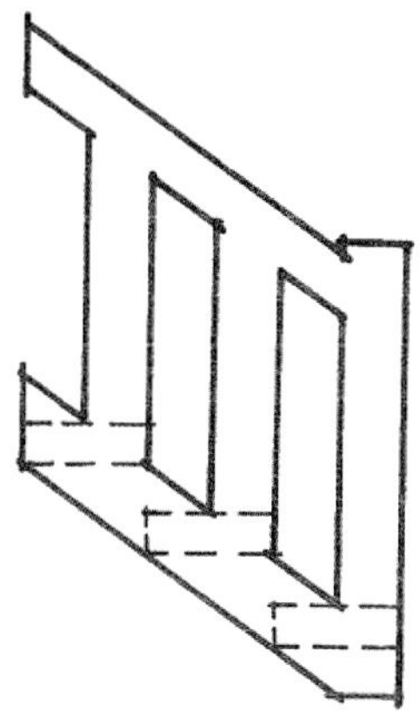

TREPPEN-
GELÄNDER,
2x

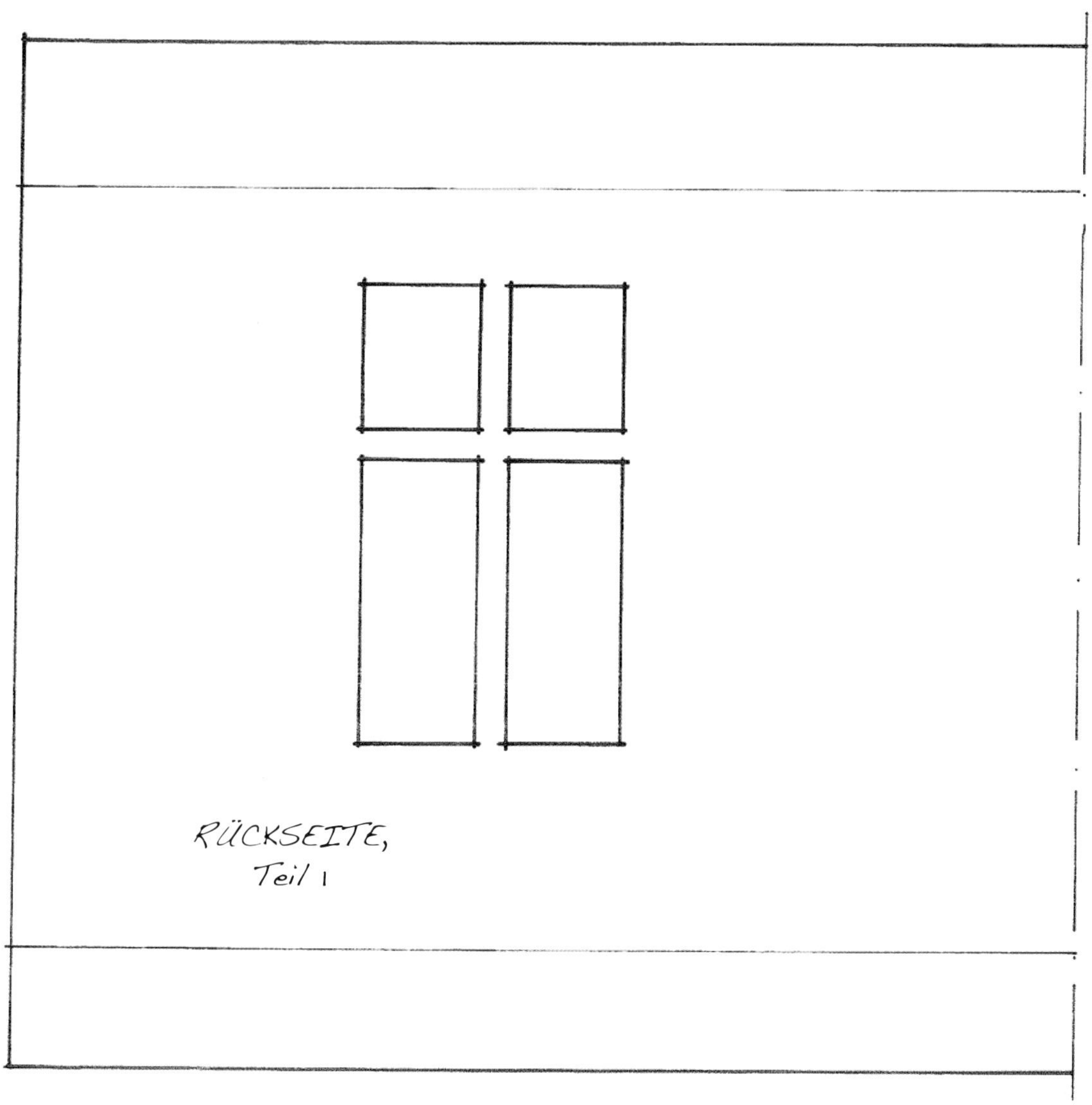

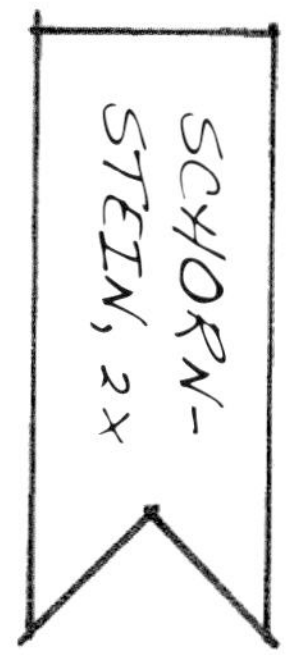

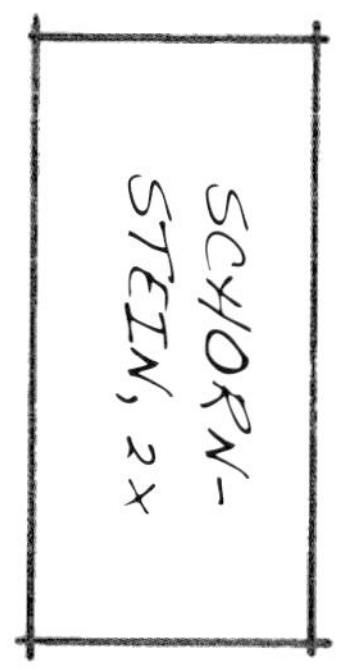

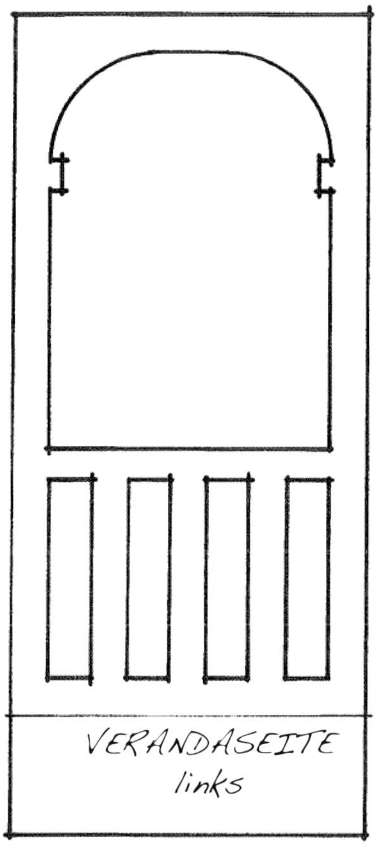
VERANDASEITE
links

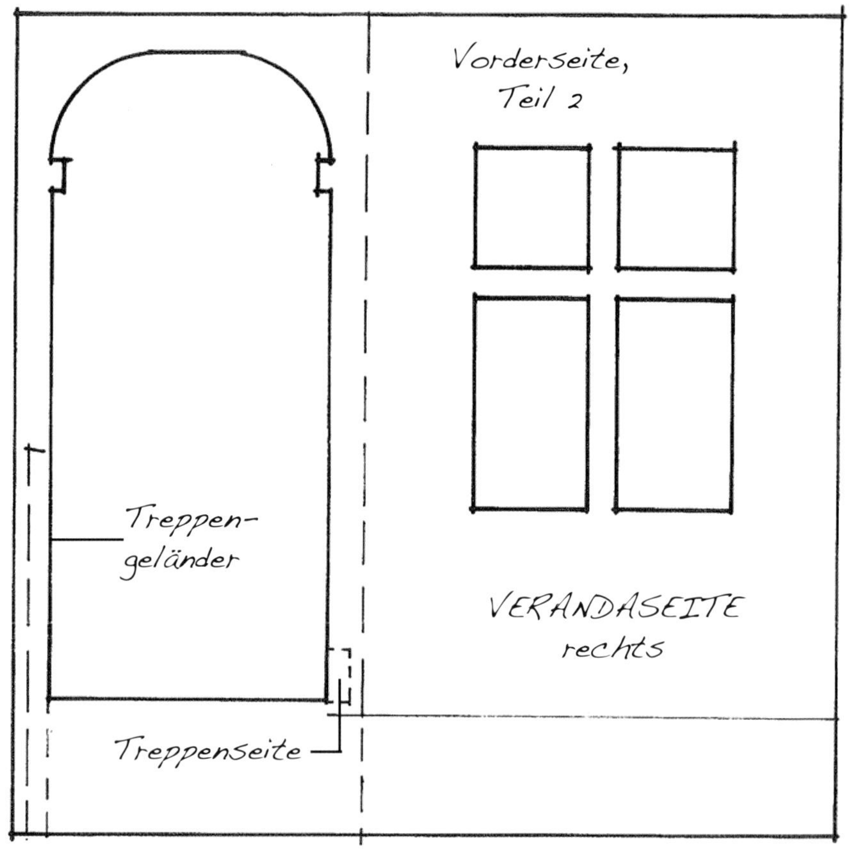
Vorderseite,
Teil 2
Treppen-
geländer
VERANDASEITE
rechts
Treppenseite

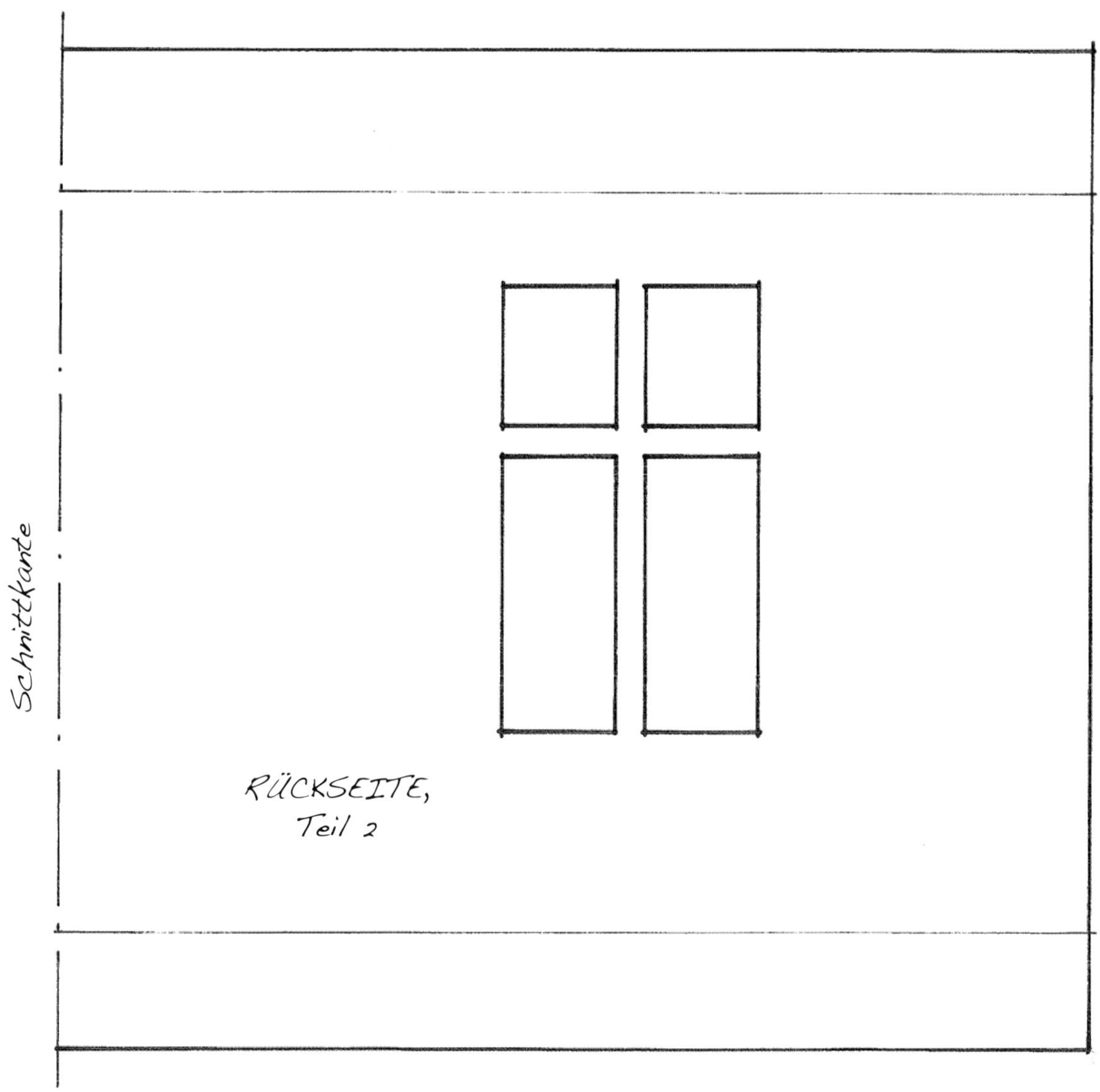
Schnittkante
RÜCKSEITE,
Teil 2

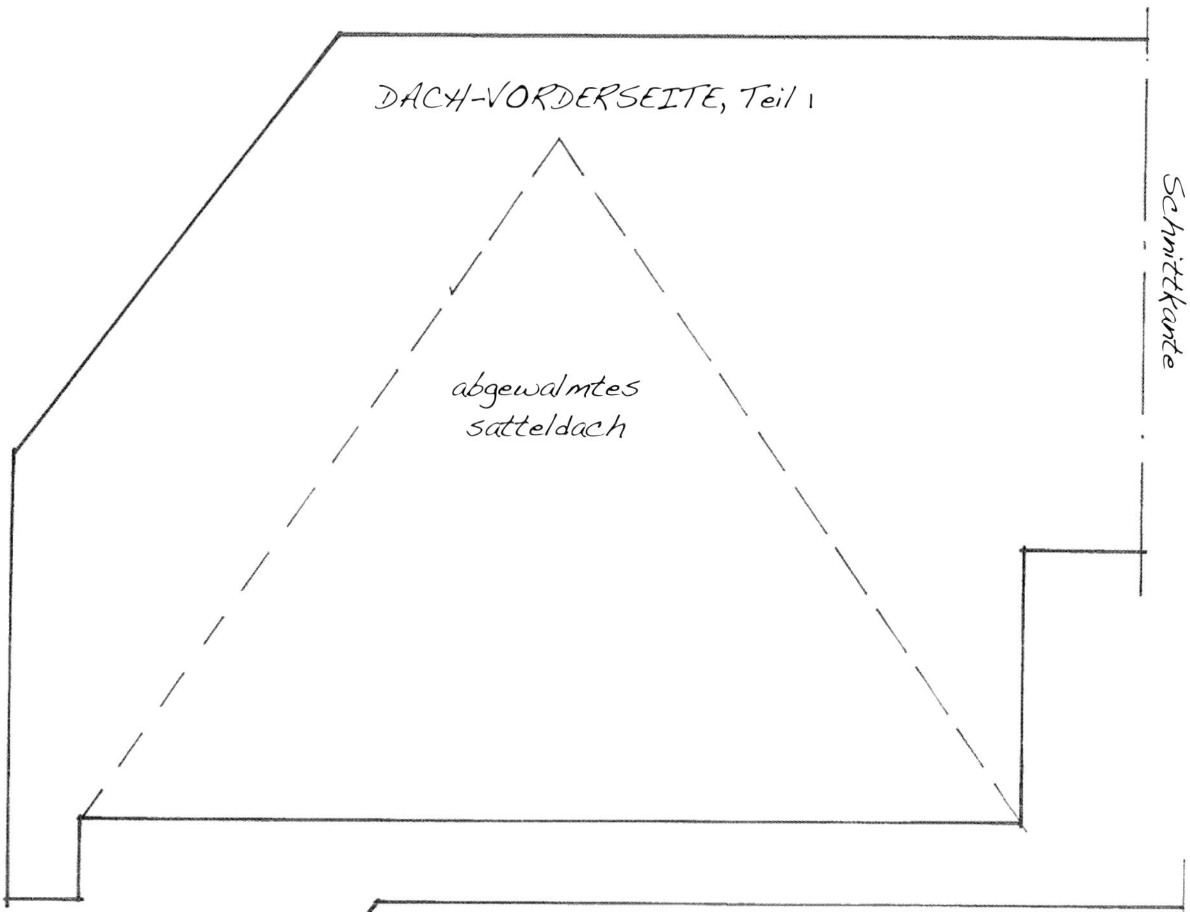
DACH-VORDERSEITE, Teil 1
abgewalmtes satteldach
Schnittkante

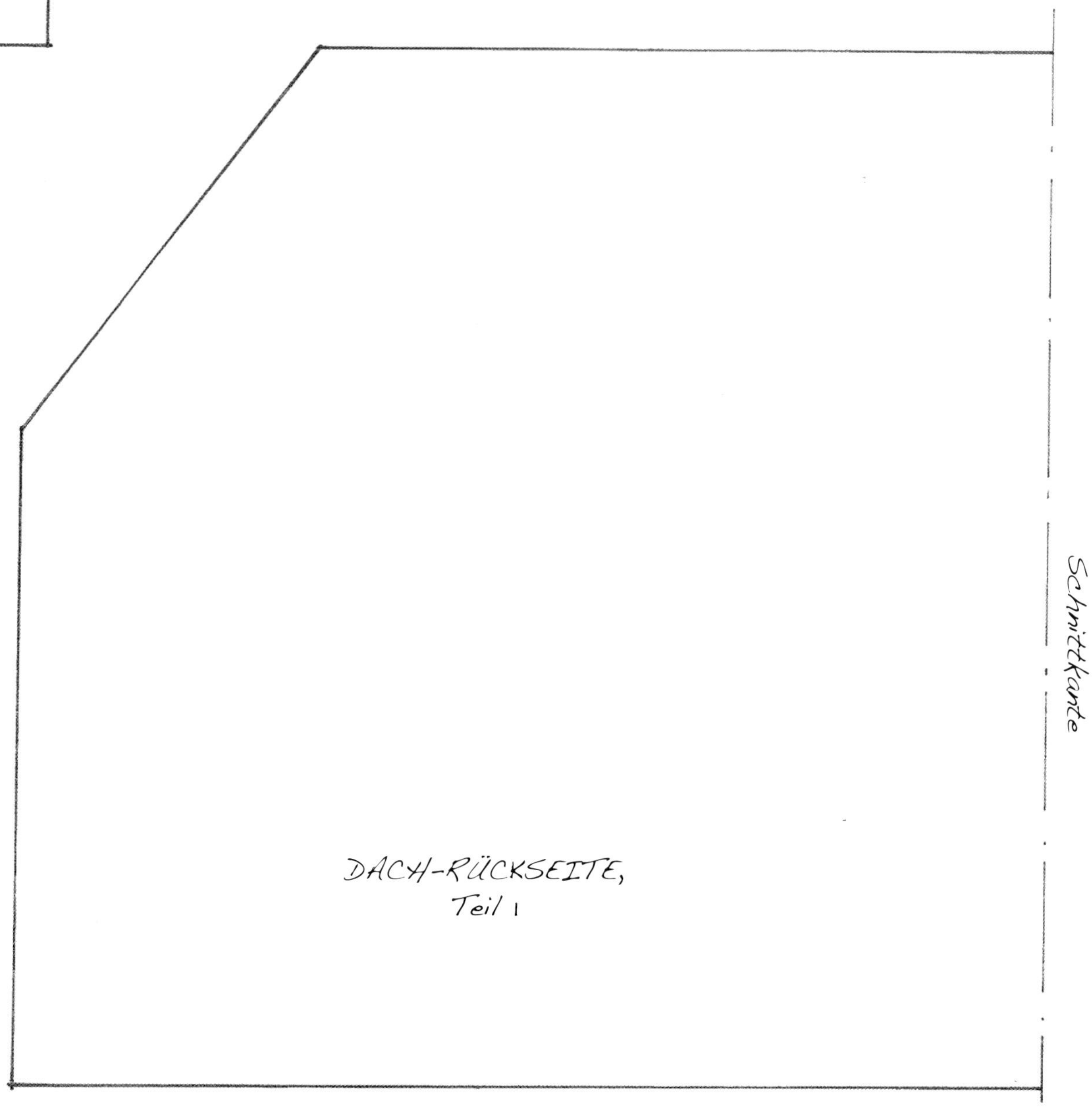
Schnittkante
DACH-RÜCKSEITE, Teil 1

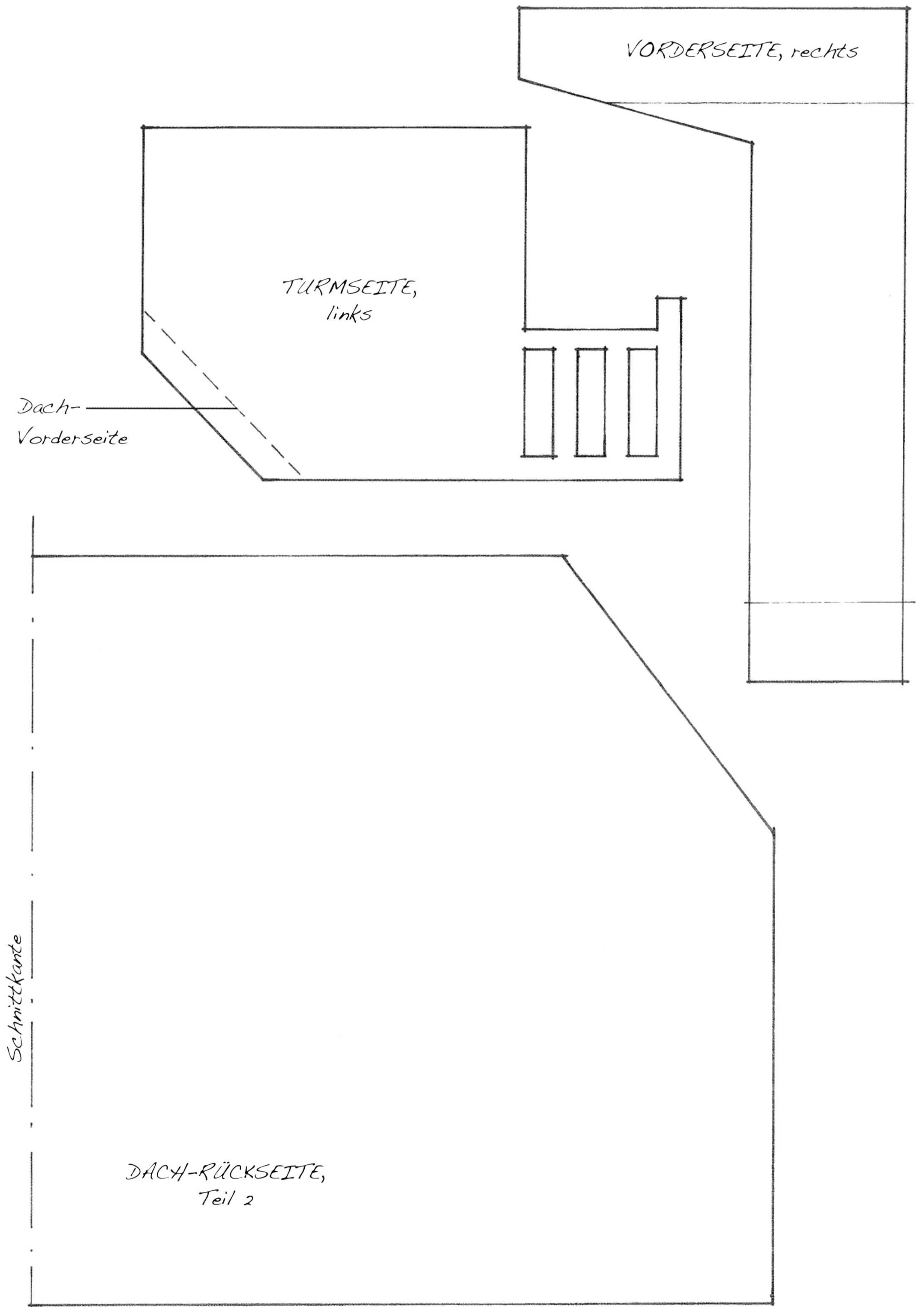
VORDERSEITE, rechts
TURMSEITE, links
Dach-Vorderseite
Schnittkante
DACH-RÜCKSEITE, Teil 2

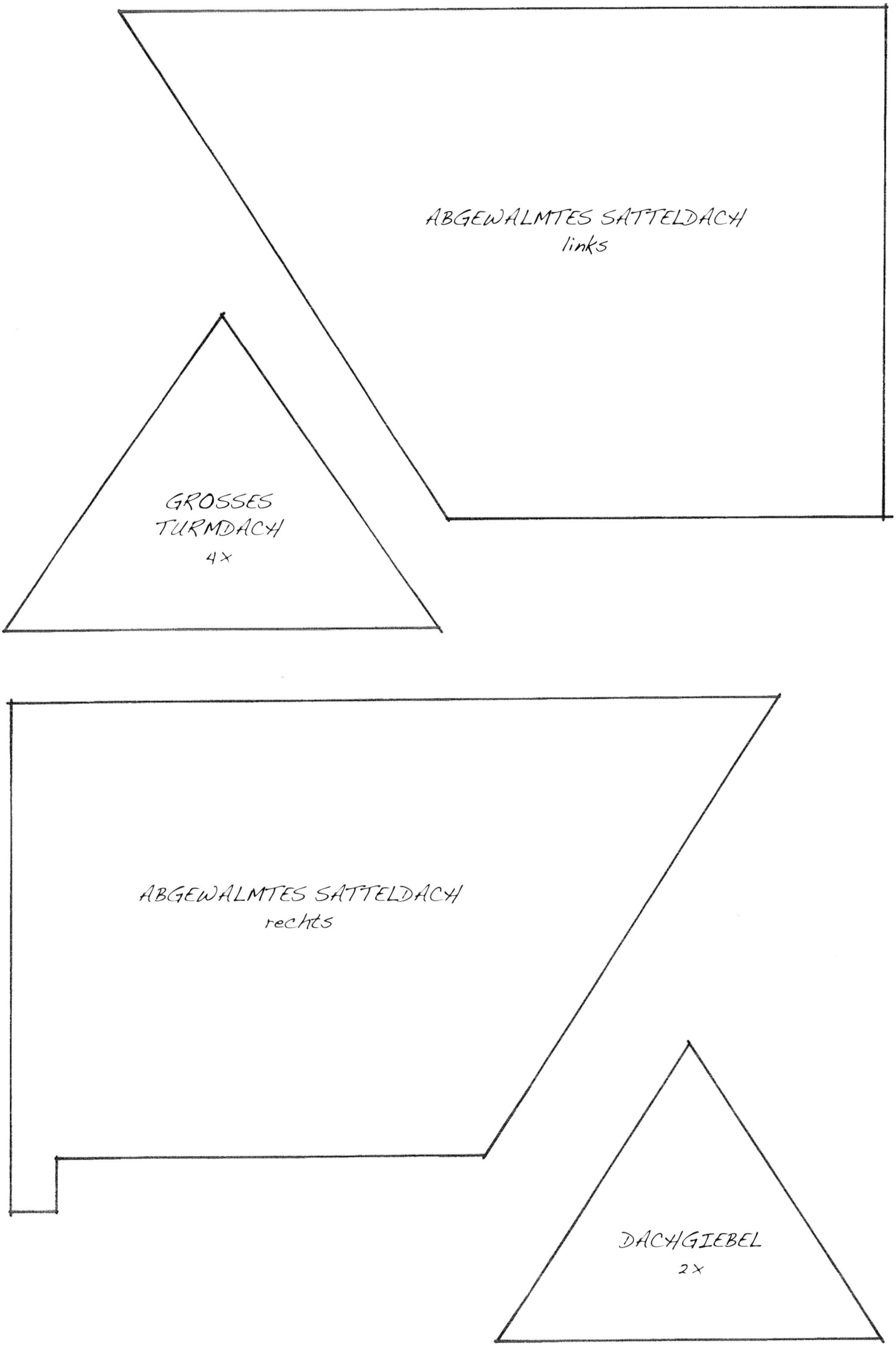
ABGEWALMTES SATTELDACH
links
GROSSES
TURMDACH
4x
ABGEWALMTES SATTELDACH
rechts
DACHGIEBEL
2x

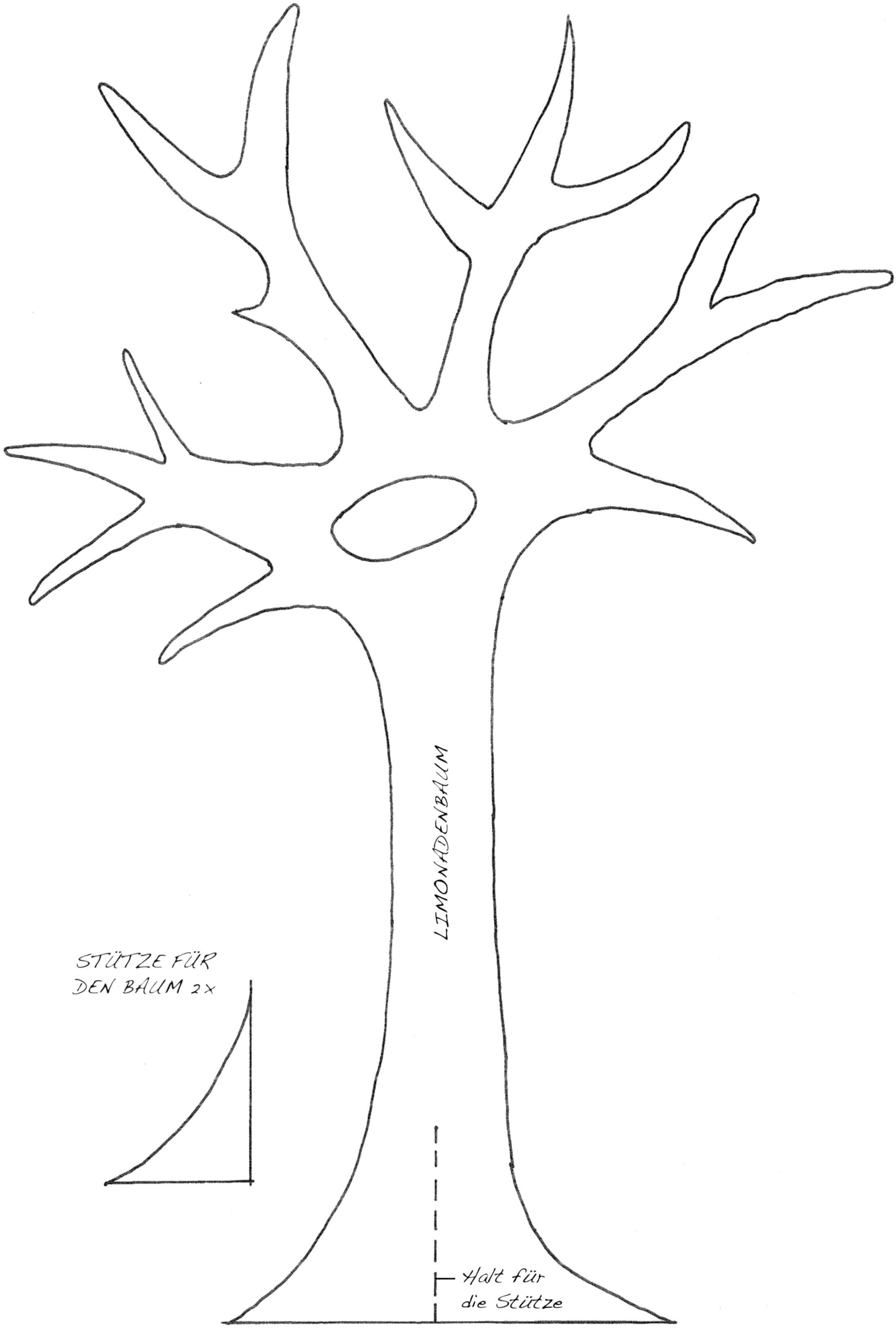
LIMONADENBAUM
STÜTZE FÜR DEN BAUM 2x
Halt für die Stütze

Nikolausstiefel

Die Geschichte des Nikolausstiefels beginnt mit Sankt Nikolaus (270 – 343 n. Chr.) aus dem Ort Patara, der damals zu Griechenland gehörte. Als Nikolaus noch sehr jung war, starben seine reichen Eltern während einer Epidemie. Getreu den Worten Jesu „verkaufe deine Besitztümer und gib das Geld den Armen", verschenkte er sein Erbe an Arme und Bedürftige. Er stellte sein Leben ganz in den Dienst Gottes und wurde schon als junger Mann Bischof von Myra. Dank seiner Großzügigkeit und Liebe zu Kindern, aber auch wegen seines Engagements für Seeleute und deren Schiffe war Bischof Nikolaus bald im ganzen Land bekannt.

Aus seinem Leben und Wirken sind viele Geschichten überliefert. Sie beschreiben seinen gütigen Charakter und zeigen ihn als Helfer und Beschützer der Bedürftigen.

Eine der wohl bekanntesten Geschichten handelt von einem armen Mann und seinen Töchtern. Damals musste der Vater einer jungen Frau ihrem Freier gewisse Güter anbieten können. Ohne diese Mitgift konnten die Töchter nicht heiraten.

Eines Abends hingen die Töchter des armen Mannes ihre gewaschenen Strümpfe zum Trocknen auf. Sankt Nikolaus kannte das Problem des armen Mannes. Als er an dessen Haus vorbeiging, schliefen schon alle. Er blickte durchs Fenster und sah die Strümpfe am Kamin hängen.

Da hatte Sankt Nikolaus eine Idee. Er nahm drei Beutelchen mit Gold aus seinem Sack und verteilte sie auf die Strümpfe. Am nächsten Morgen fanden die Töchter des armen Mannes die großherzige Gabe in ihren Strümpfen. Es war genug, um heiraten zu können.

Aus dieser Legende entwickelte sich schließlich der Brauch, die Strümpfe an den Kamin zu hängen und darauf zu hoffen, dass der Nikolaus etwas hineinlegt.

Bald war es in vielen europäischen Ländern zur Tradition geworden. Anfangs nahmen die Kinder noch ihre normalen Strümpfe, mit der Zeit kamen spezielle Nikolausstiefel in Mode. Diese selbst zu basteln, macht besonders Spaß. Man kann beispielsweise Namen daraufschreiben, so bekommen sie eine persönliche Note. Traditionell hat der Nikolausstiefel seinen Platz am Kamin. Da in modernen Häusern jedoch oft keiner vorhanden ist, kann man den Stiefel auch an einen anderen Ort hängen.

NIKOLAUSSTIEFEL – SELBST GEMACHT

Sie brauchen: ca. 60 cm Stoff, 10 cm Dekoband, Nähgarn, Stoffreste und/oder Textilfarbe.

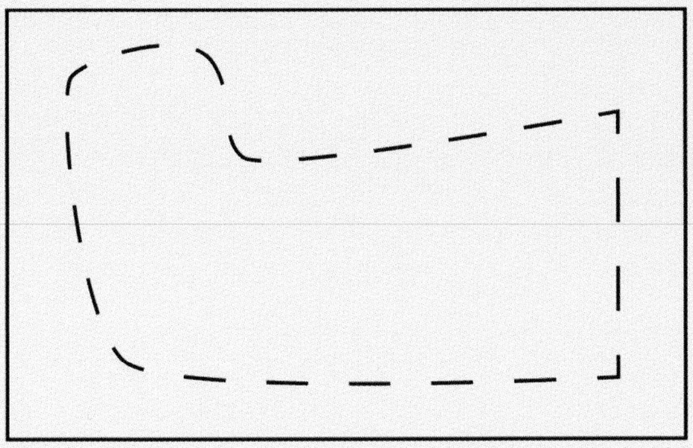

1. Den Stiefel in der gewünschten Größe auf Papier zeichnen. Die Vorlage ausschneiden.

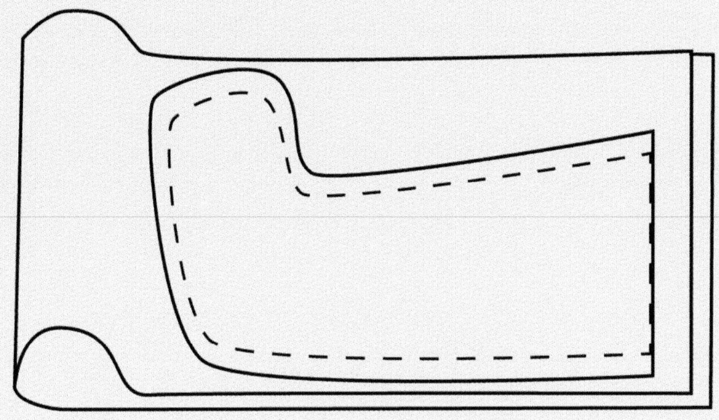

2. Auf doppelt gelegten Stoff geben (rechte Seite nach innen). Ausschneiden. Längs der Kanten zunähen, oben eine Öffnung lassen. Stoff auf rechts wenden.

3. Den Stiefel nach Wunsch mit Kreuzstichen, selbst klebenden Motiven aus Stoff oder aufgenähten Stoffresten dekorieren.

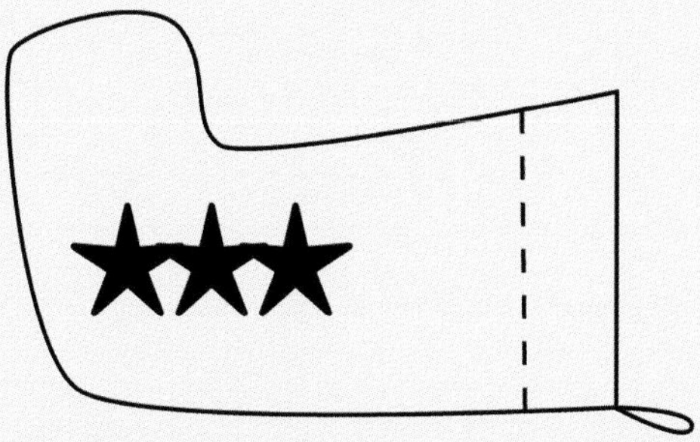

4. Die Oberkante ca. 6 cm nach unten umschlagen und von Hand oder mit der Maschine annähen. Eine Schlaufe für den Schaft nähen, um den Stiefel daran aufhängen zu können.

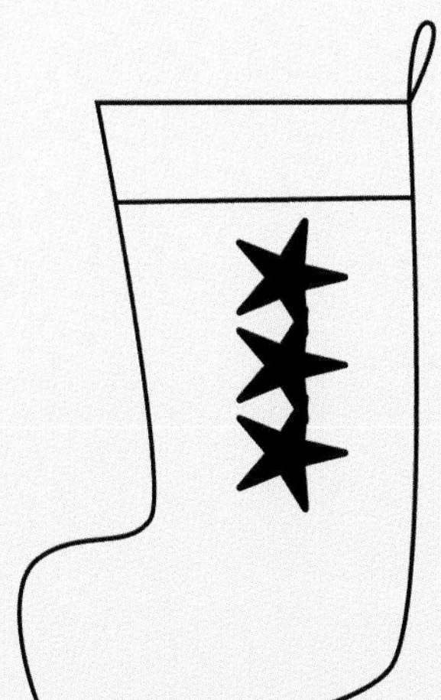

5. Nun müssen Sie nur noch einen schönen Platz für den Stiefel finden und darauf hoffen, dass er vom Nikolaus gefüllt wird.

Vorratshaus

Bei diesem Haus muss alles genau angepasst und geglättet werden, damit sich die Teile exakt zusammenfügen. Nur so wird es wirklich stabil.

Die Teile aus dem Teig ausschneiden und die Markierungslinien für die Balken ziehen (siehe Zeichnung). Sie können dabei ruhig bis zum Backblech durchschneiden. Der Teig quillt noch beim Backen, so bleiben die Teile aneinander haften, und der Trennstrich bleibt trotzdem sichtbar. Nun die Teile im Ofen backen. Sobald der Teig Farbe bekommt, holen Sie die Teile heraus, legen sie flach aus und lassen sie abkühlen. Wichtig: Alle Kanten, die zusammengesetzt werden sollen, müssen sauber geglättet werden.

Nach dem Auskühlen können Sie das Haus dekorieren. Wir haben auf Deko verzichtet, denn der braune Lebkuchenteig passt so gut zu diesem Haus. Mehr braucht es nicht.

Anleitung zum Zusammenbauen

1. Backpapier auf ein Tablett oder Schneidebrett legen, auf dem das ganze Haus Platz hat. Alle benötigten Teile darauf anordnen. Das Tablett/Brett in die Nähe der Pfanne mit dem geschmolzenen Zucker stellen, damit die Teile nach dem Eintauchen der Klebeflächen in den Zucker schnell zur Hand sind.
2. Den Zucker in einer Pfanne schmelzen. Ständig rühren, damit er nicht anbrennt.
3. Zunächst die Hauswände zusammensetzen.
4. Die BODENBALKEN zusammenkleben. Die Balken unter den Schmalseiten gehören nach ganz unten. Siehe Zeichnung!
5. An jeder Ecke zwei STEINE aufeinanderlegen.
6. Das zusammengebaute Haus auf das „Fundament“ stellen.
7. Die TÜR einsetzen; sie kann ruhig einen Spalt offen stehen.
8. Die hintere Hälfte des DACHES befestigen.
9. Dann die vordere Hälfte des DACHES einpassen und justieren.
10. Die BODENBRETTER für den Absatz vor der Türöffnung anbringen.
11. Die LEITER davor befestigen und eventuell auf einen kleinen Stein aus Lebkuchenteig oder einen Naturstein stellen.

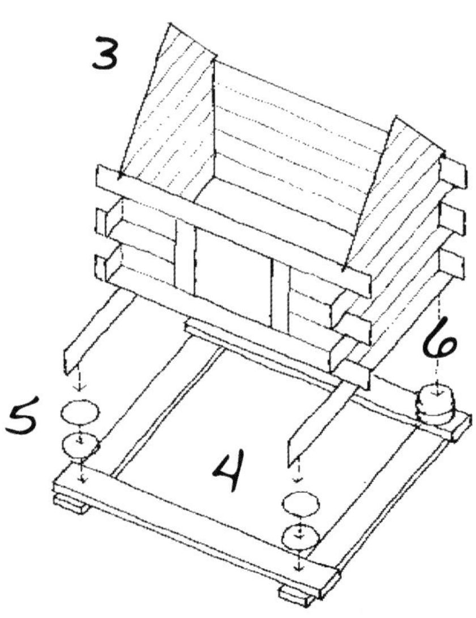

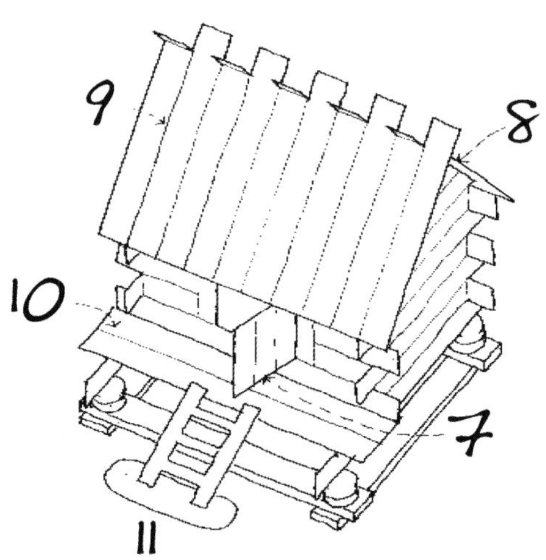

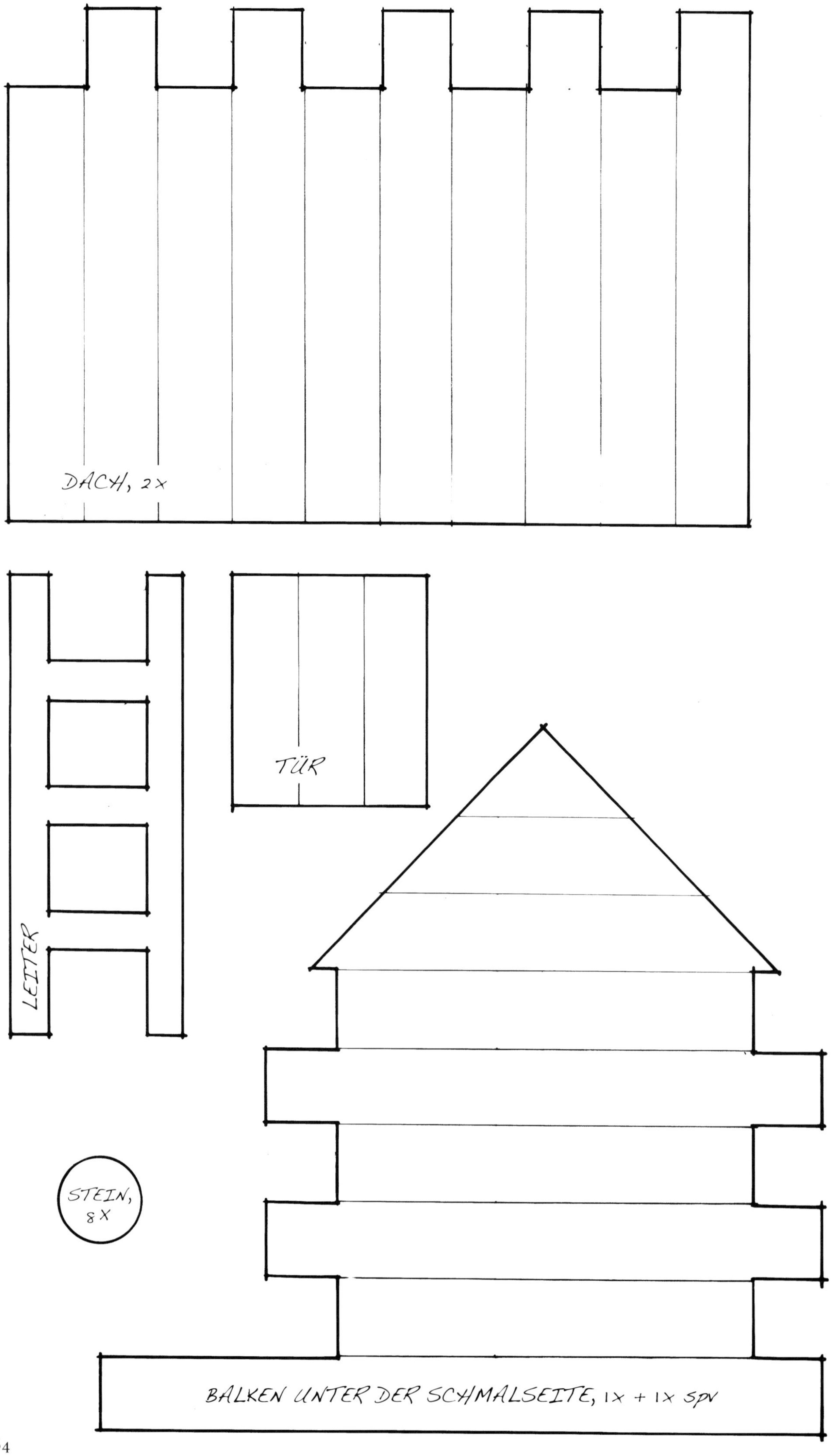
DACH, 2x
LEITER
TÜR
STEIN, 8X
BALKEN UNTER DER SCHMALSEITE, 1x + 1x spv

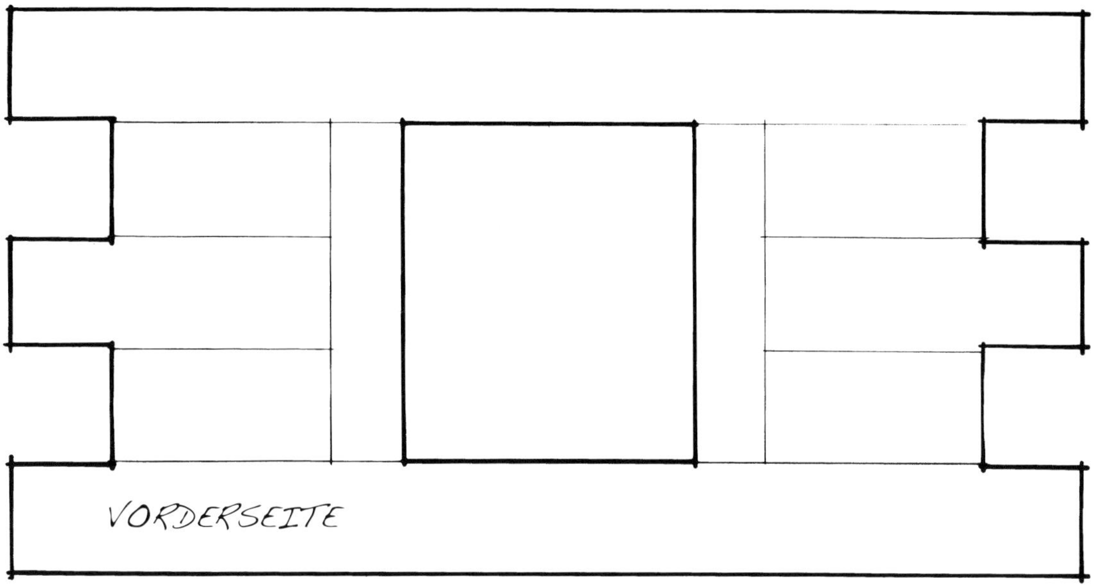
VORDERSEITE

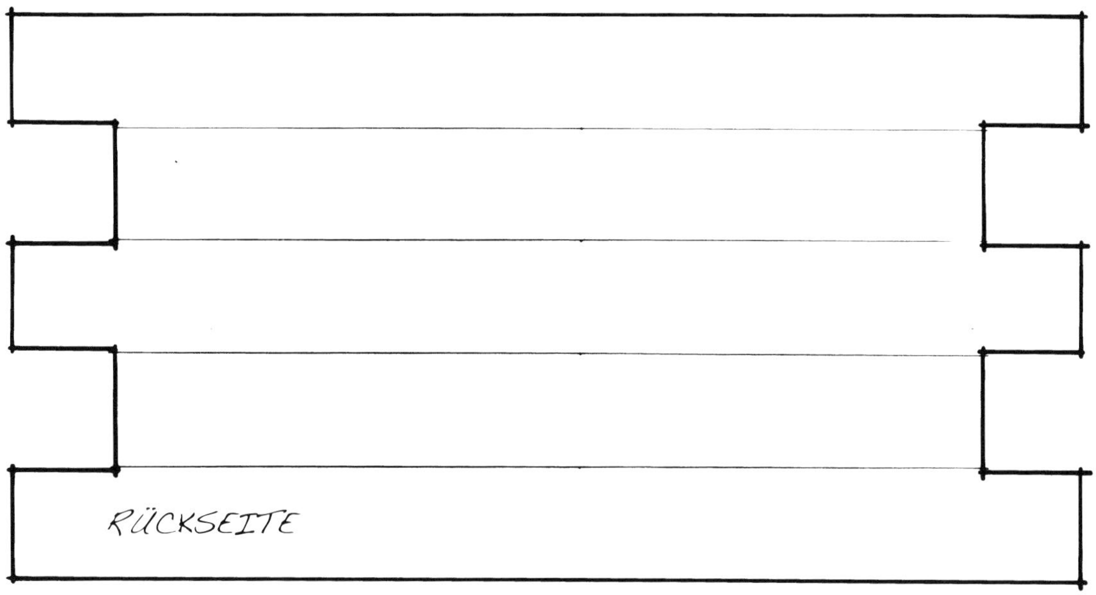
RÜCKSEITE

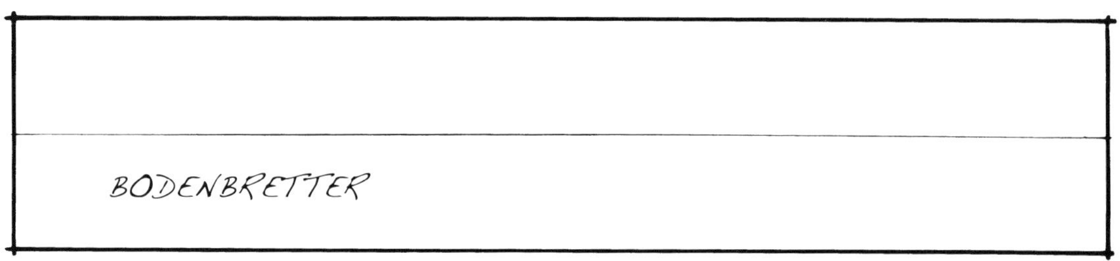
BODENBRETTER

BODENBALKEN, 4x

Karamellkonfekt

Auf dem Gabentisch von einst lagen Nüsse, die man im Herbst gesammelt hatte, sowie kandierte Früchte und Marzipan. Bereits im 17. Jahrhundert kamen Figuren aus Marzipan in Mode. Aber keine Weihnachtssüßigkeit hat den Wandel der Zeit so beharrlich überdauert wie die Karamellen. Sie sind in Schweden zur Weihnachtszeit, zusammen mit Eisschokolade, ein absolutes Muss. Im Folgenden verraten wir Ihnen ein Rezept für wundervolle Karamellen mit Mandeln oder Haselnüssen – der Weihnachtsklassiker schlechthin.

Für 100 Stück:

200 g Feinstzucker
280 g heller Zuckerrübensirup
200 g Sahne
65 g Mandeln oder Haselnüsse, gehackt

So wird's gemacht:

Zucker, Sirup und Sahne in einem Topf mit dickem Boden (damit nichts anbrennt) vermengen. Die Flüssigkeit 20–45 Minuten kochen lassen, bis sie eindickt. Die Dauer hängt vom Topf ab: Je breiter er ist, desto schneller geht es.

Um zu sehen, ob der Karamell fertig ist, macht man die „Kugelprobe". Dazu etwas von der Masse in ein Glas kaltes Wasser geben und eine Kugel daraus formen. Geht das problemlos, ist die Konsistenz richtig. Ansonsten weiterkochen lassen und den Test wiederholen.

War die Kugelprobe erfolgreich, die Mandeln oder Nüsse unterrühren und die Karamellmasse auf Pralinenförmchen verteilen. Auskühlen lassen. In einer Dose mit Butterbrotpapier zwischen den einzelnen Schichten aufbewahren.

Bootshäuser

Malerisch stehen sie an den Bootsstegen entlang der schwedischen Küsten. Sofort hat man die Schreie der Möwen im Ohr und den Duft des Teers in der Nase. Diese drei kleinen Bootshäuser, hintereinander aufgereiht, frostgeschüttelt, sehnen sich nach dem Sommer.

Anleitung zum Zusammenbauen

1. Wenn Sie die Wandteile aus dem Ofen holen und sie noch weich sind, können Sie an den Fassaden markieren, wo der Bootssteg befestigt werden soll. Dazu die Vorlage auflegen und mit einem geraden Messer die vorgezeichnete Linie nachfahren.
2. Backpapier auf einen Spiegel legen, auf dem die Bootshäuser und der Steg Platz haben. Alle benötigten Teile auflegen. Den Spiegel in die Nähe der Pfanne mit dem geschmolzenen Zucker stellen, damit die Teile nach dem Eintauchen der Klebeflächen in den Zucker schnell zusammengefügt werden können.
3. Den Zucker in einer Pfanne schmelzen. Ständig rühren, damit er nicht anbrennt.
4. Die Kanten der Wände aller Bootshäuser, eventuell auch die Unterkanten, glätten und zusammenbauen. Offen stehende TÜREN werden am Schluss befestigt. Die Wände fertig dekorieren.
5. Verbindungsstellen und Innenkanten des BOOTSSTEGS glätten. Häuser aufreihen und Steg an den Wänden befestigen. Außenecken provisorisch abstützen. Sie können beispielsweise einen kleinen Verstärkungsbalken backen und beim Zusammenkleben der Stegverbindungsstellen darunter befestigen.
6. STEGPFÄHLE ankleben.
7. Die Firstkanten des DACHES glätten und an den Wänden befestigen.
8. Die TÜREN entweder geöffnet oder geschlossen anbringen.
9. Fertig dekorieren. Flache Steine als Klippen hinter die Bootshäuser legen.

Natürlich können Sie auch nur ein Bootshaus mit einem kürzeren Steg davor bauen.

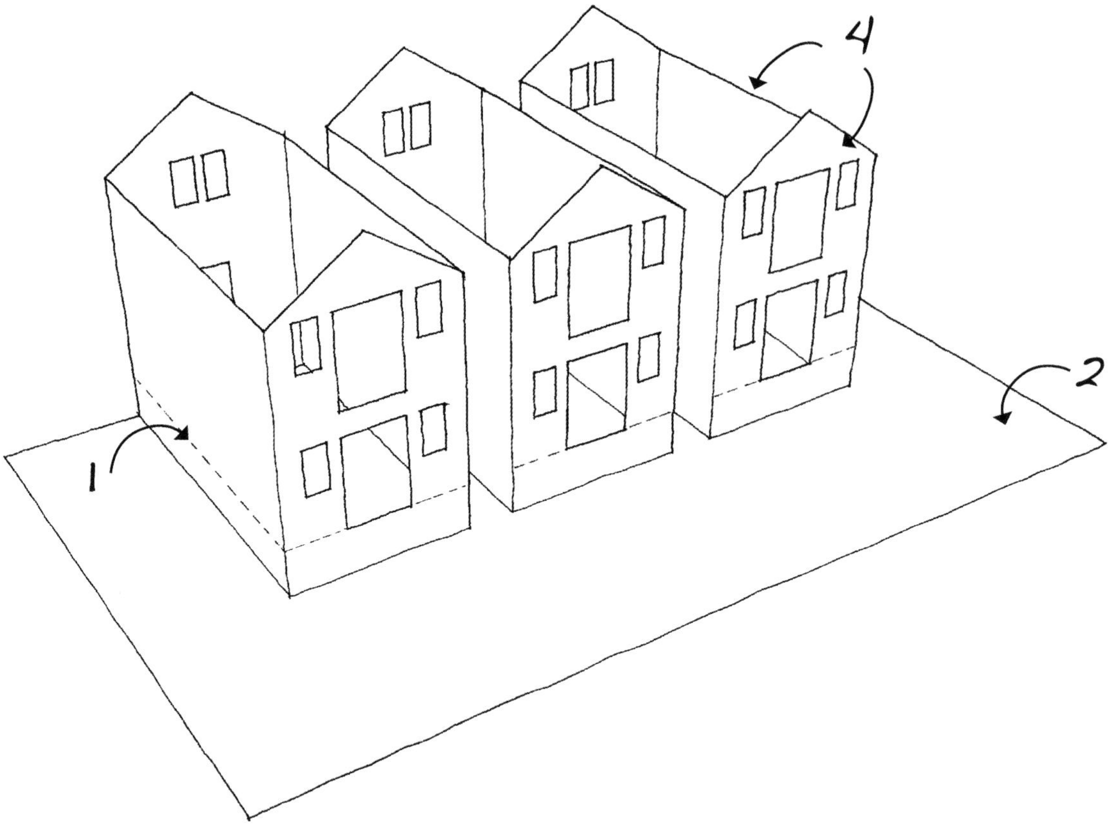
4
2
1

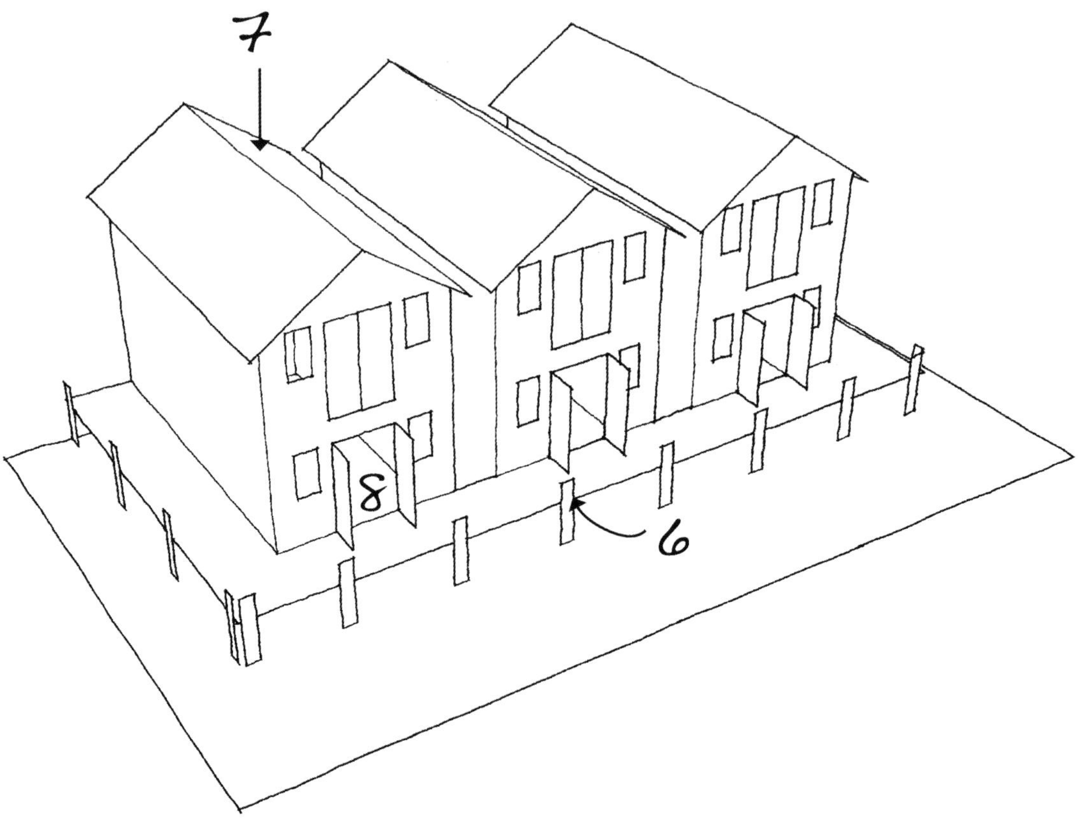
7
8
6

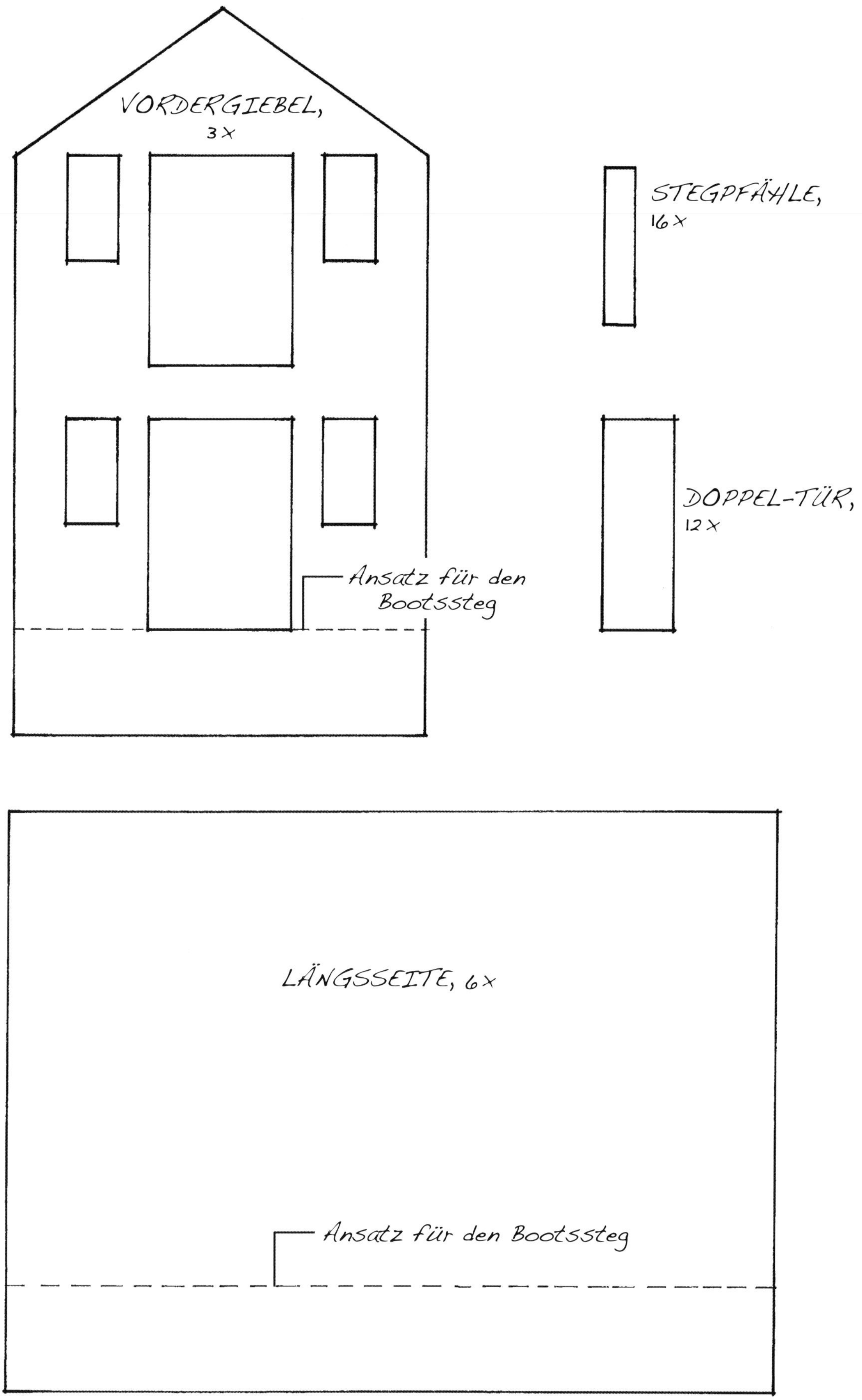
VORDERGIEBEL,
3×
STEGPFÄHLE,
16×
DOPPEL-TÜR,
12×
Ansatz für den Bootssteg
LÄNGSSEITE, 6×
Ansatz für den Bootssteg

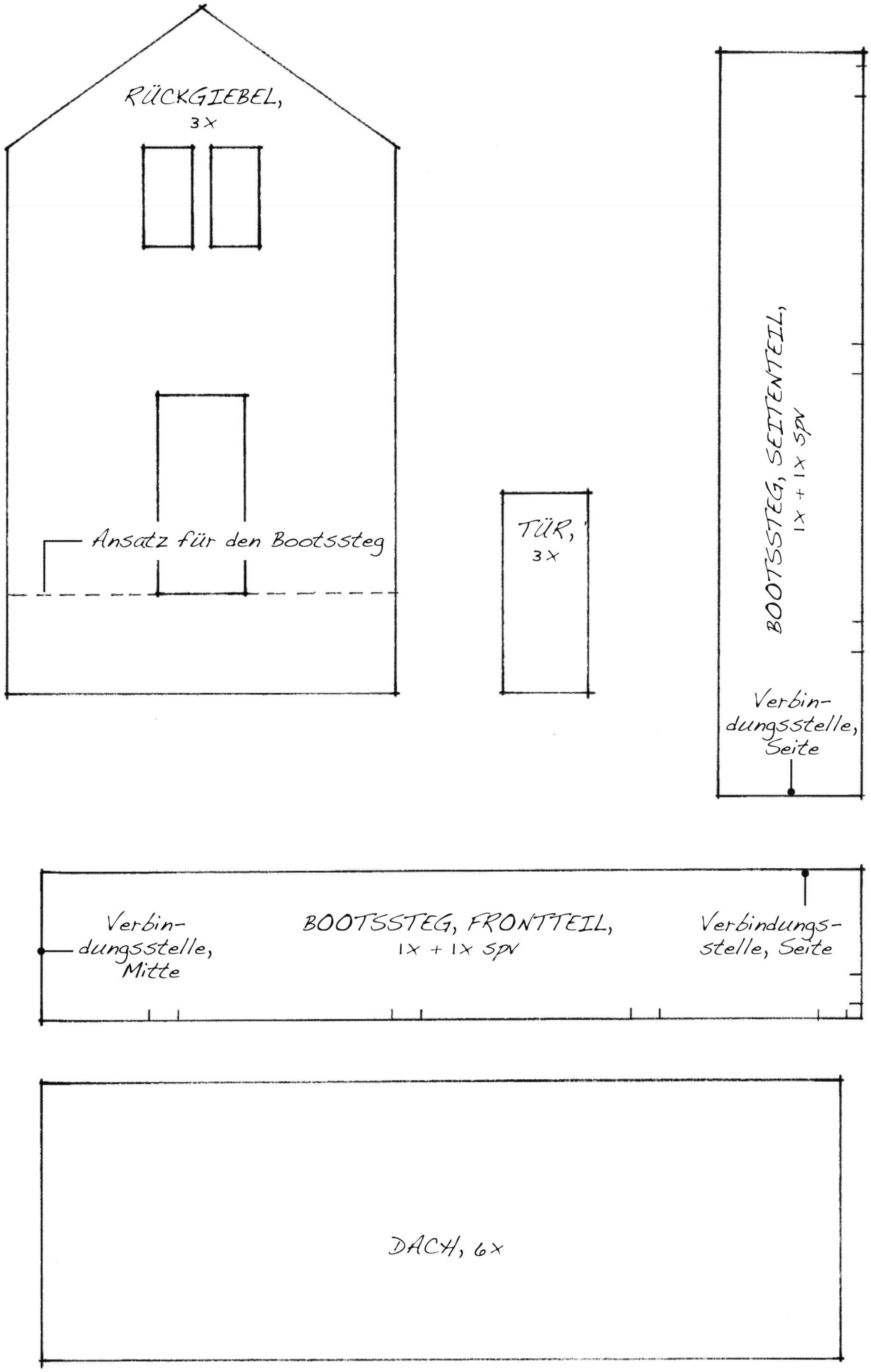
RÜCKGIEBEL,
3×
Ansatz für den Bootssteg
TÜR,
3×
BOOTSSTEG, SEITENTEIL,
1× + 1× Spv
Verbindungsstelle, Seite
Verbindungsstelle, Mitte
BOOTSSTEG, FRONTTEIL,
1× + 1× Spv
Verbindungsstelle, Seite
DACH, 6×

Pfefferminzküsse

Solange wir uns zurückerinnern können, gab es sie zu Weihnachten. Sie schmecken köstlich und sehen noch dazu schön aus. Nur, es dauert, bis sie fest werden. Erst dann kann man sie in eine Tüte stecken und verschenken. Selbstgemachtes ist jetzt angesagt!

---

100 ml Wasser
240 g Puderzucker
¼ TL Essig
5–7 Tropfen Pfefferminzöl

Zum Garnieren: 100 g Bitterschokolade (70 % Kakaoanteil)

So wird's gemacht:

Wasser, Zucker und Essig in einem Topf verrühren und aufkochen lassen. Deckel auflegen, ca. 5 Minuten bei mittlerer Hitze köcheln. Die Mischung sollte so lange kochen, bis bei der Kugelprobe ein weicher Ball entsteht oder das Thermometer 118 °C anzeigt.

Die Zuckerlösung bei geschlossenem Topf 10 Minuten abkühlen lassen. Pfefferminzöl hinzufügen. Die Masse schnell mit einer Gabel glatt rühren. Dann in einer Schüssel über dem Wasserbad schlagen, bis die Konsistenz dickflüssig ist.

Mit dem Teelöffel einzelne Portionen abstechen und auf ein mit Backpapier belegtes Blech setzen oder aufspritzen. Auskühlen und erstarren lassen.

Schokolade schmelzen und in die Mitte jedes Pfefferminzkusses einen Klecks geben.

Schweinestall

Marzipanschweinchen gehören in Schweden zu Weihnachten einfach dazu. Mit der folgenden Anleitung können Sie einen Stall aus Lebkuchenteig bauen und zum Schluss selbst gemachte Marzipanschweinchen hineinsetzen. Mithilfe geschmolzener Kuvertüre oder mit Schokostreuseln ahmen Sie aufgewühlte Erde nach. Auf den ersten Blick scheint der Wellblechschuppen kompliziert zu sein, er ist aber leichter nachzubauen als man glaubt.

Anleitung zum Zusammenbauen

1. Eine quadratische Lebkuchenplatte (24,5 x 24,5 cm) backen.
2. Möchten Sie, dass der Stall ein Wellblechdach hat, muss das DACH etwas länger sein. Verwenden Sie für die Riffelung des Daches eine feuerfeste, wellige Form oder legen Sie das warme, noch weiche Teigteil nach dem Backen auf ein Ofengitter.
3. Zucker in einer Pfanne schmelzen. Ständig rühren, damit nichts anbrennt.
4. Die Lebkuchenplatte auf ein Tablett legen. Alle benötigten Teile darauf anordnen. Das Tablett in die Nähe der Pfanne mit dem geschmolzenen Zucker stellen, damit die Teile nach dem Eintauchen der Klebeflächen in den Zucker schnell zusammengefügt werden können.
5. ZAUN-GIEBEL mit LÄNGSSEITE-ZAUN im rechten Winkel zusammenkleben.
6. Beide ZÄUNE ebenfalls im rechten Winkel zusammenbauen.
7. Freie LÄNGSSEITE und ZAUN-GIEBEL rechtwinklig zusammensetzen.
8. Das DACH auf den Wänden der Hütte befestigen.
9. Die Schweinchen in den Auslauf stellen und um sie herum geschmolzene Kuvertüre oder Schokostreusel verteilen. Das sieht richtig schön „morastig“ aus!

Die Anleitung für die Marzipanschweinchen finden Sie auf Seite 80. Sie können die Marzipanschweinchen auch kaufen und sie dann in Ihren selbst gebauten Stall stellen.

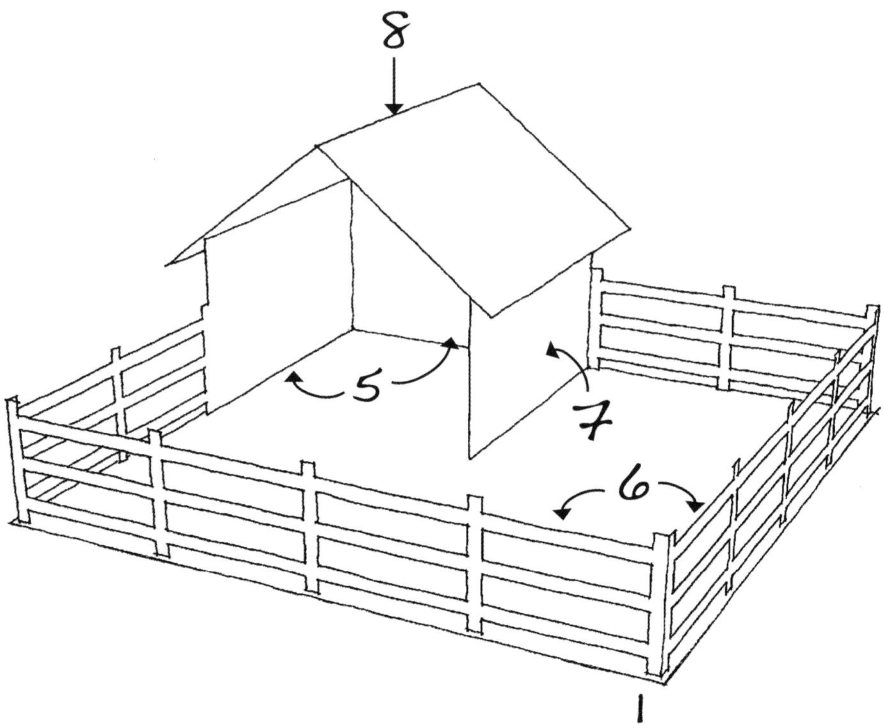

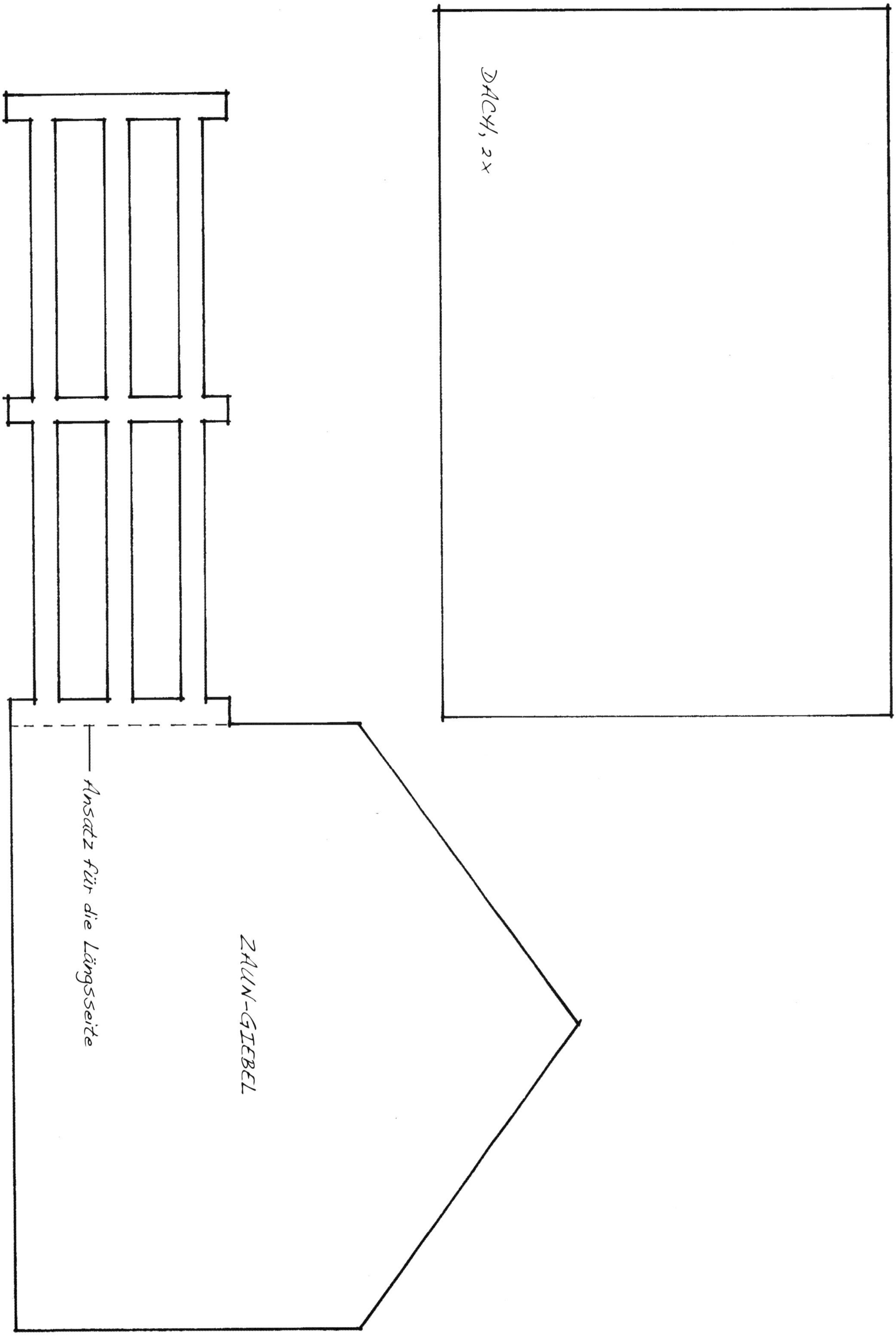
DACH, 2x
Ansatz für die Längsseite
ZAUN-GIEBEL

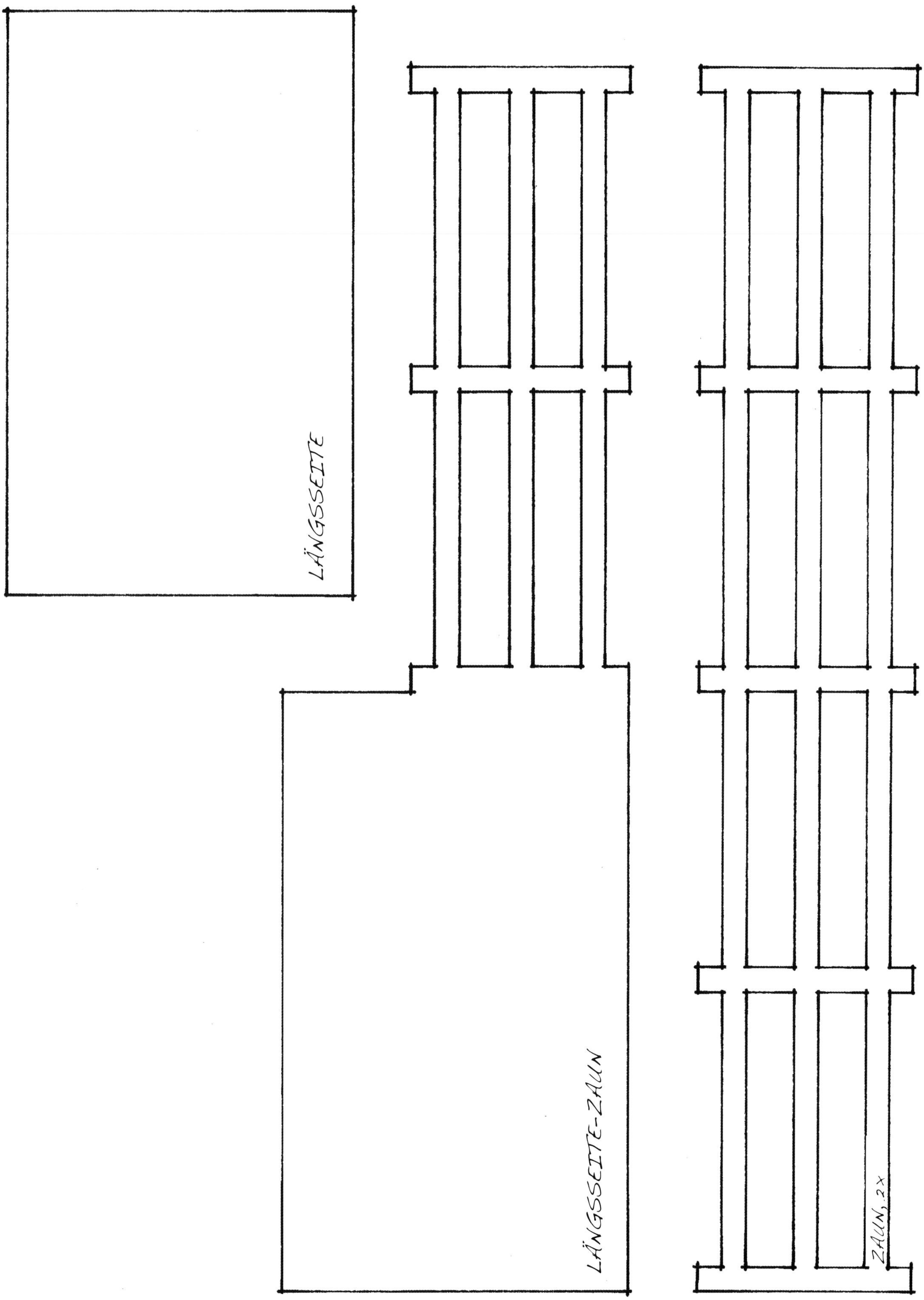
LÄNGSSEITE
LÄNGSSEITE-ZAUN
ZAUN, 2x

Marzipanschweinchen

Süße Weihnachtsschweinchen ganz einfach selbst gemacht.

Marzipan

Zum Garnieren: 1 Tafel Blockschokolade

So wird's gemacht:

1. Eine große Kugel aus Marzipan an einer Seite etwas verlängern und daraus den Rüssel formen. Für die Augen und die Rüsselöffnungen kleine Löcher mit einem Streichholz hineinstechen. Der Rüssel kann wie ein Mund aufgeschnitten werden.
2. Aus zwei kleinen Marzipanstücken flache Ohren formen. An den Spitzen leicht nach vorn knicken und am Kopf befestigen.
3. Ein Stück Marzipan zu einem dünnen Strang rollen. Ein Ringelschwänzchen formen und an der Rückseite des Schweinchens fixieren.
4. Die Schokolade im Wasserbad schmelzen und, wenn Sie möchten, das ganze Schweinchen oder nur einige Teile hineintauchen. Trocknen lassen.

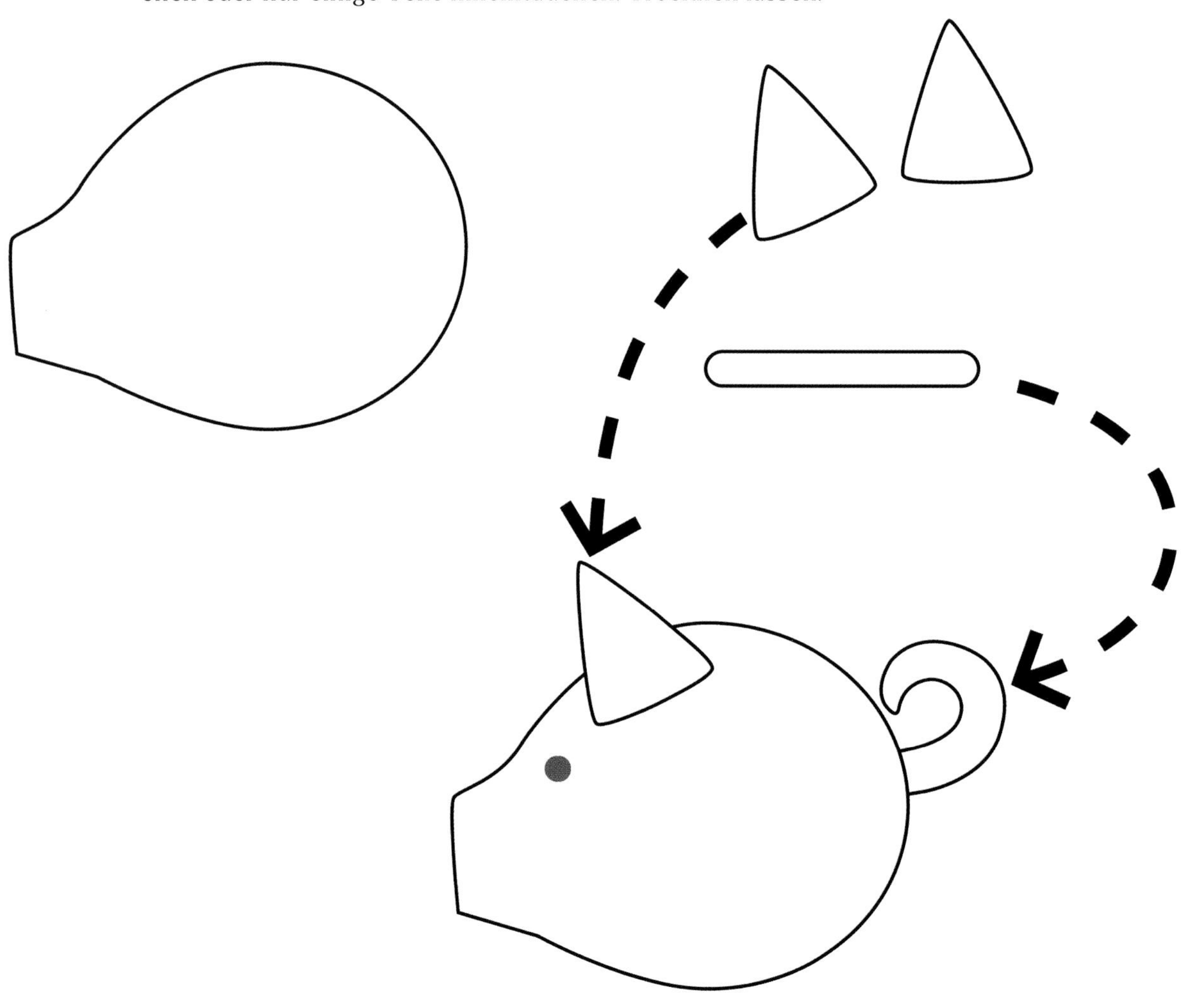

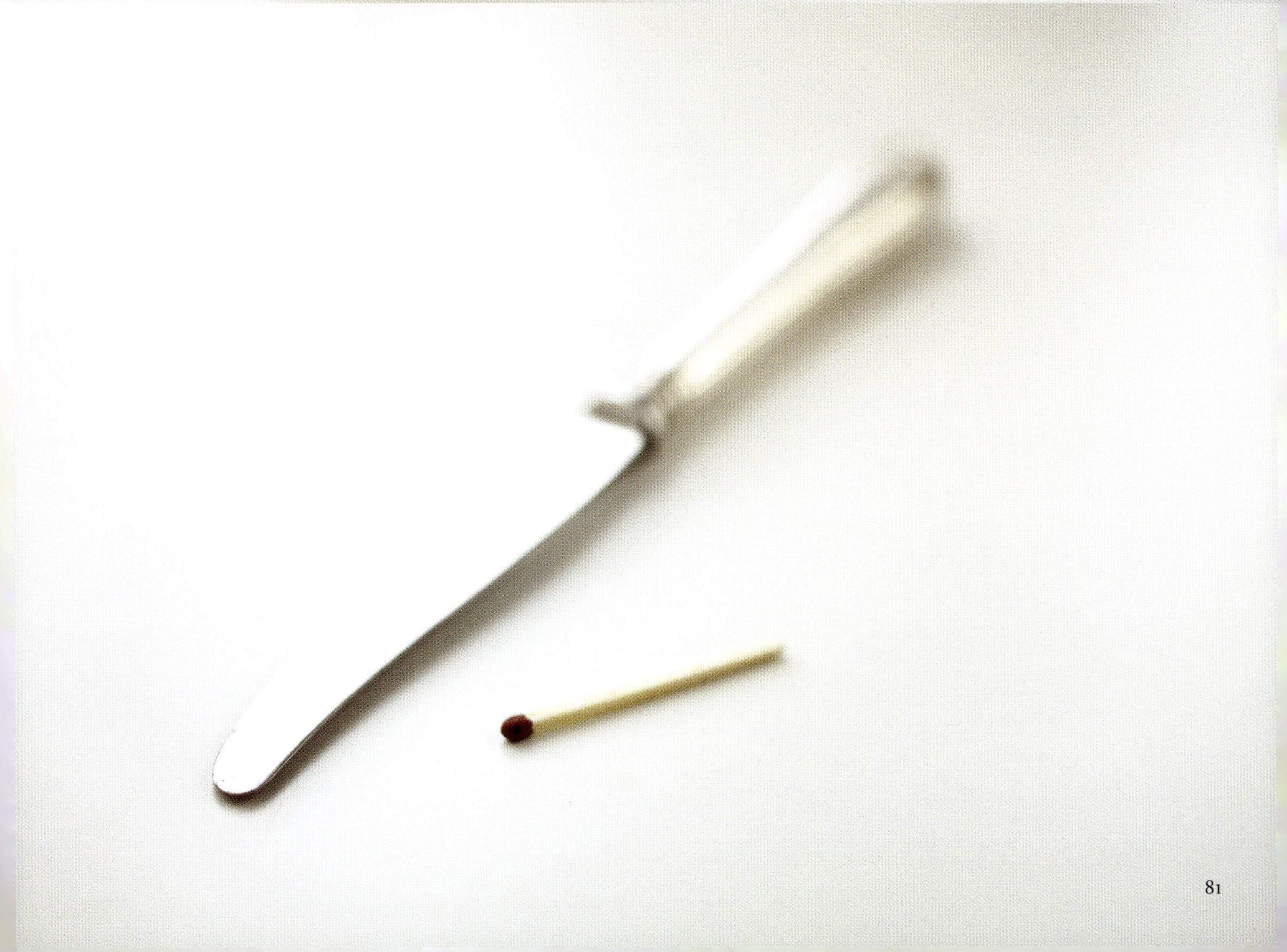

Kompostkiste

Für umweltbewusste Menschen und Gartenliebhaber! Eine gebackene Kompostkiste, die mit Süßigkeiten gefüllt werden kann – oder mit Würmern. Unter einem Bonsai-Bäumchen erinnert sie – mitten in der Weihnachtszeit – an den Sommer.

Anleitung zum Zusammenbauen

1. Ein Rechteck, 10 x 22 cm, auf Backpapier aufzeichnen. Das Papier auf ein Tablett oder Schneidebrett legen, auf dem die ganze Kiste Platz hat. Alle anderen benötigten Teile aus dem Teig ausschneiden, backen und darauf anordnen. Das Tablett/Brett in die Nähe der Pfanne mit dem geschmolzenen Zucker stellen, damit die Teile nach dem Eintauchen der Klebeflächen in den Zucker schnell zusammengefügt werden können.
2. Den Zucker in einer Pfanne schmelzen. Ständig rühren, damit er nicht anbrennt.
3. Die sieben LÄNGSSEITEN mit der Rückseite nach oben übereinanderlegen. Auf jede zweite LÄNGSSEITE Zucker streichen, mit der untersten beginnen; insgesamt also auf vier Stück. PFÄHLE daran befestigen. Die anderen drei LÄNGSSEITEN wegnehmen. Sie waren nur Vorlagen für den Abstand. Mit den restlichen LÄNGSSEITEN ebenso verfahren. Hier dienen die SCHMALSEITEN als Vorlagen für den Abstand.
4. Die LÄNGSSEITEN aufrichten, parallel zueinander stellen und provisorisch abstützen.
5. Die SCHMALSEITEN einfügen und befestigen. Ebenso mit der MITTE verfahren.
6. Die Kiste mit Süßigkeiten oder mit Geleewürmern und Schokoladenblättern füllen. Danach alles mit frisch gefallenem „Schnee" in Form von Puderzucker bestäuben.
7. Die MISTGABEL hineinstecken oder an die Seite lehnen.

Ein perfektes Weihnachtsgeschenk für einen begeisterten, „frisch gebackenen" Kompost-Besitzer.

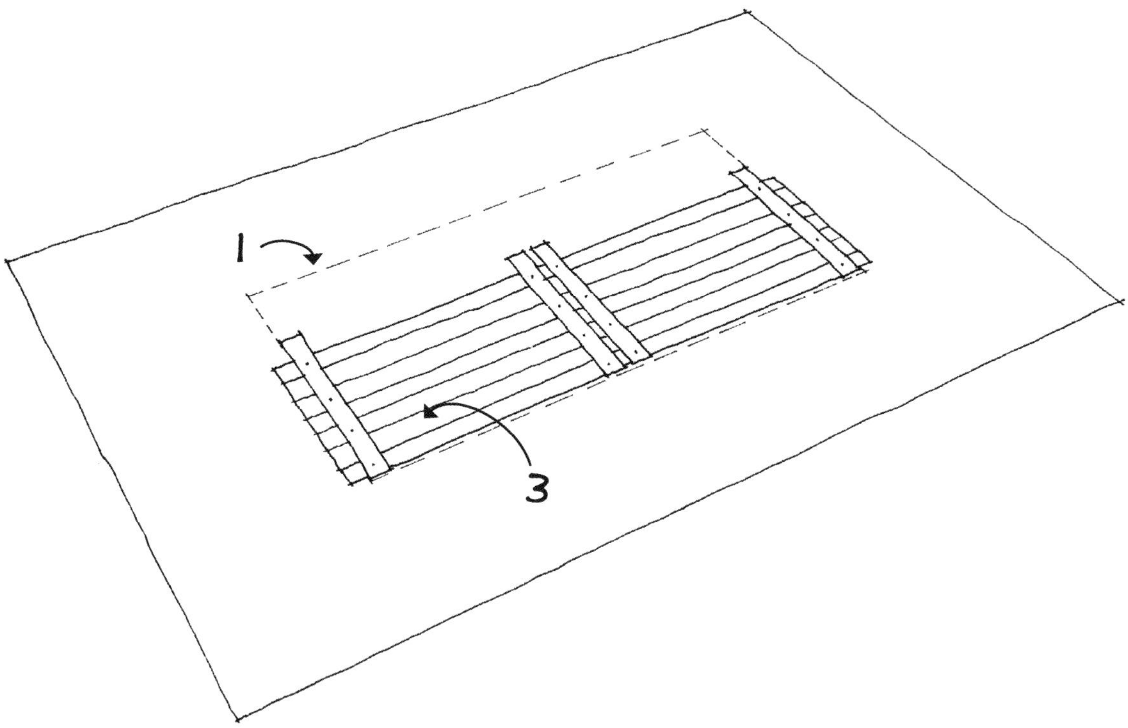
1
3

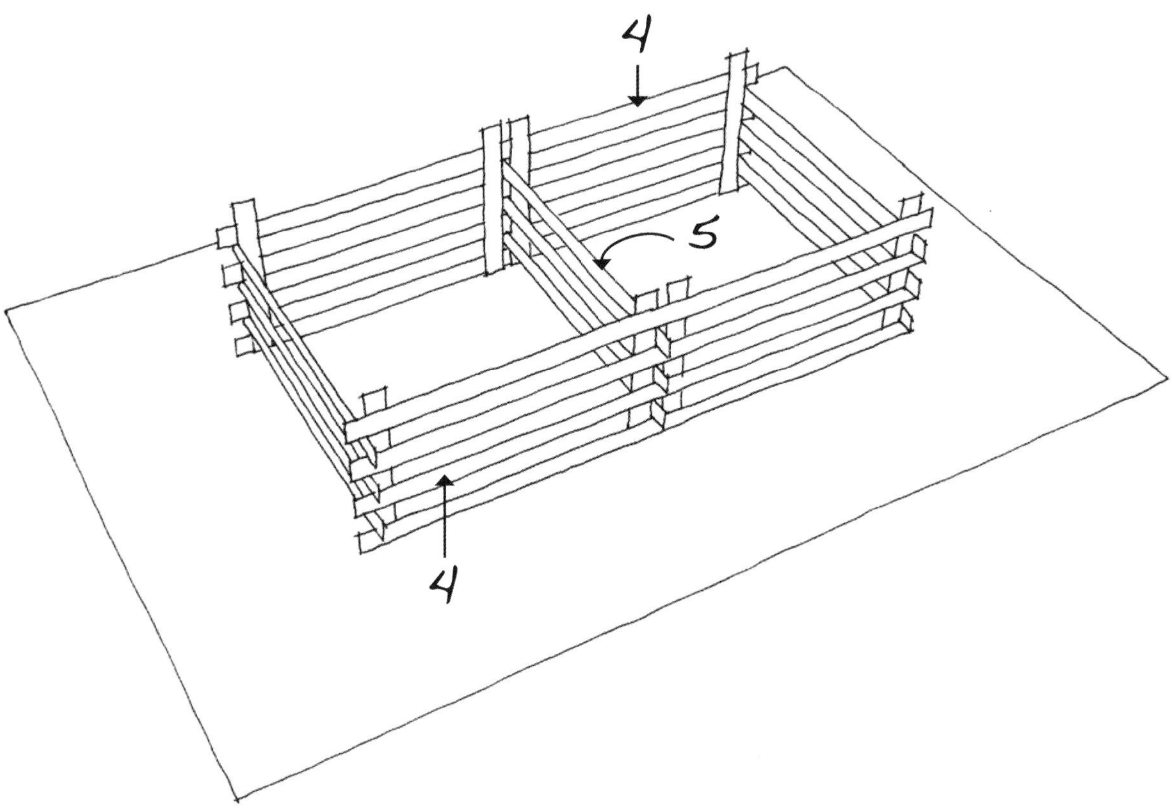
4
5
4

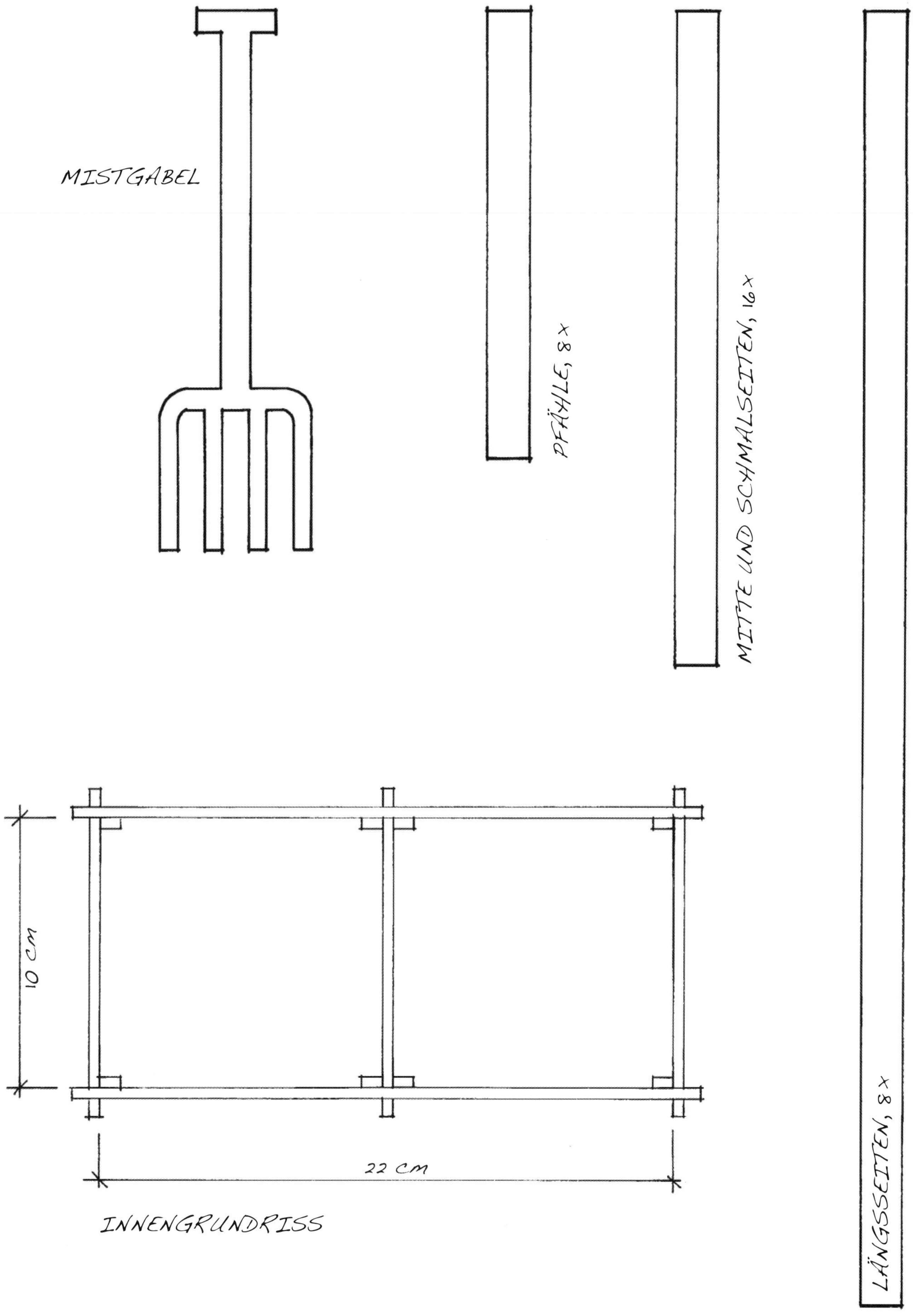
MISTGABEL
PFÄHLE, 8×
MITTE UND SCHMALSEITEN, 16×
LÄNGSSEITEN, 8×
10 cm
22 cm
INNENGRUNDRISS

1995

Die Vorlage für dieses große Haus aus vielen Einzelteilen stammt von unserem Freund Alexander Brunius. Er ließ sich von der Abbildung eines solchen Prachtbaus auf einem Adventskalender inspirieren. Gebaut wurde es von Agneta Larsson. Die Bauteile wurden mit „Glasur-Balken“ verziert und mussten vor dem Zusammenbauen erst vollkommen trocknen.

Die Geschichte des Weihnachtsfests

Weihnachten ist ein uralter Brauch und wird zum Gedächtnis an die Geburt Jesu Christi gefeiert. Das Christentum wurde im 4. Jahrhundert n. Chr. Staatsreligion in Rom. Die frühen Christen feierten Christi Geburt am 6. Januar, das altnordische Weihnachten fand dagegen am 25. Dezember statt. Um die Nordeuropäer leichter christianisieren zu können, verlegte man das Erinnerungsfest an Christi Geburt auf diesen Tag. Das Jesuskind fand jedoch erst Eingang in die Weihnachtstradition, als sich die Mehrheit der Menschen in unseren Breiten im 11. Jahrhundert zum Christentum bekannten.

Die heidnischen Wikinger tranken zu Weihnachten mit Vorliebe alkoholische Getränke. Feste feiern bedeutete, Bier zu trinken, und war ein wichtiges Element in der Kultur der Wikinger. Beispielsweise hieß das Hochzeitsfest zu jener Zeit „Hochzeitsbier“.

Viele der heutigen schwedischen Weihnachtsgerichte wie Stockfisch und der Garsud des Weihnachtsschinkens zum Broteintunken waren in früheren Zeiten Fastenspeisen. In der Zeit vor Weihnachten durfte man nämlich weder Fleisch noch Eier essen.

Erst im 18. Jahrhundert hielten das Luciafest und der erste geschmückte Weihnachtsbaum in Schweden Einzug. Ende des 19. Jahrhunderts kam der Weihnachtswichtel in Mode, der die Geschenke bringt, und im 20. Jahrhundert begannen wir, Advent zu feiern. 1960 wurde schließlich „Donald Duck’s Weihnachten“ zum ersten Mal im Fernsehen gezeigt. Das heutige Fest ist also eine Mischung aus christlich-heidnischen Bräuchen.

Dieses altersschwache Lebkuchenhaus hat alles gegeben, um uns Weihnachten zu versüßen. Nun darf es aufgegessen werden.

Errázuriz House – ein Strandhaus in Chile

Die Chilenin Eugenia Errázuriz (1860–1951) war Förderin des Modernismus im 20. Jahrhundert und Innenarchitektin. Sie verschrieb sich als eine der Ersten einer modernen, minimalistischen Ästhetik. Zu ihrem Kreis von Freunden und Schützlingen gehörten unter anderem Pablo Picasso, Igor Strawinski, Jean Cocteau und Blaise Cendrars.

Eugenia wurde als Tochter eines bolivianischen Silbermagnaten in Chile geboren. Ihr Vater musste jedoch vor dem Bürgerkrieg fliehen und ließ sich mit der Familie auf dem Familiensitz nahe Valparaiso nieder. Dort wurde Eugenia von französischen Nonnen erzogen. Sie heiratete schließlich José Thomas Errázuriz, einen vermögenden Landschaftsmaler. 1882 zog das Paar nach Paris und fand dort schnell seinen Platz in den höheren Kreisen. Eugenia war eine außergewöhnliche Schönheit und wurde deshalb unter anderem von John Singer Sargent gemalt. Im Jahr 1900 zog das Paar nach London, später nach Biarritz. Ihre Villa dort, „La Mimoseraie", wurde zu einem Design-Labor, in dem Eugenia die Schlichtheit zu einer eigenen Kunstform erkor. „Eleganz bedeutet weglassen", so ihre Devise. Sie hängte deshalb in ihrem Haus lose Leinengardinen auf und strich alle Wände weiß an – im Jahr 1914 kam das einem Affront gleich. „Ich mag mein Haus, wenn es sauber und ärmlich aussieht", verkündete sie. Auf ihrem roten Klinkersteinboden lagen keine Teppiche, er war fast klinisch sauber. Sie verabscheute kunstvolle Möbel, Accessoires, Krimskrams und Erinnerungsstücke. Einer ihrer Leitsprüche lautete: „Wirf das Zeug weg und hör nie damit auf!", ein anderer: „Ein Haus, das nicht verändert wird, ist ein totes Haus."

Im Alter kleidete sich Eugenia Errázuriz mehr und mehr wie eine Nonne. Sie trug nur noch ein schlichtes schwarzes Gewand, das von einer anderen bekannten Minimalistin, Coco Chanel, entworfen worden war. „Errázuriz House" ist ein Haus am Strand von Chile und sollte die passende Umgebung für Eugenias neuen minimalistischen Kleiderstil sein. Im Jahr 1930 erhielt Le Corbusier den Auftrag, für Eugenia dieses Haus zu entwerfen. Und Sie können es nun als Lebkuchenhaus nachbauen.

Anleitung zum Zusammenbauen

1. Backpapier auf ein Tablett oder Schneidebrett legen, auf dem das Haus mit Treppe und Rampe Platz hat. Alle benötigten Teile darauf anordnen. Das Tablett/Brett in die Nähe der Pfanne mit dem geschmolzenen Zucker stellen, damit die Teile nach dem Eintauchen der Klebeflächen in den Zucker schnell zusammengefügt werden können.
2. Den Zucker in einer Pfanne schmelzen. Ständig rühren, damit er nicht anbrennt.
3. Gelatineblätter mit Zuckertropfen an der Innenseite der Fenster festkleben. Am besten geht das, wenn die Teile dabei liegen.
4. Die INNEN-NORD-FASSADE auf die AUSSEN-NORD-FASSADE gemäß Markierungen kleben.
5. Die Kanten der BODENPLATTE glätten. Die Platte auf das Backpapier legen.
6. Die Kanten der FASSADEN des Hauses glätten und die FASSADEN auf der BODENPLATTE fixieren. Sollen die TÜREN offen stehen, werden sie zum Schluss angebracht.
7. Die drei Wände des KAMINS zusammenbauen.
8. TREPPE 1, 2 und 3 anbringen. Je nach Dicke der Stufen mehr oder weniger „Kleber" verwenden. Die letzte Stufe sollte direkt unter der Terrassentür enden.
9. Die RAMPE unter TÜR 1 befestigen.
10. Die inneren Kanten des großen DACHES (bilden die Ablaufrinne) glätten, dann das DACH aufsetzen. Stützen Sie es beim Befestigen etwas, solange der „Kleber" noch nicht ganz trocken ist.
11. Die Vertikal- und Unterkanten des SCHORNSTEINS glätten. Zusammenkleben und auf dem DACH über dem KAMIN anbringen.
12. Wenn die EINGANGSTÜREN offen stehen sollen, können Sie sie jetzt befestigen.
13. Ein Stück Gelatine, ca. 1 x 4 cm, zuschneiden, alternativ ein kleines Geländer in dieser Größe backen. Vier horizontale Glasurstreifen auftragen. Die Gelatine/das Geländer außen über einer Fensteröffnung anbringen.
14. Die BALKONPLATTE unter dem Fenster mit dem Geländer festkleben.
15. Sie können das Haus verzieren oder einfach die klaren Formen für sich wirken lassen. Die beiden abfallenden Dächer nach Norden und Süden lassen das Haus ausgesprochen plastisch wirken.

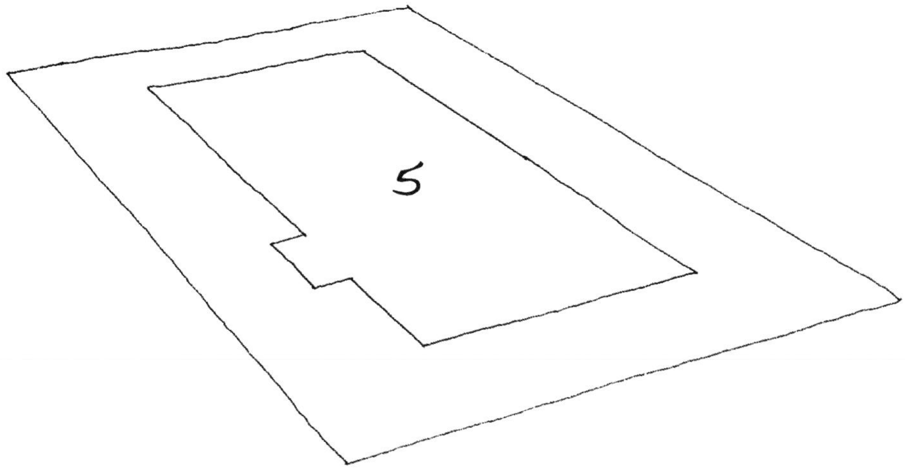
5

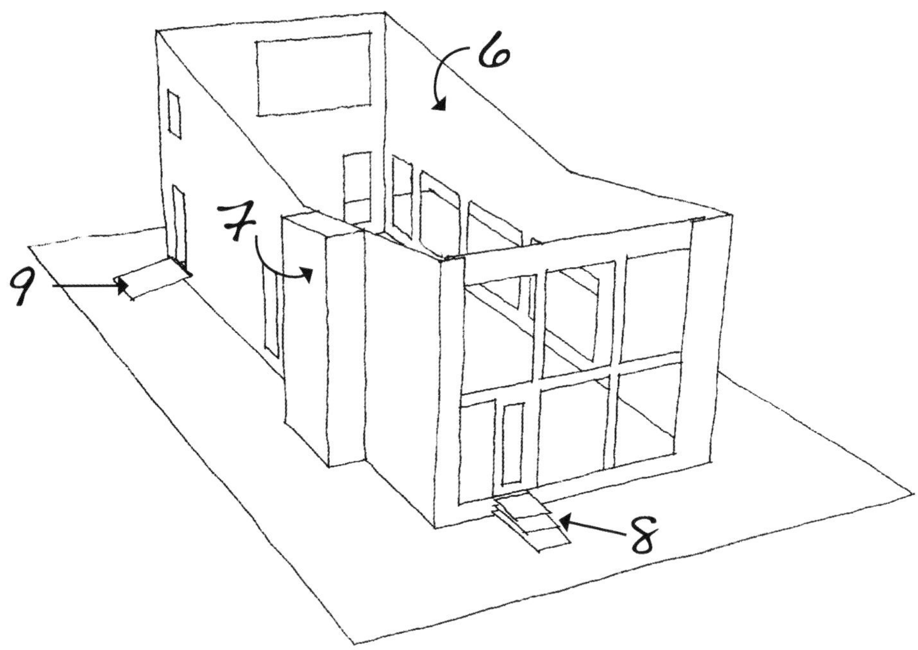
6
7
9
8

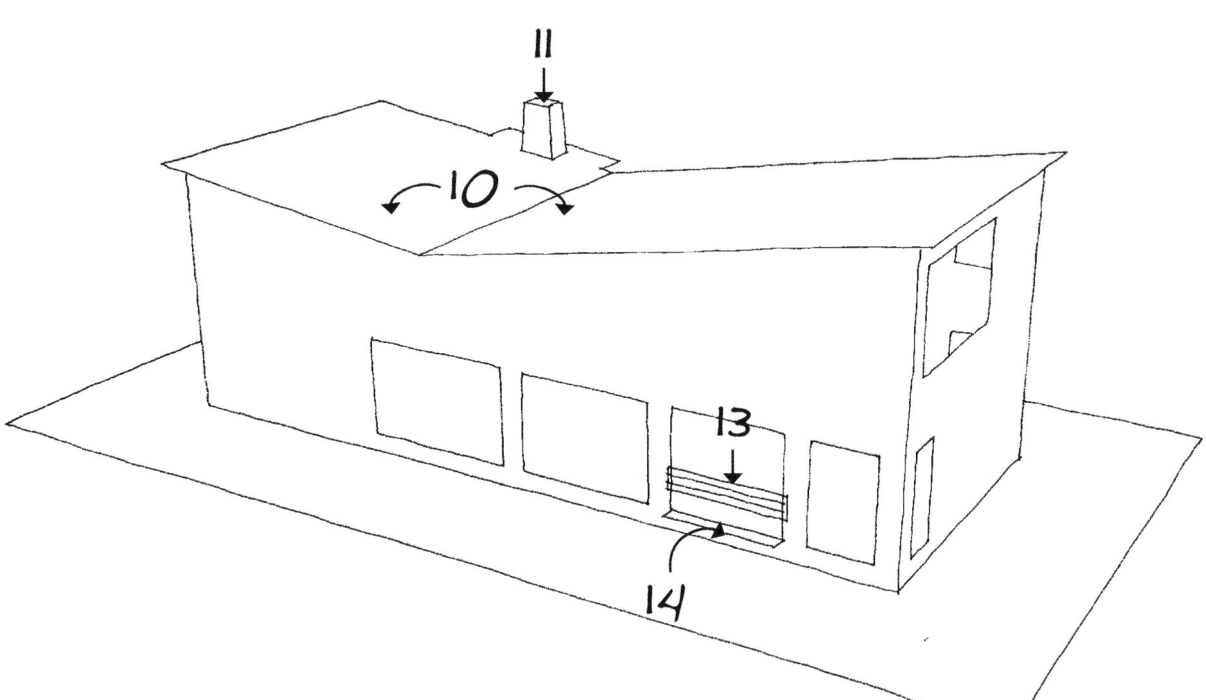
11
10
13
14

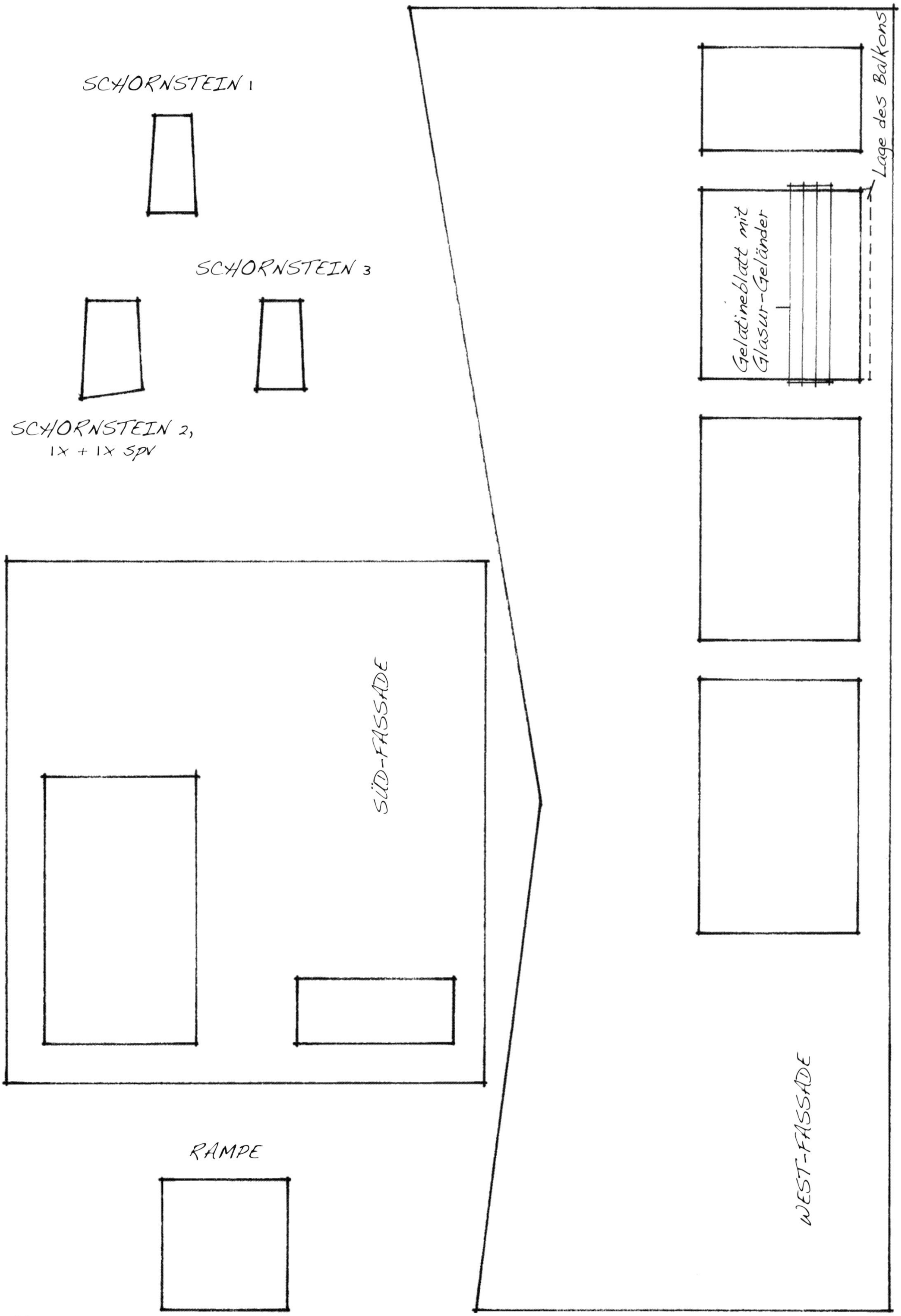
SCHORNSTEIN 1
SCHORNSTEIN 3
SCHORNSTEIN 2,
1X + 1X Spv
SÜD-FASSADE
RAMPE
Lage des Balkons
Gelatineblatt mit
Glasur-Geländer
WEST-FASSADE

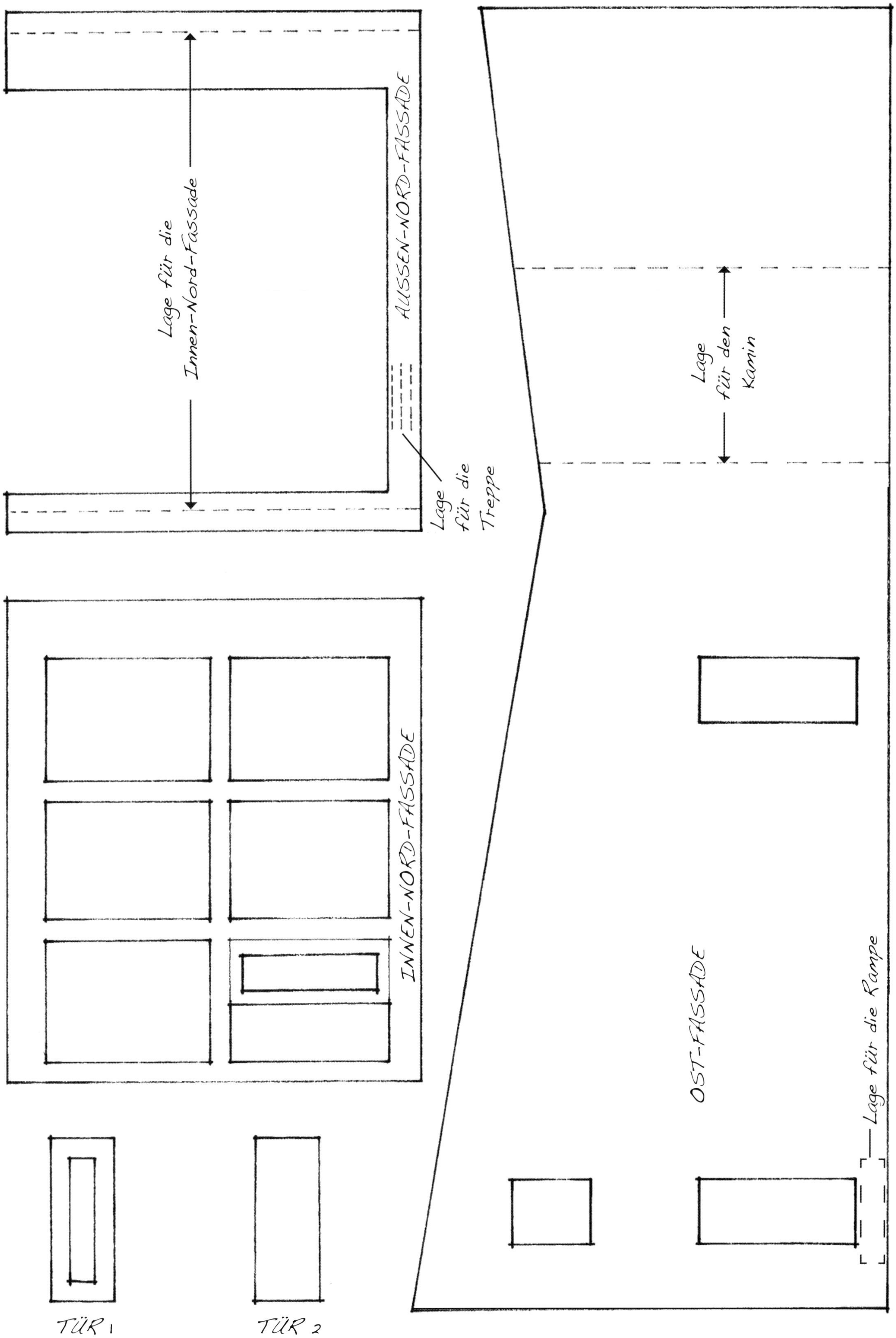
Lage für die Innen-Nord-Fassade
AUSSEN-NORD-FASSADE
Lage für die Treppe
Lage für den Kamin
INNEN-NORD-FASSADE
OST-FASSADE
Lage für die Rampe
TÜR 1
TÜR 2

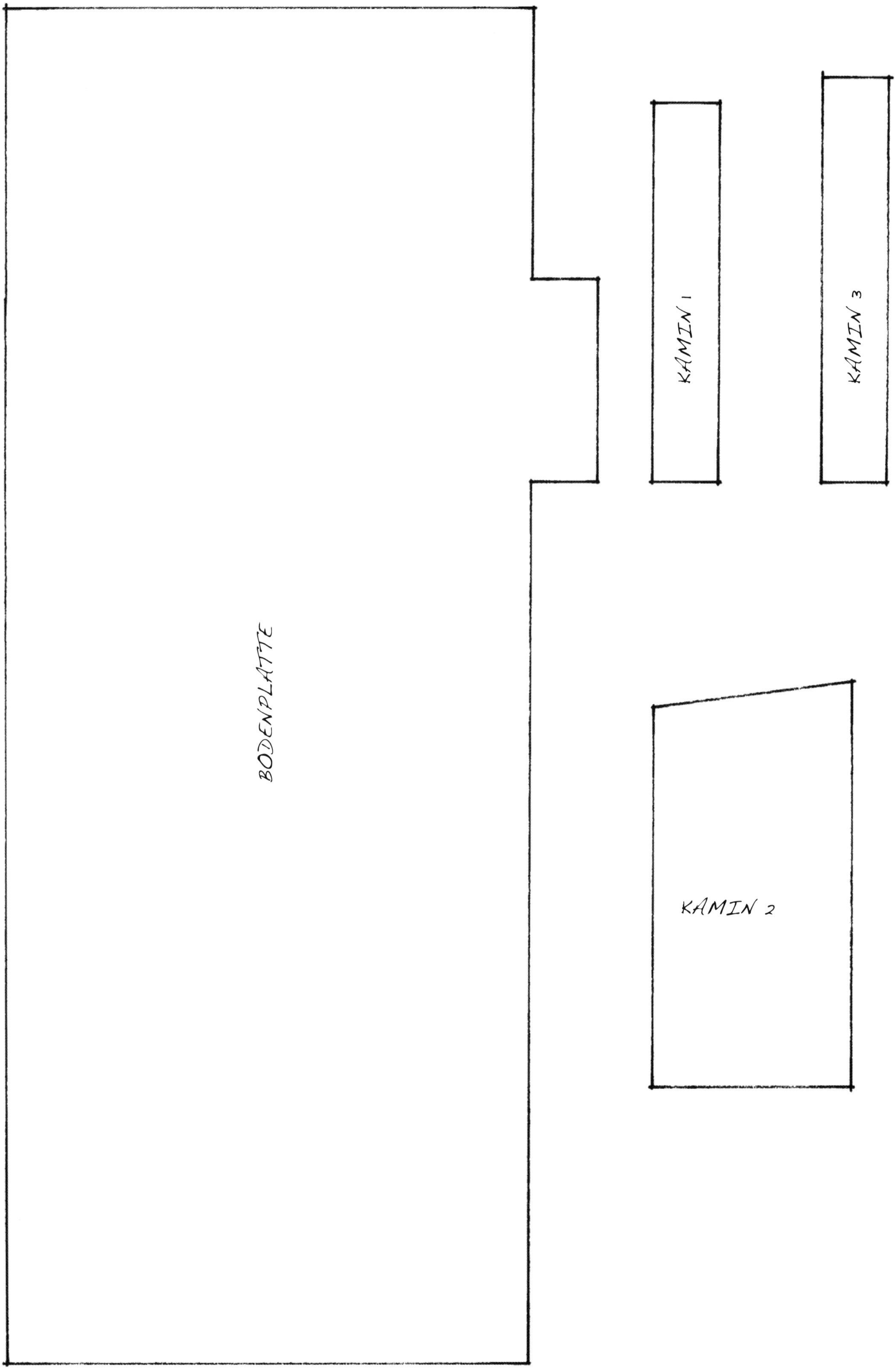
BODENPLATTE
KAMIN 1
KAMIN 3
KAMIN 2

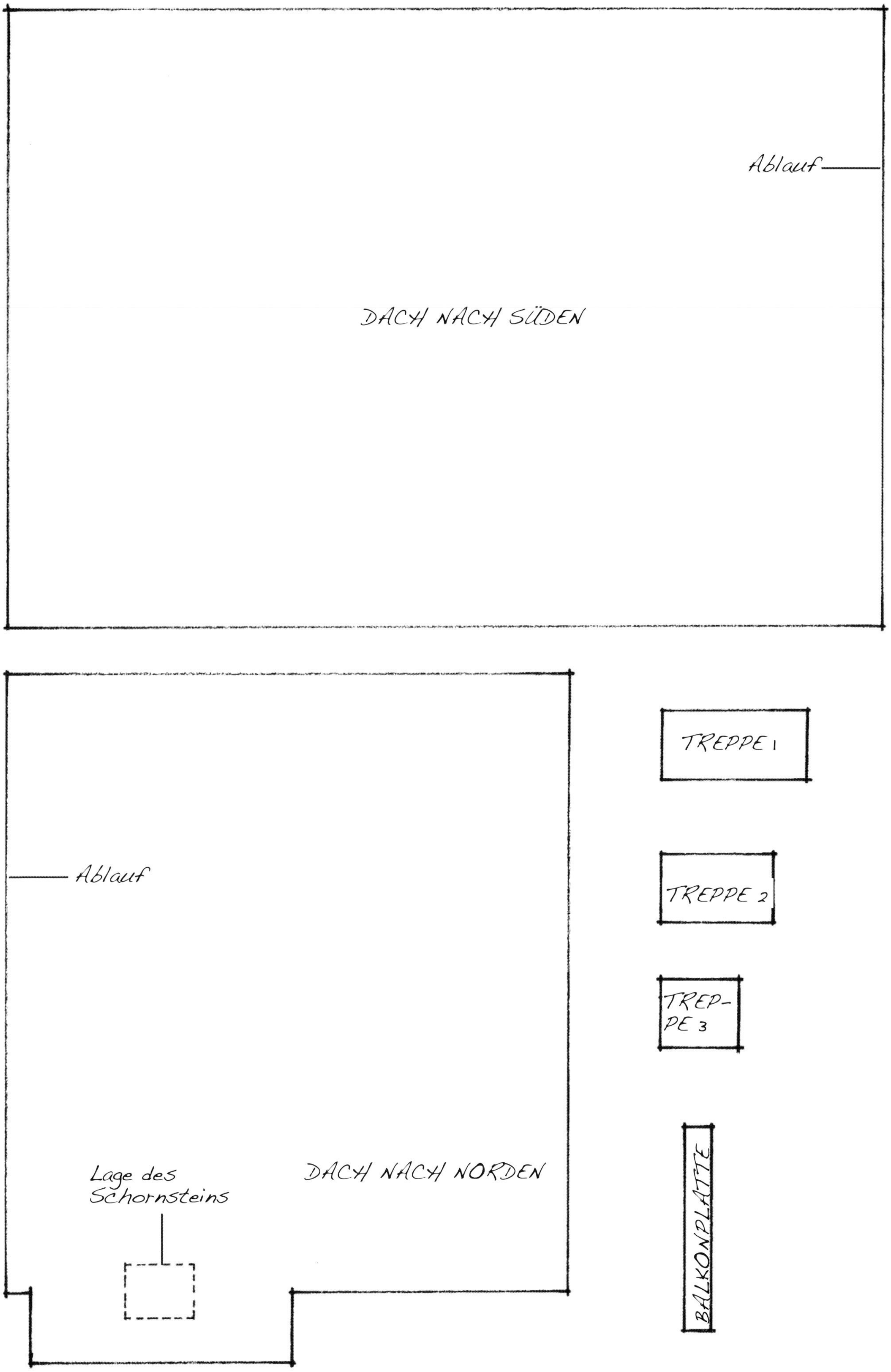
Ablauf
DACH NACH SÜDEN
Ablauf
TREPPE 1
TREPPE 2
TREP-
PE 3
Lage des
Schornsteins
DACH NACH NORDEN
BALKONPLATTE

Kleine Igel

Aus Schokoladenlinsen mit Zuckerstreuseldeko können Sie ganz einfach kleine Igel herstellen. Kratzen Sie dazu den Zucker vorsichtig vom vorderen Teil der Schokoladenlinsen ab, um den Kopf des Igels zu markieren. Heben Sie zwei kleine Streusel für die Augen auf (siehe Bild unten).

Der Weihnachtsmann

Die Figur hat mehrere Ursprünge: Früher glaubte man in Schweden, dass ein Kobold über den Hof wacht. Zu Weihnachten gab es für den Kobold als Belohnung eine Grütze, die man ihm vor die Tür stellte. Dieser Wichtel wurde mit einer roten Mütze und einem grauen Rock dargestellt. Die zweite Vorlage für die Figur des Weihnachtsmanns ist Sankt Nikolaus. Er war im 4. Jahrhundert n. Chr. Bischof von Myra und der Schutzheilige der Schulkinder – eine große, schmale Gestalt mit rotem Mantel. Ein drittes Vorbild war Father Christmas in England – ein Naturwesen mit Stechpalmenzweigen an seiner Mütze.

In Amerika wurde aus allen diesen Figuren schließlich Santa Claus. 1820 erhielt Santa Claus zum ersten Mal ein Gesicht, als ein gewisser Moore für seine Kinder ein Gedicht über den Heiligen Nick schrieb. Der darin beschriebene rundliche, fröhliche Mann kommt durch den Kamin. In diesem Gedicht werden auch zum ersten Mal seine Rentiere erwähnt, die den Schlitten ziehen.

Kinderwagen

Gab es im Bekanntenkreis Nachwuchs? Oder sogar in der Familie? Dann dürfte dieser Kinderwagen kein so unbekannter Anblick sein.

Sie können den Kinderwagen mit Weihnachtssüßigkeiten füllen, in Zellophan einschlagen und an die glücklichen Eltern verschenken. Ob rosa oder hellblau, getupft, verschnörkelt oder modern – bei der Verzierung können Sie Ihrer Fantasie freien Lauf lassen. Oder wie wäre es mit einem Wagen mit feurigen Flammen am Radgehäuse? Go wild!

Anleitung zum Zusammenbauen

1. Backpapier auf ein Tablett oder Schneidebrett legen, auf dem der ganze Wagen Platz hat. Alle benötigten Teile darauf anordnen. Das Tablett/Brett in die Nähe der Pfanne mit dem geschmolzenen Zucker stellen, damit die Teile nach dem Eintauchen der Klebeflächen in den Zucker schnell zusammengefügt werden können.
2. Den Zucker in einer Pfanne schmelzen. Ständig rühren, damit er nicht anbrennt.
3. Ein RADGESTELL mit einer liegenden WAGENSEITE zusammenkleben.
4. Den WAGENBODEN und die WAGENGIEBEL im rechten Winkel an der WAGENSEITE befestigen.
5. Anschließend die vier Teile des VERDECKS anbringen.
6. Die beiden RADACHSEN senkrecht an der Radmitte befestigen.
7. Die andere WAGENSEITE ankleben.
8. Darauf das zweite RADGESTELL befestigen. Dabei sehr vorsichtig beide RADACHSEN andrücken.
9. Den Wagen aufstellen und die zwei HANDGRIFFE mit den flachen Seiten aufeinanderkleben, sodass eine leicht abgerundete Form entsteht. Die HANDGRIFFE vorsichtig zwischen den oberen Enden der RADGESTELLE befestigen.
10. Die TASCHENABLAGE auf die RADACHSEN legen. Eventuell müssen Sie die Ablage an die Räder kleben, um die Stabilität zu erhöhen.
11. Den Wagen dekorieren und mit Weihnachtssüßigkeiten füllen.

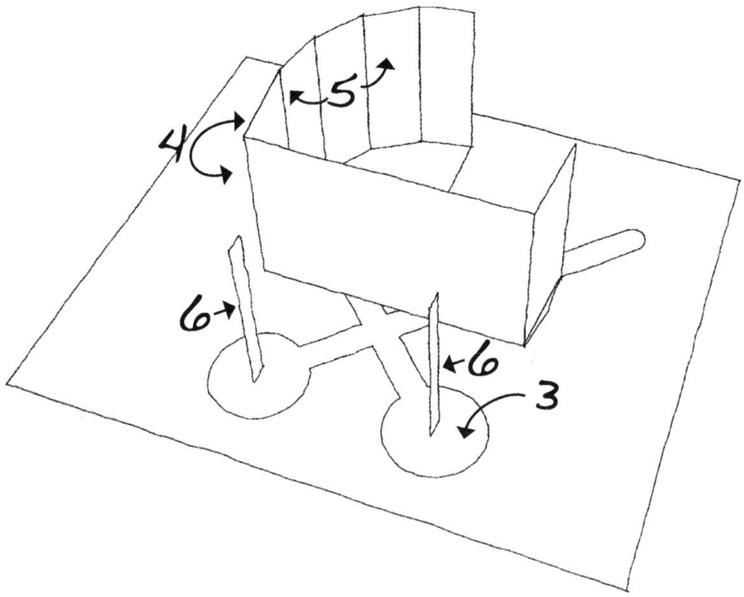
4
5
6
6
3

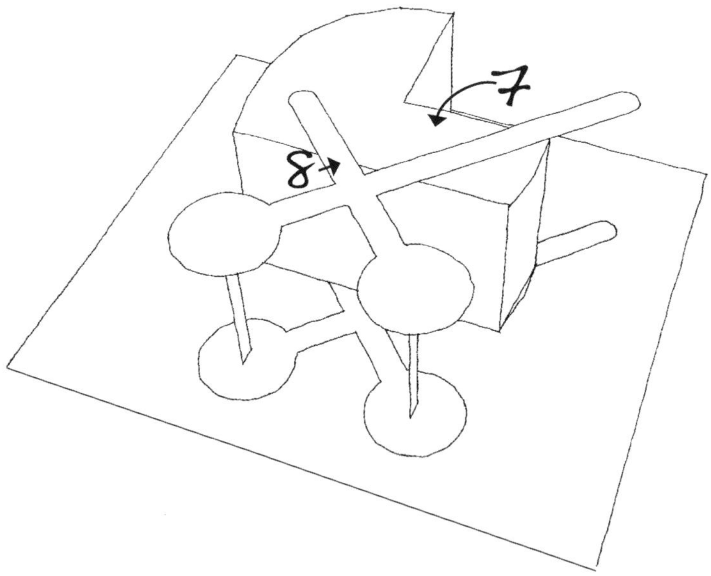
7
8

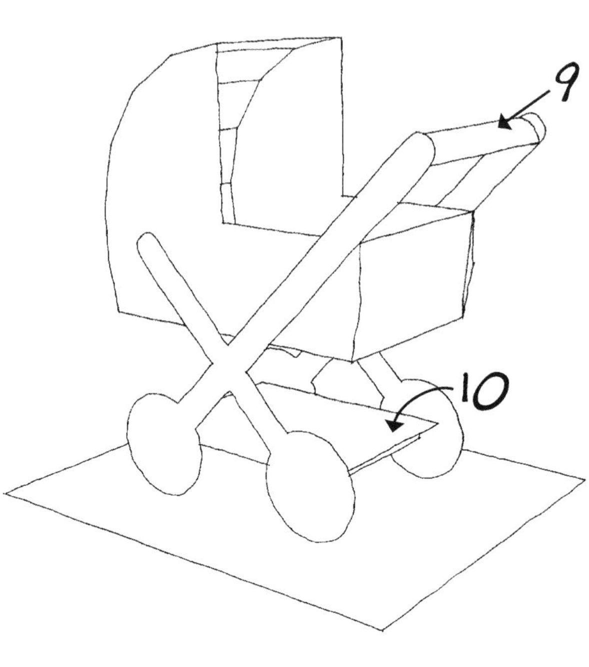
9
10

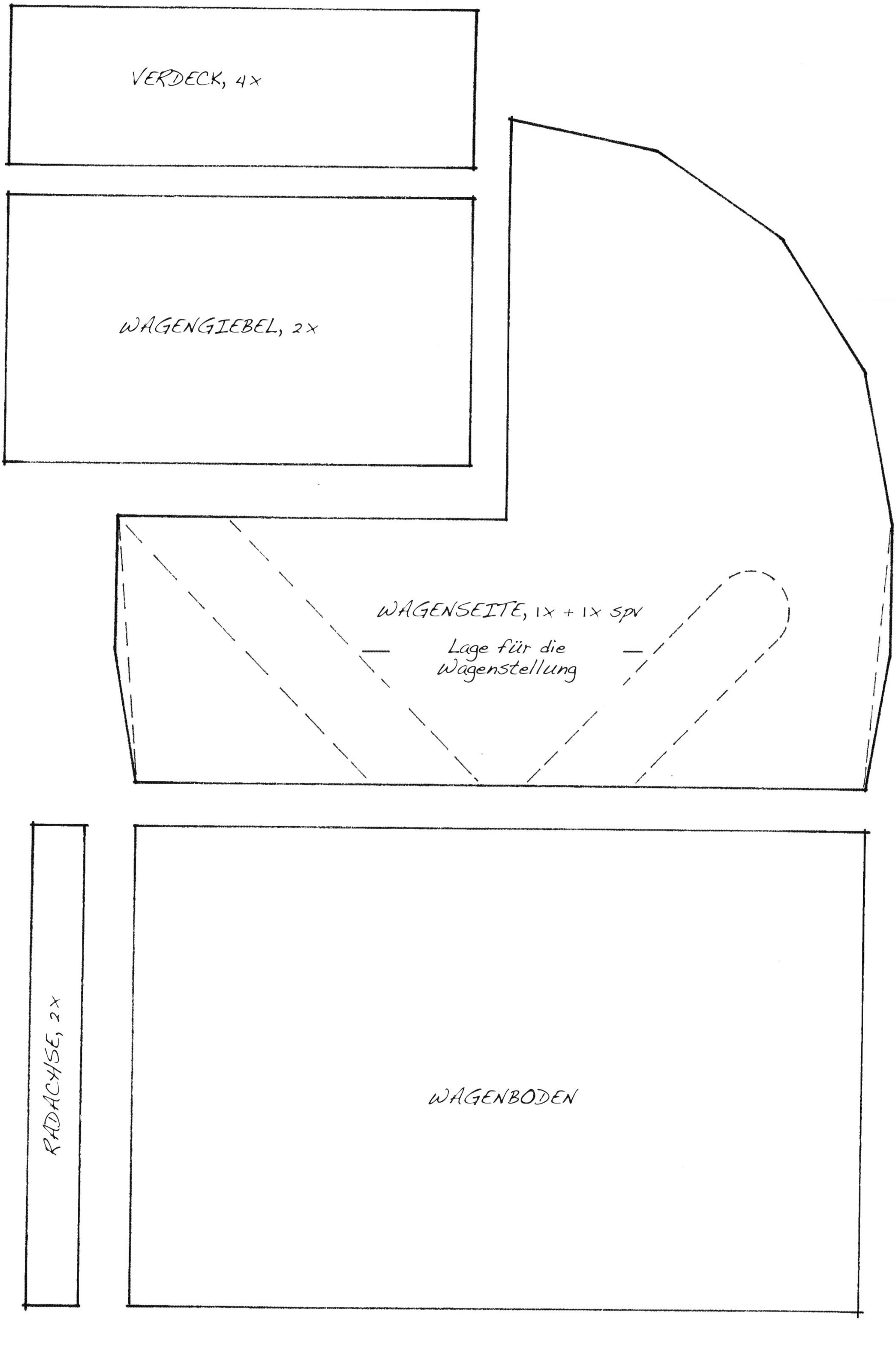
VERDECK, 4x
WAGENGIEBEL, 2x
WAGENSEITE, 1x + 1x spv
Lage für die Wagenstellung
RADACHSE, 2x
WAGENBODEN

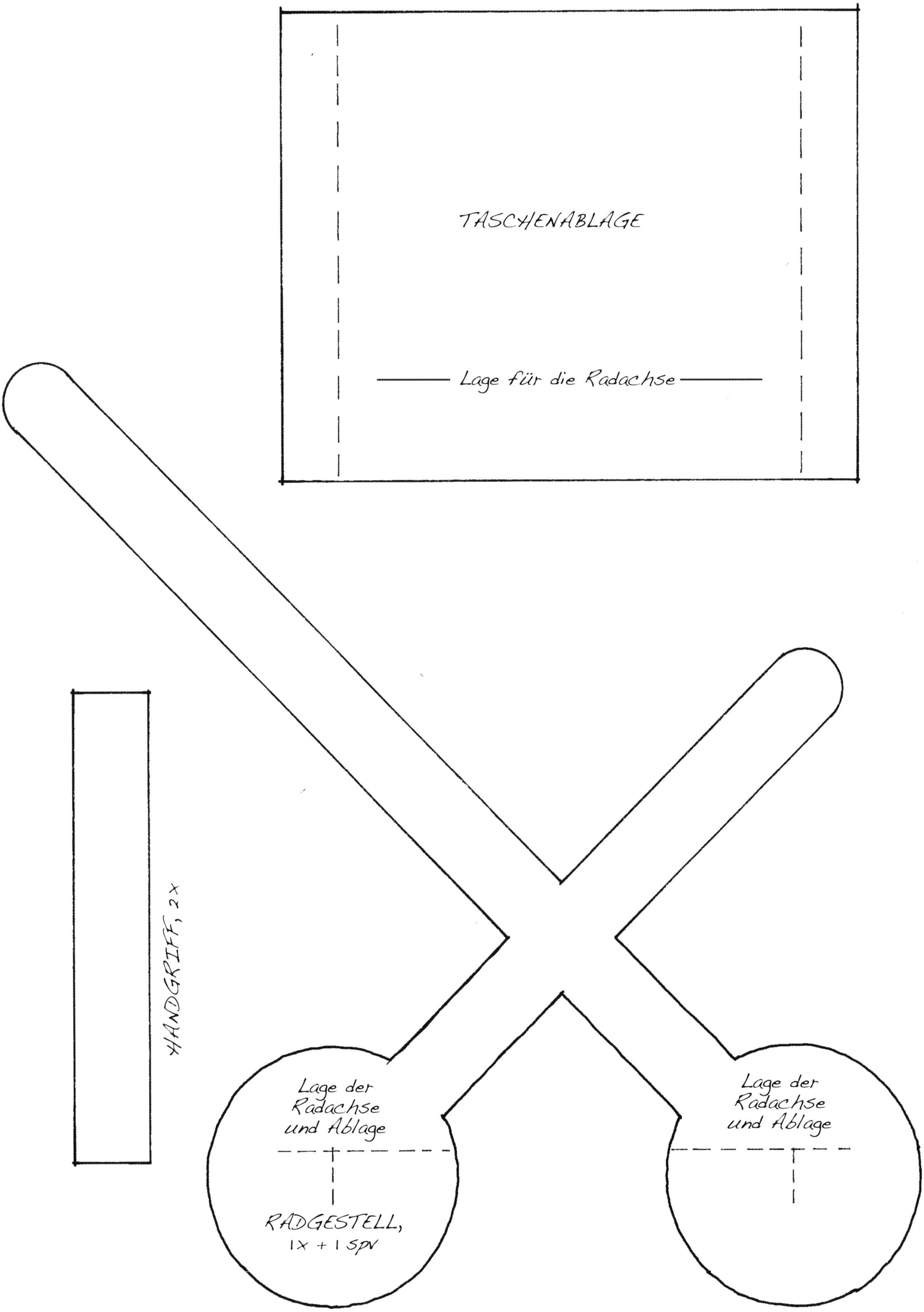
TASCHENABLAGE
Lage für die Radachse
HANDGRIFF, 2x
Lage der Radachse und Ablage
Lage der Radachse und Ablage
RADGESTELL,
1x + 1 spv

twist

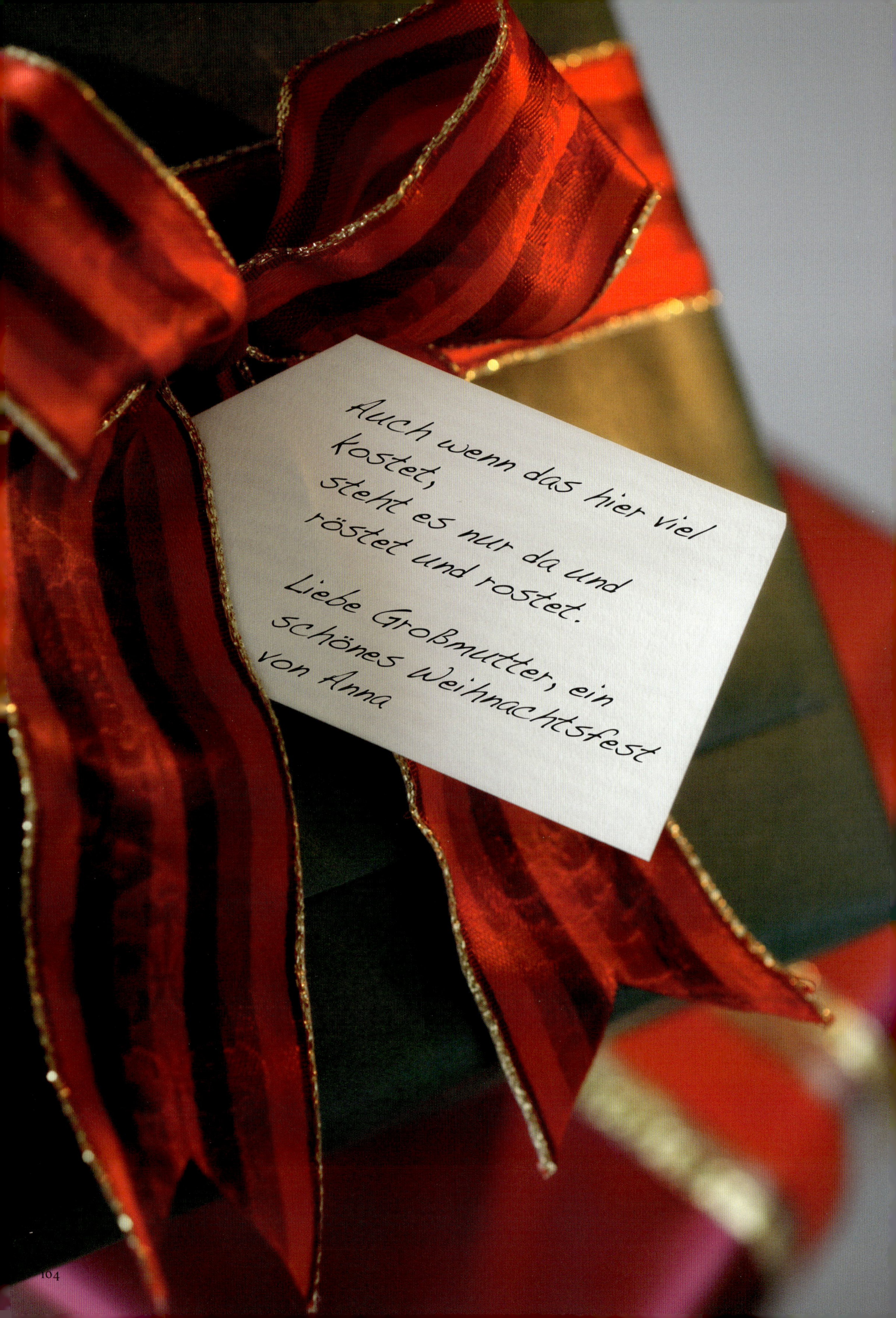
Auch wenn das hier viel kostet,
steht es nur da und röstet und rostet.
Liebe Großmutter, ein schönes Weihnachtsfest von Anna

Verse für die Geschenke – ein schwedischer Brauch

Die Karamellen sind zubereitet, die Weihnachtsmusik ausgesucht und der Baum steht im Christbaumständer. Dann wartet nur noch eine wichtige Aufgabe: die Verse für die Geschenke zu reimen. Es ist einfach eine ganz besondere Stimmung, wenn jeder in seiner Ecke sitzt und mit geheimnisvoller Miene seine Verse schreibt. Je näher die Bescherung rückt, desto schneller muss es gehen. Oft sind dann gerade diese Reime die lustigsten.

Das Schreiben oder Vortragen von Versen zu den Weihnachtsgeschenken oder zum -milchreis kennt man in Schweden seit dem 19. Jahrhundert. Bereits zu Zeiten der alten Römer versah man Neujahrsgaben mit Reimen und sparte dabei oft nicht mit Spott und Anzüglichkeiten.

Die Verse sollen zwar andeuten, was im Paket ist, den Inhalt jedoch nicht verraten. Diese Reime sind jedoch nicht zu verwechseln mit Weihnachtsgedichten. Sie haben einen ganz anderen Charakter. Weihnachtsverse können jedoch auch sehr lang sein, zum Leidwesen erwartungsvoller Kinder, die die Pakete am liebsten sofort öffnen möchten.

(Erraten Sie, was in dem Paket ist? Die Antwort steht ganz unten.)

(Richtige Antwort: Toaster)

Schachtel-Villa

Dies ist ein sehr modernes Lebkuchenhaus! Es sieht aus wie zwei aufeinanderliegende Streichholzschachteln, mit geraden Linien und viel Glas. Die Konstruktion ist nicht ganz einfach, auch wenn sie so wirkt. Wir haben Overheadfolie als Fenstermaterial verwendet. Es war ein Kampf, sie mit Zucker zu befestigen. Geben Sie nicht auf! Das Haus ist es wert.

Anleitung zum Zusammenbauen

1. Backpapier auf ein Tablett oder Schneidebrett legen, auf dem die Villa Platz hat. Alle benötigten Teile darauf anordnen. Das Tablett/Brett in die Nähe der Pfanne mit dem geschmolzenen Zucker stellen, damit die Teile nach dem Eintauchen der Klebeflächen in den Zucker schnell zusammengefügt werden können.
2. Den Zucker in einer Pfanne schmelzen. Ständig rühren, damit er nicht anbrennt.
3. Overheadfolie innen an allen Fenstern und an den Türen anbringen. Mit Zuckerpunkten über und unter den Öffnungen fixieren. Die Fenster sollen sich an den Ecken ohne Kleber berühren.
4. Die Kanten der BODENPLATTE und der FASSADEN glätten. Zuerst die OST- und WESTFASSADE zentriert zu den Längsseiten der BODENPLATTE festkleben.
5. Danach NORD- und SÜDGIEBEL so befestigen, dass sie über die Längsseiten des Hauses hinausragen.
6. Alle Kanten der MITTELWAND glätten und mittig auf der BODENPLATTE befestigen.
7. Die Kanten von BODEN/TERRASSE, Ebene 2, glätten. Prüfen Sie, ob die Öffnung groß genug ist, damit die MITTELWAND hindurchpasst. Dann BODEN/TERRASSE auf die Wände kleben.
8. Die Kanten der FASSADEN, Ebene 2, glätten. Die Unterkante der NORD- und SÜDFASSADE auf die Außenkante des BODENS kleben.
9. Danach OST- und BALKONGIEBEL so anbringen, dass sie über die Längsseiten und den BODEN hinausragen.
10. Die BALKONWAND einfügen und auf dem BODEN befestigen.
11. Das DACH auflegen und justieren.
12. Tesafilm zuschneiden und als Balkongeländer auf den Seiten der TERRASSE ankleben.
13. Das Haus dekorieren. Wichtig: Markieren Sie die Türen. Bei diesem Haus haben wir die Türen alle geschlossen gelassen.
    Das unterstreicht seine minimalistische Form.

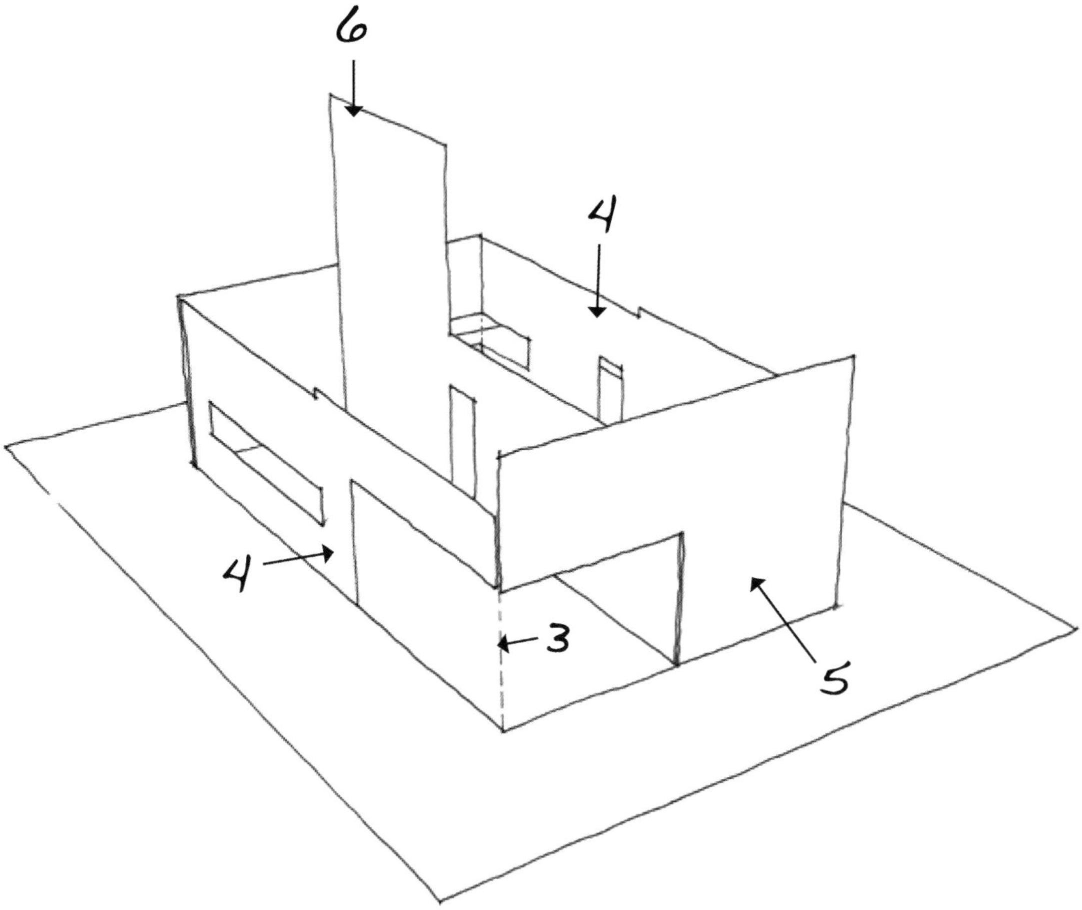
6
4
4
3
5

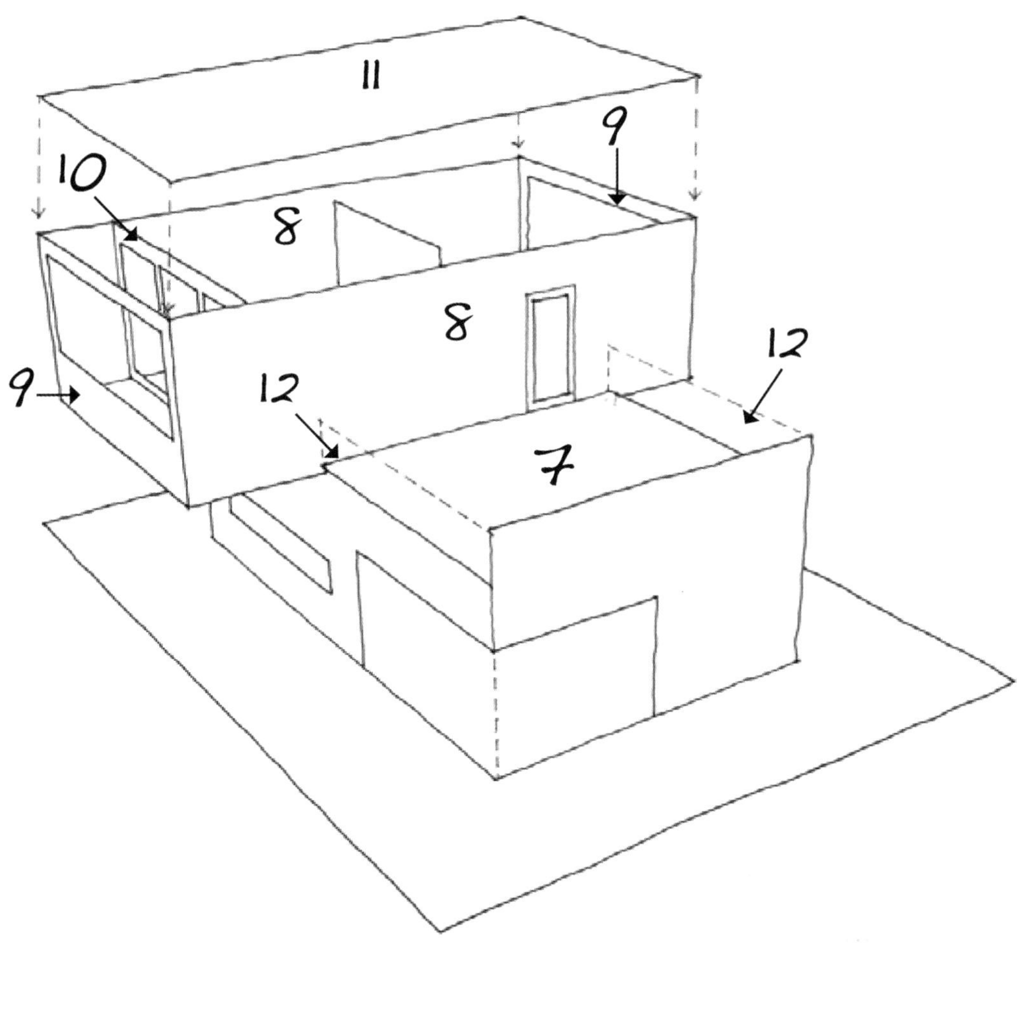
11
9
10
8
8
12
12
9
7

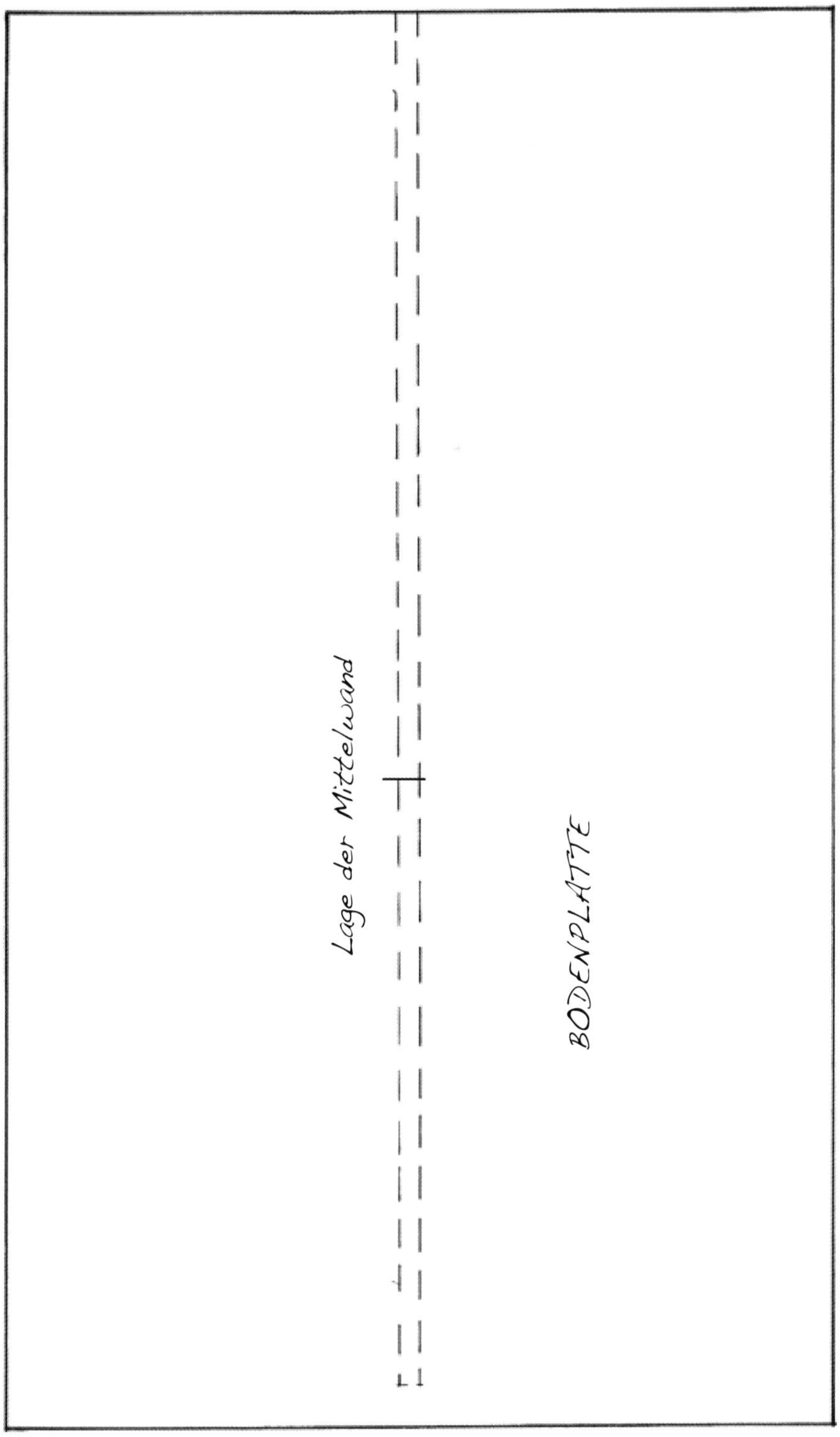
Lage der Mittelwand
BODENPLATTE

NORDFASSADE, Ebene 2

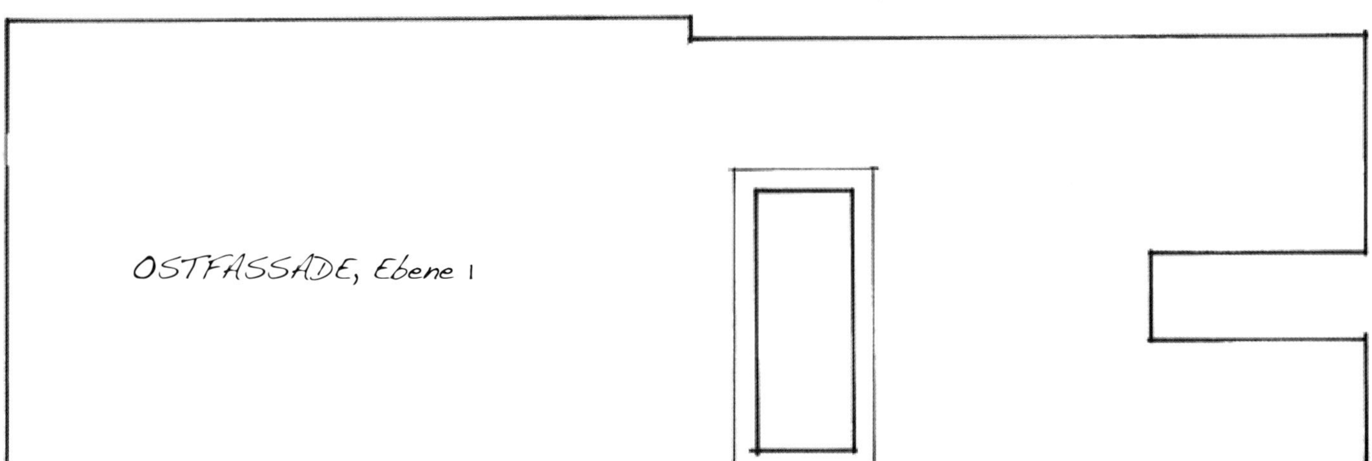
OSTFASSADE, Ebene 1

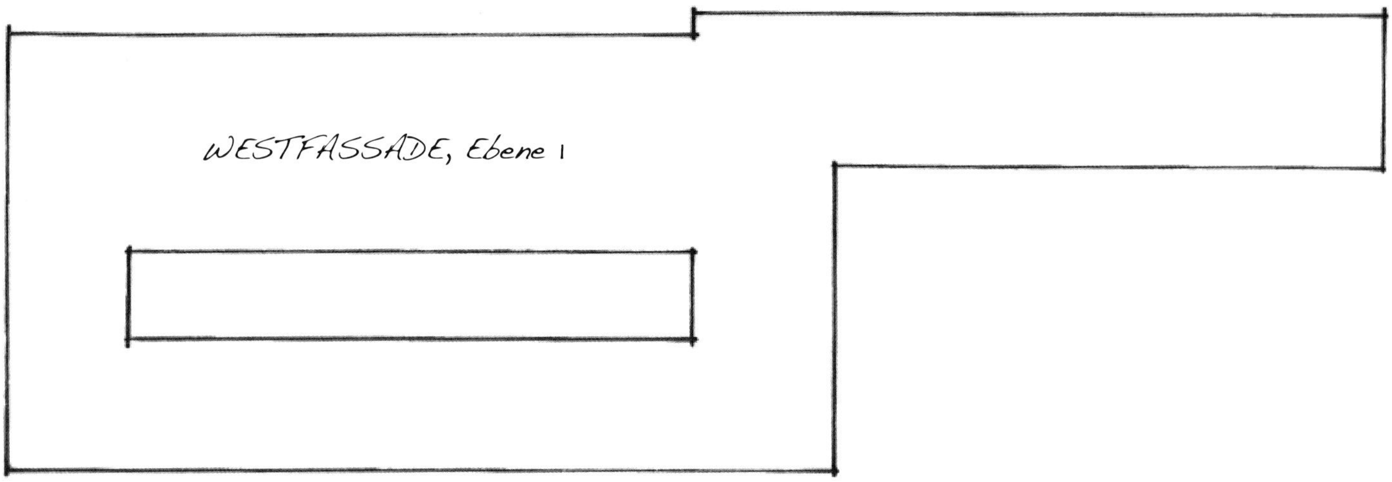
WESTFASSADE, Ebene 1

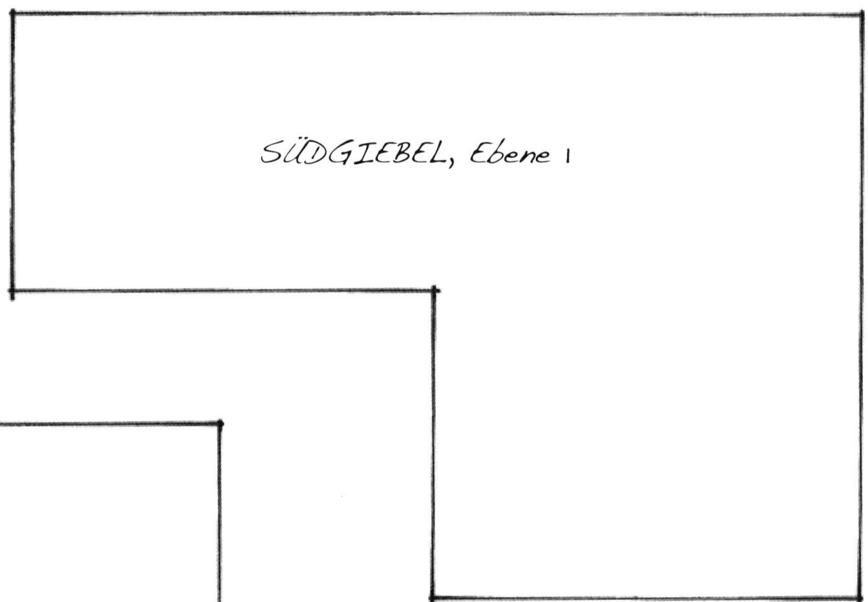
SÜDGIEBEL, Ebene 1

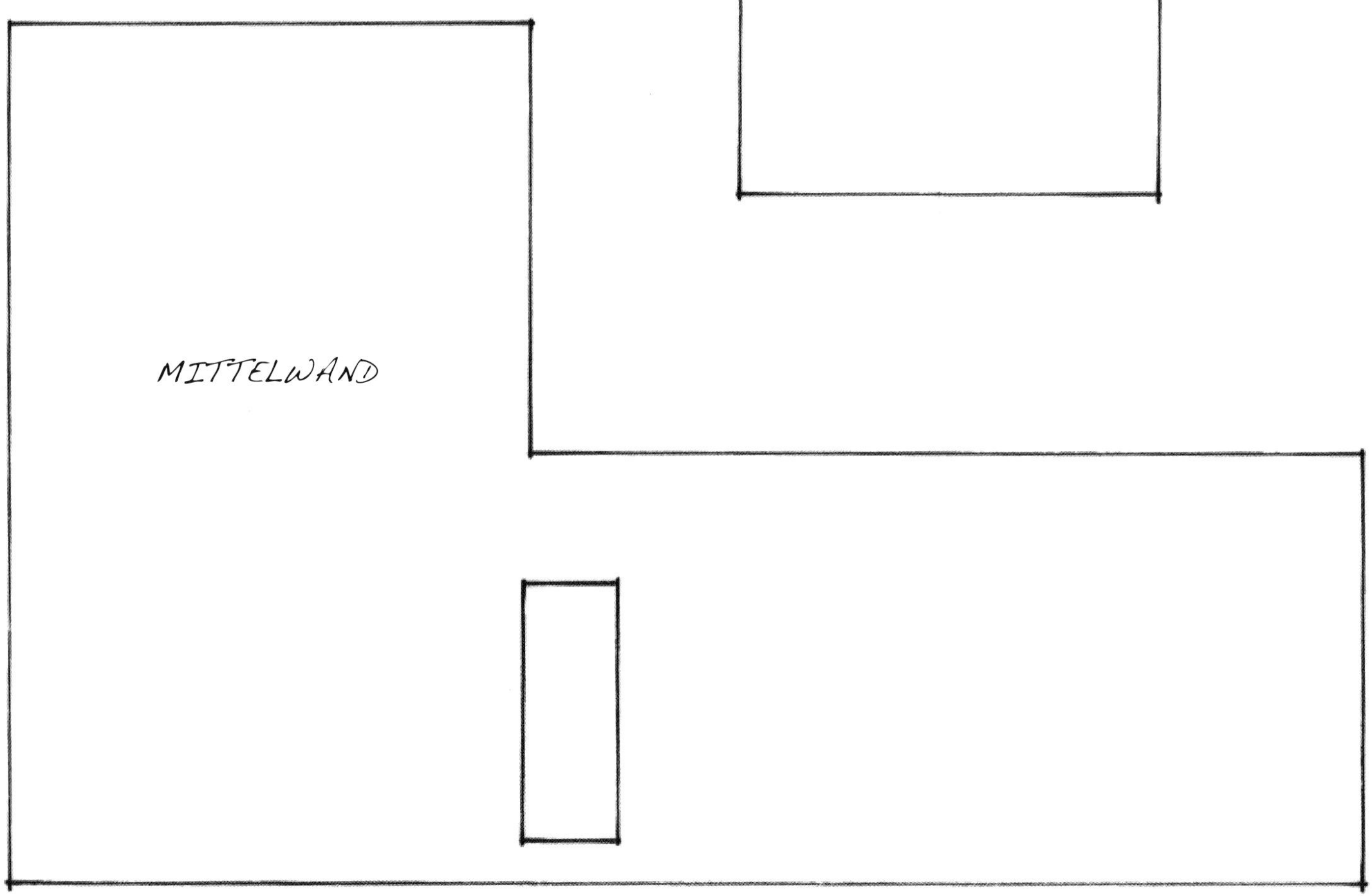
MITTELWAND

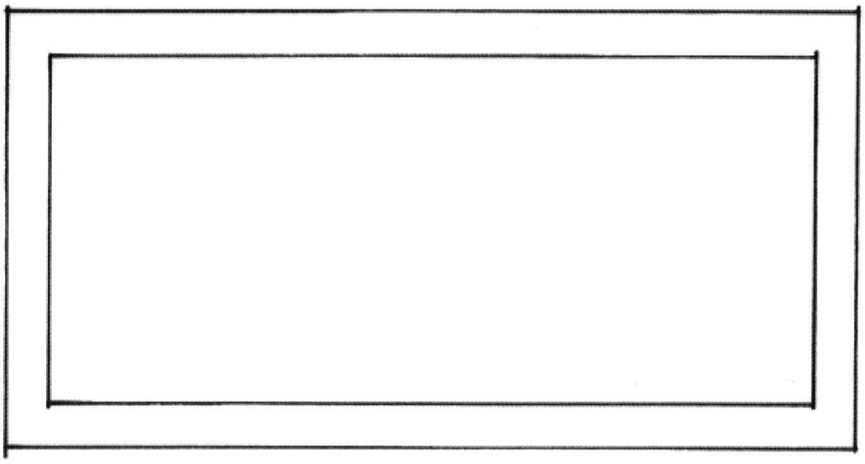

OSTGIEBEL, Ebene 2

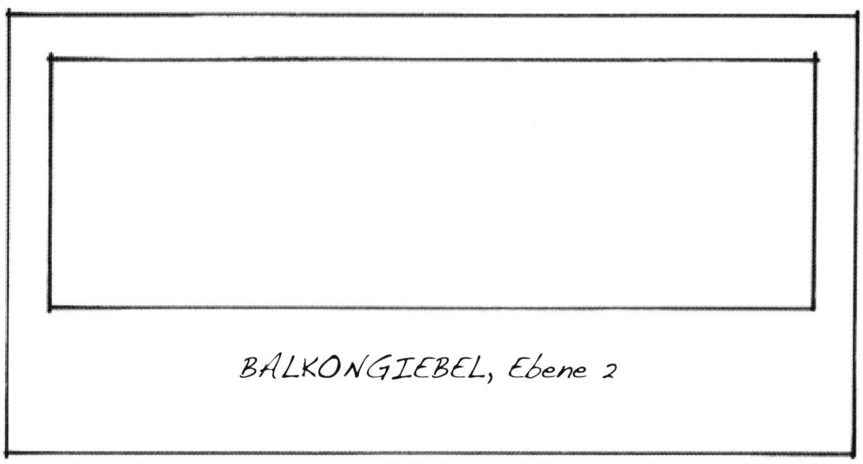

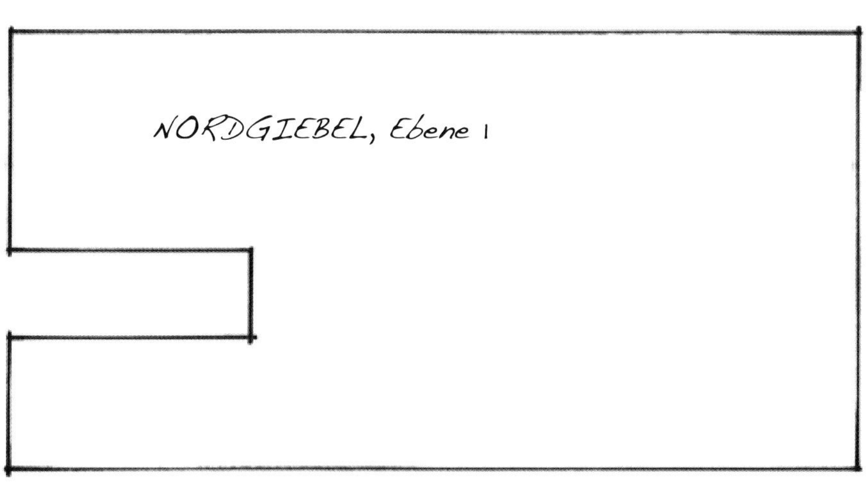

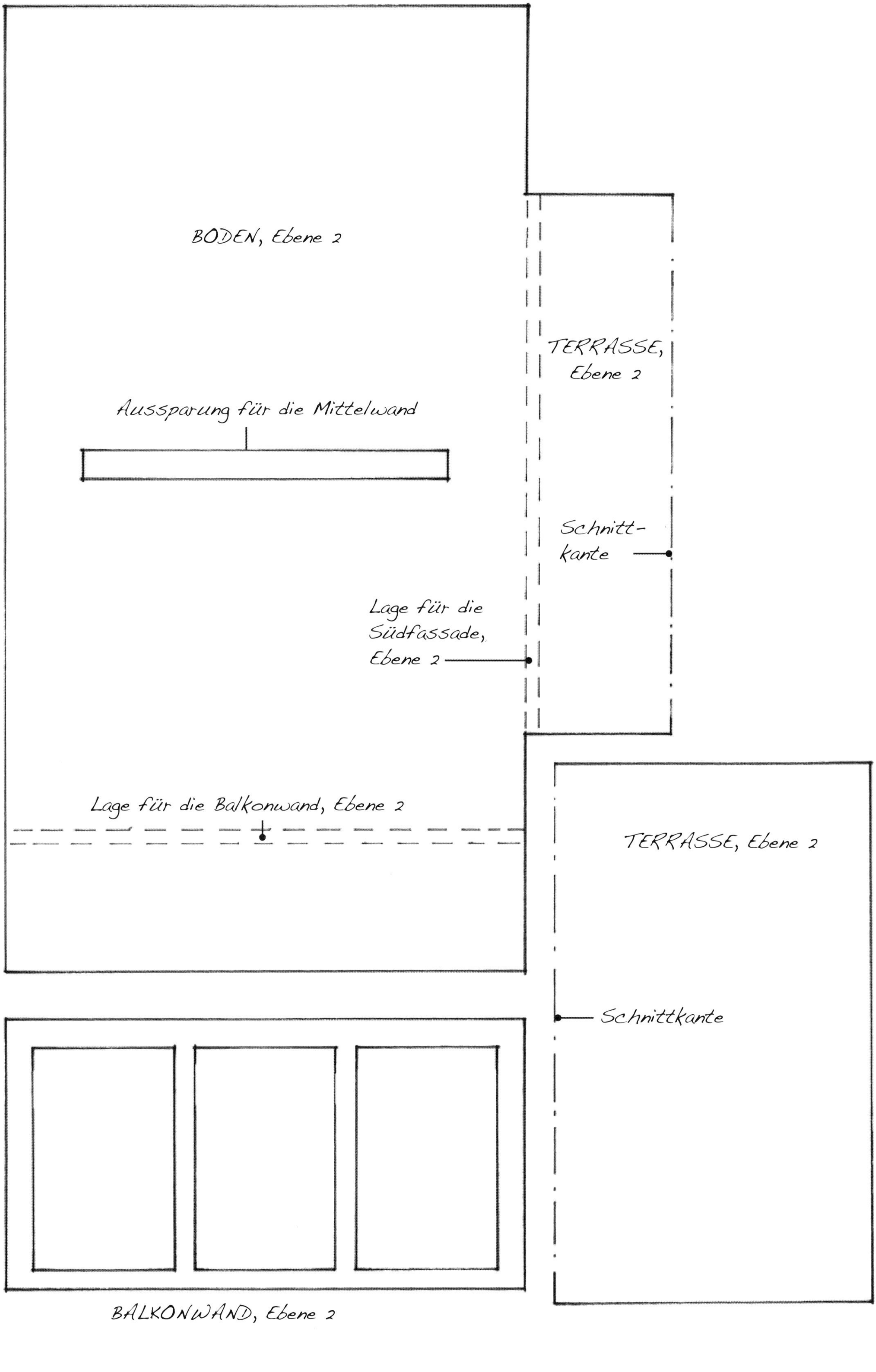
BODEN, Ebene 2
TERRASSE,
Ebene 2
Aussparung für die Mittelwand
Schnitt-
kante
Lage für die
Südfassade,
Ebene 2
Lage für die Balkonwand, Ebene 2
TERRASSE, Ebene 2
Schnittkante
BALKONWAND, Ebene 2

DACH, Ebene 2

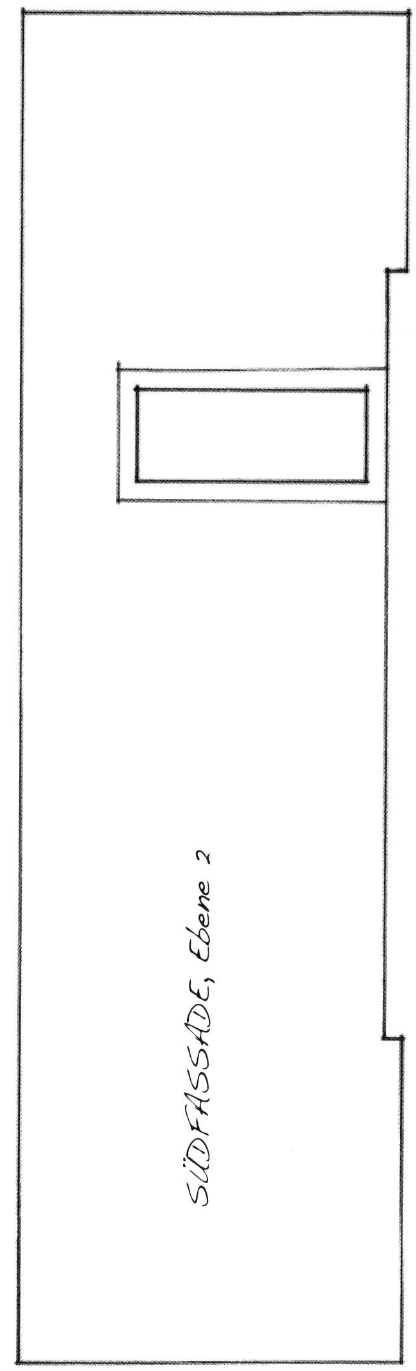
SÜDFASSADE, Ebene 2

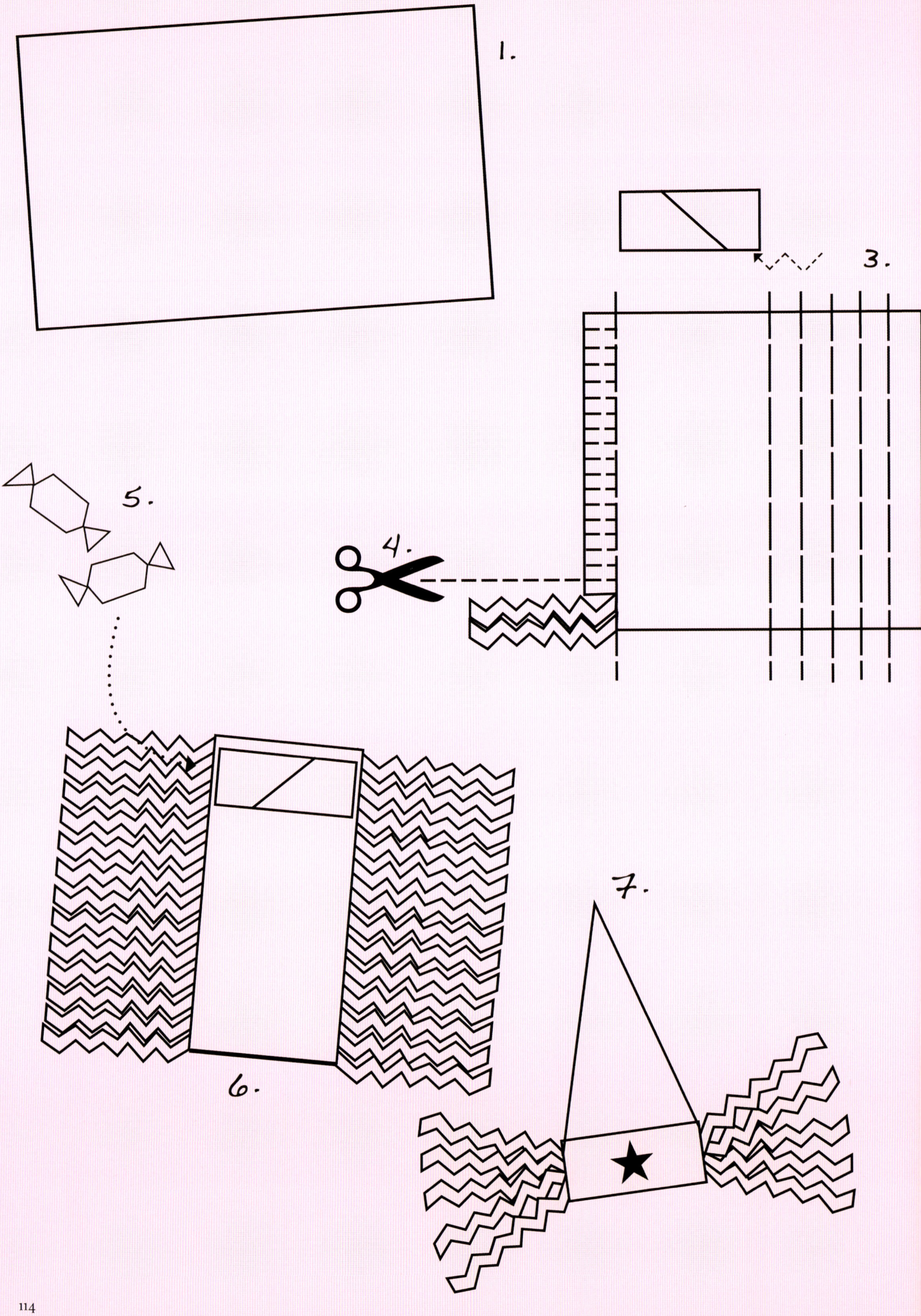
1.
3.
4.
5.
6.
7.

Knallbonbon

Das brauchen Sie:

Seidenpapier
Toiletten- oder Küchen-
papierrolle
Rotes Seidenband oder Schnur
Abzieh- oder Glanzbilder
Süßigkeiten oder eine andere Kleinigkeit
zum Hineinlegen.

1. Zwei Teile Seidenpapier zuschneiden. In der Breite sollte das Papier ungefähr drei Mal die Länge der Rolle umfassen, und es sollte so lang sein, dass man die Rolle mindestens zwei Mal damit einschlagen kann.
2. Das Seidenpapier übereinanderlegen. Die Rolle mittig darauf platzieren und die Länge der Rolle markieren.
3. An der Schmalseite das Papier 1 cm einschlagen. Das Papier drehen und an der anderen Seite ebenfalls 1 cm einschlagen. Wieder drehen und den Vorgang wiederholen – so lange, bis die Markierungen erreicht sind.
4. Quer über die Faltung 1 cm breite Streifen schneiden. Genauso mit der anderen Seite verfahren.
5. Die Süßigkeiten oder Ähnliches in die Rolle geben.
6. Die Rolle auf das Papier legen, mit Klebstreifen fixieren und zu einem Knallbonbon rollen. Mit ein paar Abziehbildern verschließen.
7. Die Fransenansätze mit einem Band umwickeln.

Variante: Fransen nur an einer Seite anbringen
und das Knallbonbon senkrecht aufhängen.

Kamin

Mit Lebkuchenbruch und Glasur lässt sich ein kleiner, offener Kamin bauen. Dafür ist kein Ofen oder geschmolzener Zucker notwendig. Als Deko bekommt das Bauwerk einen Marzipankranz und vielleicht einen Nikolausstiefel, der nur darauf wartet, gefüllt zu werden. Bei diesem Bauwerk darf sich der Maurer in Ihnen ganz entfalten, denn Ihrer Improvisationsfreude sind hier keine Grenzen gesetzt.

Gewölbe

Ein Gewölbe ist ein wichtiges Element in der Architektur, das zur Überspannung von Räumen dient. Es besteht aus Keilsteinen, die durch ihr Gewicht aufeinandergepresst werden und sich dadurch gegenseitig stabilisieren. Eine Kuppel ist eine spezielle Form eines Gewölbes, ein Bogen dagegen die zweidimensionale Entsprechung zum Gewölbe.
Die Funktionsweise der heutigen Stahlbetongewölbe ist jedoch eine ganz andere.

Villa La Rotonda

Ein Lebkuchenhaus für Architekten. Der italienische Architekt Andrea Palladio (1508–1580) konstruierte viele Villen, aber keine fand so viel Bewunderung wie „La Rotonda". Sie wurde im Jahr 1567 erbaut und steht auf einem Hügel außerhalb von Vicenza, einer Stadt in Norditalien. Außenansicht, Grundriss und Raumaufteilung dieser Villa bilden einen idealen Zentralbau, wie man ihn sich in der Spätrenaissance vorstellte – der aber selten in dieser Reinheit verwirklicht wurde.

Zu Beginn des 17. Jahrhunderts stattete Agostino Rubini die Villa mit einer Vielzahl symmetrisch auf Dach und Mauern verteilter Skulpturen aus. Als Fleißaufgabe können auch Sie ein paar kleine Statuen aus Lebkuchenteig anfertigen und Ihre Villa damit schmücken.

Schneiden Sie zunächst die Teigteile aus und backen Sie sie. Legen Sie fest, wie die Kuppelspitze aussehen soll. Wir haben zwei kleine Kugeln aus Lebkuchenteig genommen, eine Gelee-Himbeere oder eine Praline kann man aber auch verwenden. Vergessen Sie nicht, die Treppenteile vor dem Backen einzuschneiden, um die Stufen zu markieren! Die Schnitte dürfen ruhig tief sein, da der Teig beim Backen noch einmal geht.

Am besten alle kleinen Lebkuchenteile auf das gleiche Blech legen. So vermeiden Sie unterschiedliche Backzeiten und riskieren nicht, dass etwas verbrennt. Hat der Teig bereits etwas Farbe angenommen, holen Sie die Teile aus dem Ofen, legen sie flach aus und lassen sie auskühlen. Glätten Sie die Ansatzkanten, falls nötig. Nach dem Auskühlen können die flach ausliegenden Teile nach Wunsch dekoriert werden. Warten Sie mit dem Verzieren der Ecken noch, sonst kann beim Zusammenbau des Hauses die Glasur brechen.

Anleitung zum Zusammenbauen

1. Backpapier auf ein Tablett oder Schneidebrett legen, auf dem die ganze Villa Platz hat. Dieses Haus muss auf dem Tablett/Brett befestigt werden, auf dem es nachher stehen soll, da es sehr schwer transportiert werden kann. Das Tablett/Brett in die Nähe der Pfanne mit dem geschmolzenen Zucker stellen, damit die Teile nach dem Eintauchen der Klebeflächen in den Zucker schnell zusammengefügt werden können. Alle benötigten Teile auf dem Tablett/Brett anordnen.
2. Den Zucker in einer Pfanne schmelzen. Ständig rühren, damit er nicht anbrennt.
3. Die vier HAUSSEITEN zusammensetzen. Die Ecken sollten rechtwinklig zueinander sein.
4. Danach die vier VORHALLEN zusammenbauen. Kontrollieren Sie, ob die Breite jedes BODENS bei allen vier SÄULEN-VORHALLEN gleich ist. Falls nicht, diese kürzen. Nun eine WANGENSEITE auf dem BODEN befestigen.
5. Gemäß Markierung auf der Vorlage die SÄULEN-VORHALLE auf dem BODEN befestigen, dann die andere WANGENSEITE anbringen.
6. Kontrollieren Sie den Sitz der TREPPE und kleben Sie diese am vorgesehenen Platz fest. Befestigen Sie nun die gesamte VORHALLE am Haus und setzen Sie das DACH darauf. Wiederholen Sie diesen Vorgang bei den restlichen drei VORHALLEN.
7. Beim Befestigen des DACHES benötigen Sie etwas Hilfe. Es muss alles sehr schnell gehen, da der geschmolzene Zucker schnell trocknet. Stellen Sie daher eine Büchse als Stütze für das Dach in die Mitte des Hauses. Sie wird später nicht entfernt. Kontrollieren Sie, ob die DACHTEILE zueinanderpassen. Streichen Sie geschmolzenen Zucker auf zwei der oberen

Glögg

Glögg leitet sich vom alten Wort „glödg" ab und kommt vom Verb „glödga" („aufheizen"). Daraus entstand „glögga" im Sinn von „Glögg trinken". Im Mittelalter kam der Brauch, im Winter warmen, gewürzten Wein zu trinken, über das deutschsprachige Europa in den Norden und ins Baltikum. Heute ist das Glöggtrinken vom 1. Advent bis zum 13. Januar fester Bestandteil schwedischer Weihnachtstradition. Man trinkt ihn aus kleinen Tassen und gibt Mandeln und Rosinen hinein. Dazu werden Lebkuchen und Weihnachtskatzen gegessen.

Glögg aus reinem Alkohol

Das ursprünglichste Getränk, hergestellt nach der Methode, die ihm seinen Namen gegeben hat („glödgad sprit"). Hierzu legt man über eine Schale mit Schnaps oder Weinbrand und Gewürzen ein Gitter und stellt darauf einen Zuckerhut. Der Alkohol wird angezündet, der Zucker schmilzt nun langsam und tropft in das Getränk.

Glögg aus Wein

Den Brauch, Wein zu würzen, kann man in vielen Kulturen finden. In früheren Zeiten war dies vor allem deshalb üblich, weil die Weinqualität oft aufgrund schlechter Lagerung oder langer Transportwege nicht sehr gut war.

Glögg halb-halb

---

1 Flasche Rotwein (750 ml)
je 1 Stück Zimtstange, Ingwer und Pomeranze
5 Gewürznelken
2 TL Kardamomkapseln
400 g Würfelzucker
½ Flasche (350 ml) Schnaps oder Wodka

So wird's gemacht:

Rotwein mit den Gewürzen in einem Topf erwärmen. Zucker auf ein Gitter legen, das etwa zur Hälfte den Topf abdeckt. Schnaps hineingießen, erhitzen. Die Flüssigkeit mit einem Streichholz anzünden. Vorsichtig den brennenden Alkohol mit einer Schöpfkelle über den Zucker gießen, sodass er schmilzt und den Glögg süßt. Feuer mit dem Topfdeckel ersticken.
Abschmecken, ob der Glögg genug gesüßt ist. Wenn nicht, nochmals anzünden und weitere Zuckerstücke übergießen. Auskühlen lassen, wenn der Glögg im Kühlschrank aufbewahrt werden soll. Er hält ca. 2 Wochen. Ansonsten warm mit Rosinen und geschälten Mandeln servieren.

Hauskanten und Ecken. Setzen Sie nun die beiden DACHTEILE, die über Eck stehen sollen, zusammen und befestigen Sie sie auf den Wänden. Nehmen Sie das dritte DACHTEIL, streichen Sie flüssigen Zucker auf die nächste Oberkante und die Kante des dritten DACHTEILS, das an den bereits fixierten DACHTEILEN befestigt werden soll, und kleben Sie es an. Streichen Sie zum Schluss geschmolzenen Zucker auf die letzte, dachlose Kante. Bestreichen Sie dann die beiden Seiten des letzten DACHTEILS mit Zucker und befestigen Sie es.

8. Als Nächstes kommt die KUPPEL an die Reihe. Legen Sie die Einzelteile nach der Reihenfolge der Nummern zusammen (siehe Vorlage). Kleben Sie sie noch nicht zusammen, sondern kontrollieren Sie zunächst, ob die KUPPEL rund ist. Setzen Sie nun die einzelnen Teile von unten nach oben zusammen.
9. Die KUPPEL kann am Dach befestigt oder nur daraufgelegt werden. Dekorieren Sie das Haus fertig. Auf der Vorlage sind die Dekorationslinien markiert. Stellen Sie die Villa an einen Platz, an dem alle Gäste Ihr Werk bewundern können.

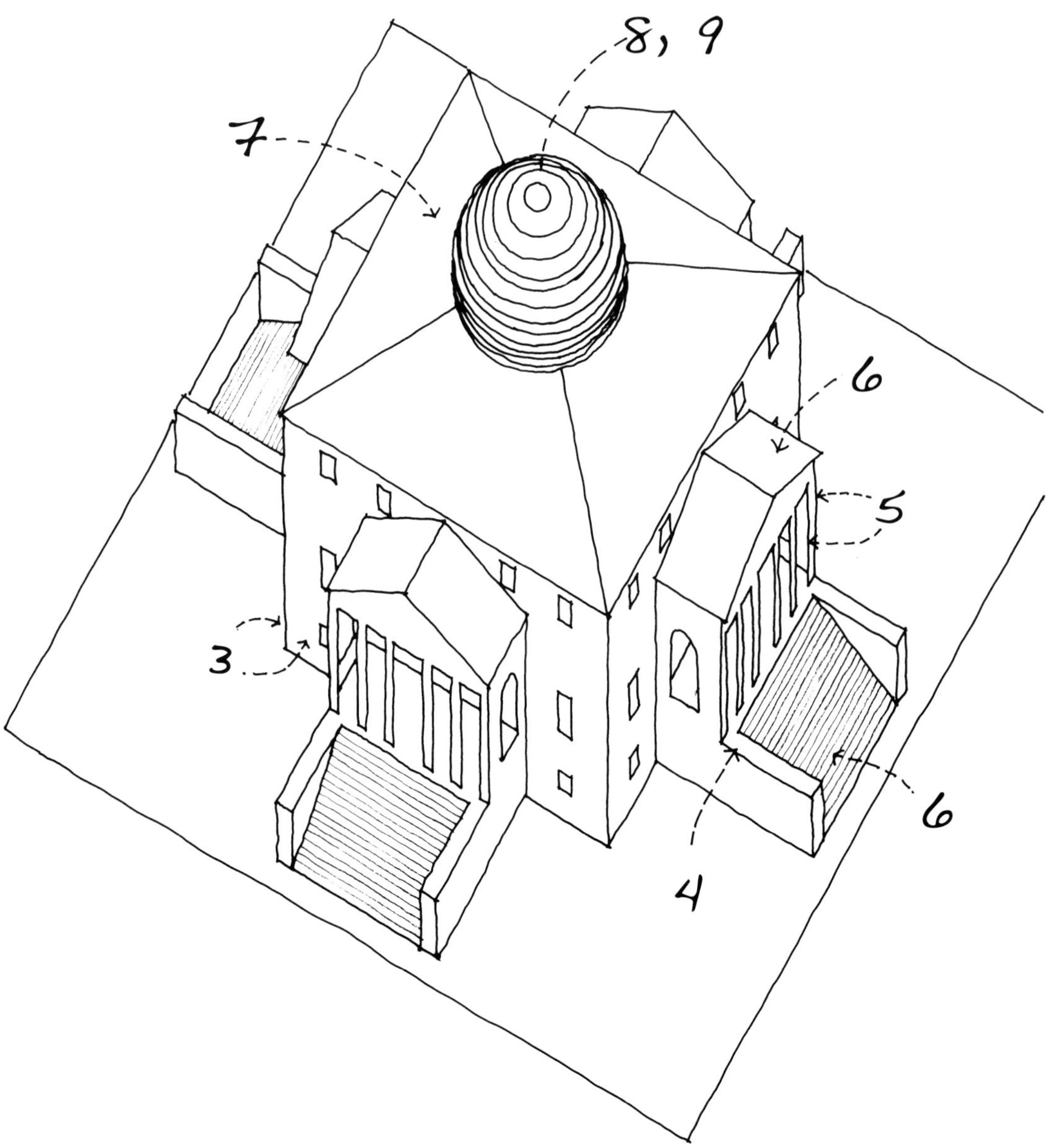

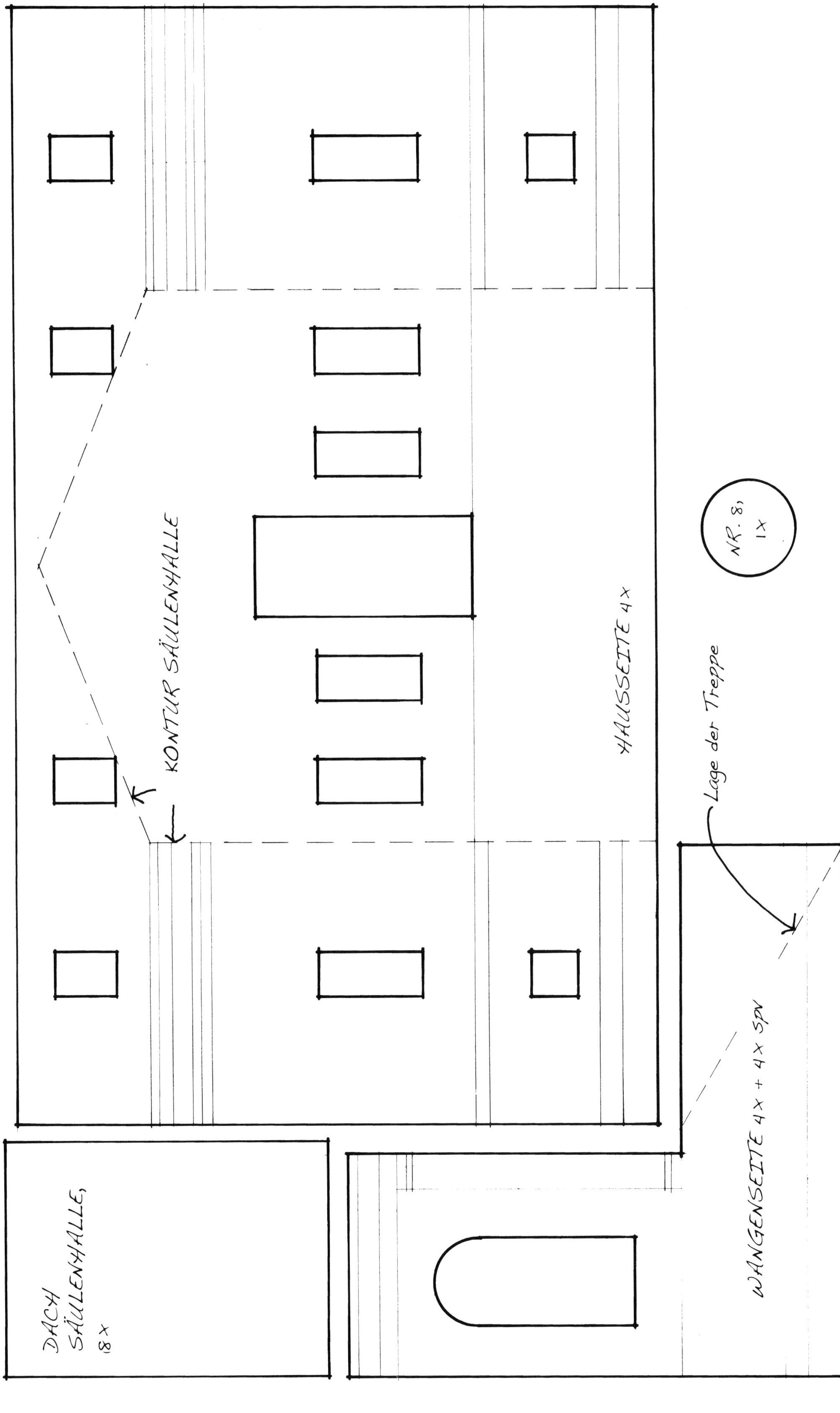
KONTUR SÄULENHALLE
HAUSSEITE 4x
NR. 8, 1x
Lage der Treppe
WANGENSEITE 4x + 4x SPV
DACH SÄULENHALLE, 18x

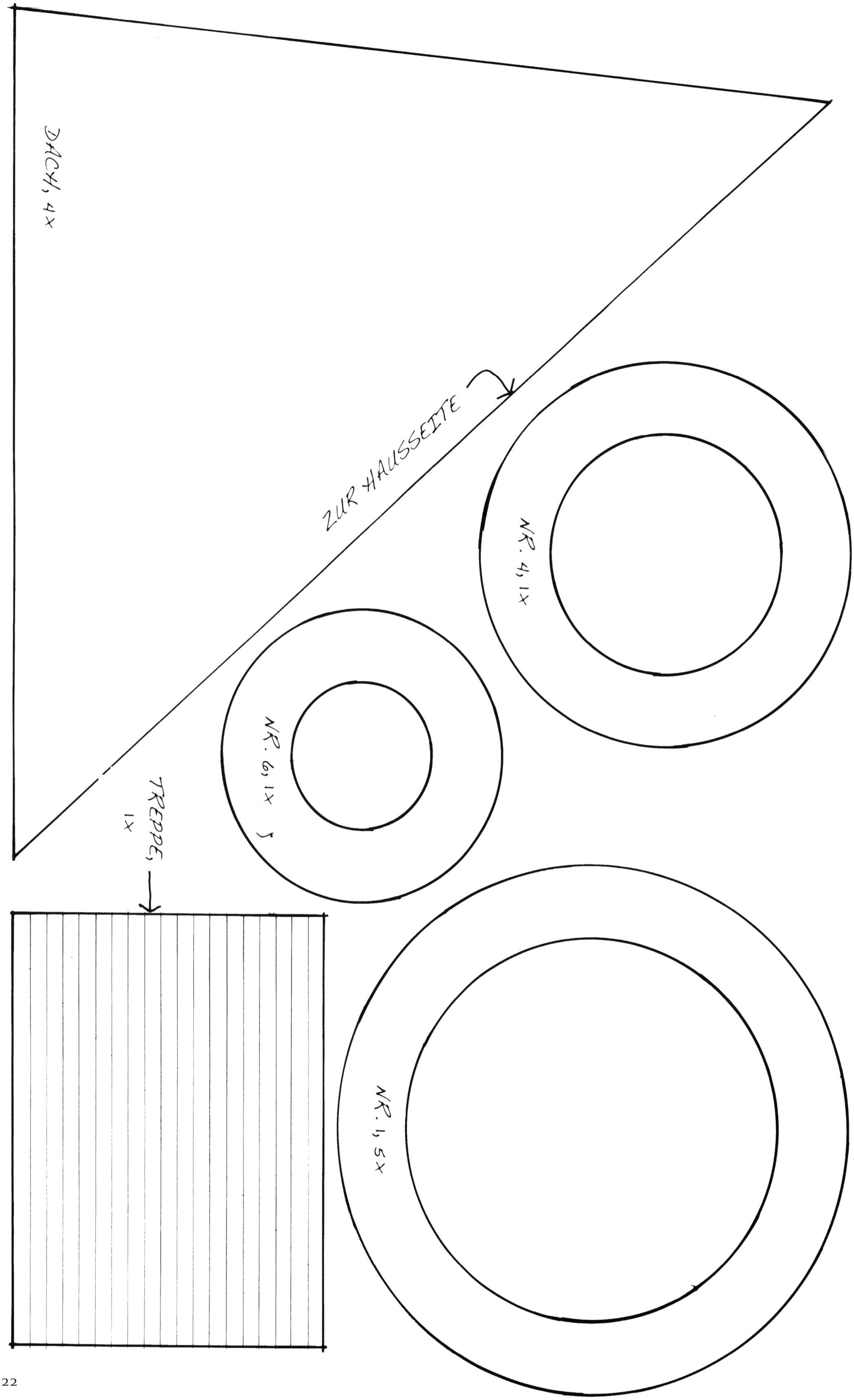
DACH, 4x
ZUR HAUSSEITE
NR. 4, 1x
NR. 6, 1x
TREPPE, 1x
NR. 1, 5x

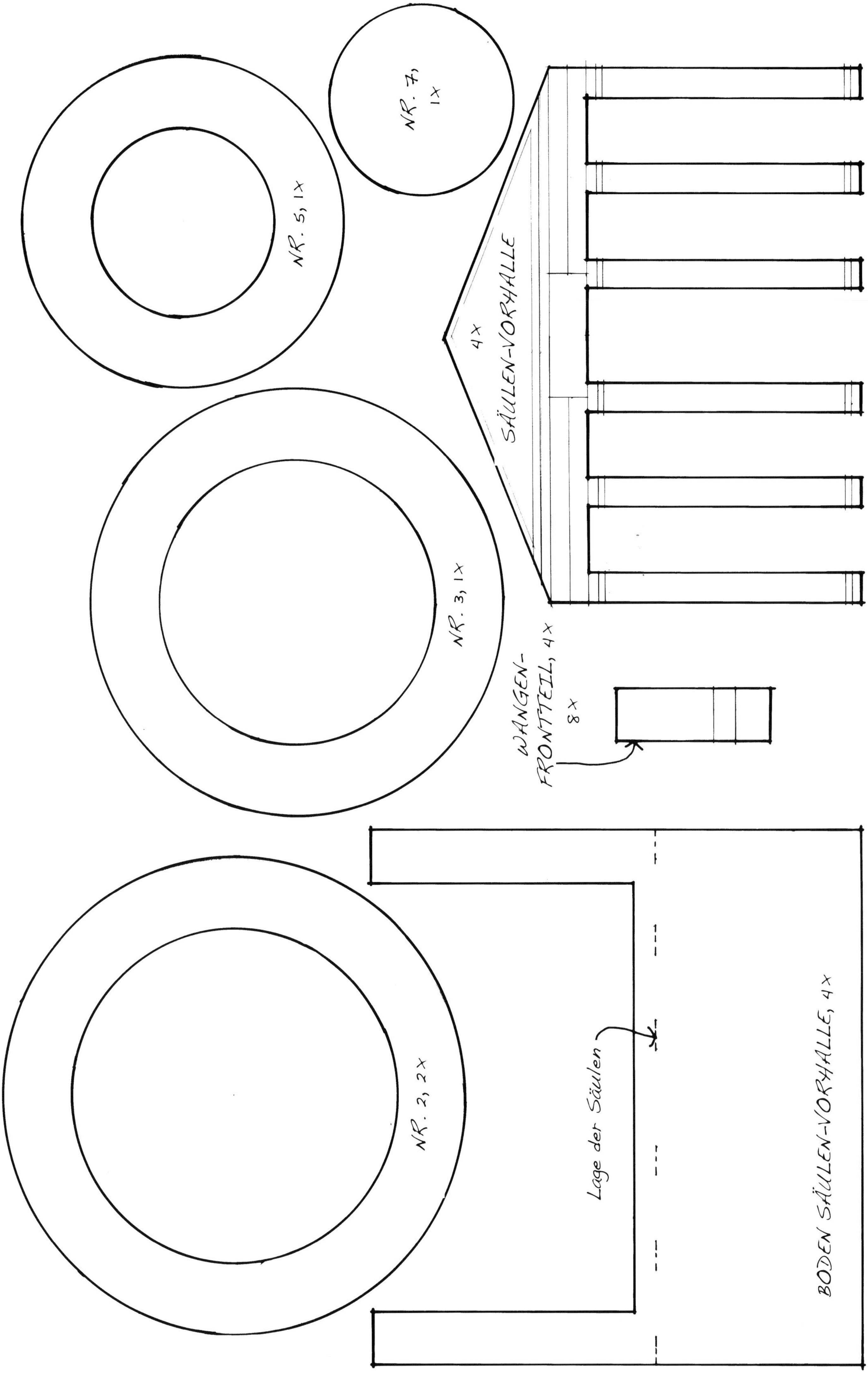
NR. 7, 1x
NR. 5, 1x
4x
SÄULEN-VORHALLE
NR. 3, 1x
WANGEN-FRONTTEIL, 4x
8x
NR. 2, 2x
Lage der Säulen
BODEN SÄULEN-VORHALLE, 4x

Glögg

Glögg leitet sich vom alten Wort „glödg" ab und kommt vom Verb „glödga" („aufheizen"). Daraus entstand „glögga" im Sinn von „Glögg trinken". Im Mittelalter kam der Brauch, im Winter warmen, gewürzten Wein zu trinken, über das deutschsprachige Europa in den Norden und ins Baltikum. Heute ist das Glöggtrinken vom 1. Advent bis zum 13. Januar fester Bestandteil schwedischer Weihnachtstradition. Man trinkt ihn aus kleinen Tassen und gibt Mandeln und Rosinen hinein. Dazu werden Lebkuchen und Weihnachtskatzen gegessen.

Glögg aus reinem Alkohol
Das ursprünglichste Getränk, hergestellt nach der Methode, die ihm seinen Namen gegeben hat („glödgad sprit"). Hierzu legt man über eine Schale mit Schnaps oder Weinbrand und Gewürzen ein Gitter und stellt darauf einen Zuckerhut. Der Alkohol wird angezündet, der Zucker schmilzt nun langsam und tropft in das Getränk.

Glögg aus Wein
Den Brauch, Wein zu würzen, kann man in vielen Kulturen finden. In früheren Zeiten war dies vor allem deshalb üblich, weil die Weinqualität oft aufgrund schlechter Lagerung oder langer Transportwege nicht sehr gut war.

Glögg halb-halb

1 Flasche Rotwein (750 ml)
je 1 Stück Zimtstange, Ingwer und Pomeranze
5 Gewürznelken
2 TL Kardamomkapseln
400 g Würfelzucker
½ Flasche (350 ml) Schnaps oder Wodka

So wird's gemacht:

Rotwein mit den Gewürzen in einem Topf erwärmen. Zucker auf ein Gitter legen, das etwa zur Hälfte den Topf abdeckt. Schnaps hineingießen, erhitzen. Die Flüssigkeit mit einem Streichholz anzünden. Vorsichtig den brennenden Alkohol mit einer Schöpfkelle über den Zucker gießen, sodass er schmilzt und den Glögg süßt. Feuer mit dem Topfdeckel ersticken.
Abschmecken, ob der Glögg genug gesüßt ist. Wenn nicht, nochmals anzünden und weitere Zuckerstücke übergießen. Auskühlen lassen, wenn der Glögg im Kühlschrank aufbewahrt werden soll. Er hält ca. 2 Wochen. Ansonsten warm mit Rosinen und geschälten Mandeln servieren.

Klassischer Wein-Toddy

Wenn es draußen kalt ist, wird in Schweden der klassische Wein-Toddy getrunken. Er gehört genauso zu dieser Jahreszeit wie Adventsleuchter, Glögg, Donald Duck, Weihnachtsbaum und Schnee. Ohne Wein-Toddy geht einfach nichts.

Für 6 Portionen:
Saft von 3 Zitronen
12 EL Zucker
6 Messerspitzen Zimt
Rotwein
heißes Wasser
geriebene Muskatnuss
Cognac

Zitronensaft, Zucker und Zimt auf 6 Gläser verteilen. Diese zu zwei Drittel mit Rotwein füllen, in der Mikrowelle erhitzen. Mit heißem Wasser auffüllen. Muskatnuss darüberstreuen. Mit einem Schuss Cognac abrunden.

Alkoholfreier Toddy aus Schwarzem Johannisbeersaft

Für die alkoholfreie Variante wird Schwarzer Johannisbeersaft mit Zimtstückchen und Sternanis erhitzt. Der Gewürzsud wird morgens gekocht und dann nur aufgewärmt, wenn man beispielsweise von einer Skitour zurückkommt.

Für 6 Portionen:
15 g Pomeranzenschale
150 g Zucker
400 ml Wasser
1 Stück Zimstange
3 Stück Sternanis
750 ml Schwarzer Johannisbeersaft
1 Orange, in Scheiben geschnitten

Die Pomeranzenschale in etwas Wasser weich kochen. Den Zucker mit dem Wasser aufkochen lassen, Pomeranzenschale, Zimt und Sternanis zugeben. Einige Stunden ziehen lassen. Nochmals aufkochen. Saft dazugießen und warm halten. Die Orangenscheiben hineinlegen und servieren.

Eggnog

Egnogg ist ein kräftiges, warmes Getränk auf der Basis von Milch, Eiern und Zucker. Es kommt wahrscheinlich aus Europa. Einer anderen Theorie zufolge stammt es aus den amerikanischen Kolonien, wo man es mit billigem Rum vermischte, um es für Gäste etwas aufzupeppen.
Der Eggnog besteht heute normalerweise aus Milch, Eiern und Zucker, auf Wunsch kann Alkohol wie Whisky, Rum, Brandy oder Cognac dazugegeben werden. Andere Zutaten können Gewürze wie Muskat oder Zimt sein. Der Geschmack des Getränks wird intensiver, wenn ein Teil der Milch durch Sahne ersetzt wird.

Für 1 Portion:
1 Ei
1 TL Zucker
30 ml Whisky
etwas Salz
120 ml Vollmilch

Das Ei trennen. Eigelb und Zucker mit dem Schneebesen schlagen, dabei vorsichtig den Whisky hinzufügen. Die Mischung mindestens 1 Stunde ruhen lassen. Eiweiß und Salz vermengen, zu Eischnee schlagen. Unter die Whisky-Ei-Creme ziehen. Zum Schluss die Milch unterrühren. Das Getränk in Irishcoffee-Gläsern oder Weingläsern servieren.
Eggnog lässt sich am einfachsten in größeren Mengen zubereiten.

Pultdach-Haus

Ein modernes Pultdach-Haus mit großen Glasflächen, Verputz und Holzpaneelen – während Sie noch davon träumen, in einem solchen Haus zu wohnen, können Sie es schon einmal als Lebkuchenhaus nachbauen. Es gibt verschiedene Möglichkeiten, den Verputz an Teilen der Fassade hervorzuheben. Wir haben versucht, den frisch gebackenen Teil gleichmäßig mit Puderzucker zu bestäuben und die Fenster rundum so zu bearbeiten, als ob sie Holzrahmen hätten.

Anleitung zum Zusammenbauen

1. Den Grundriss des Hauses auf Backpapier zeichnen und auf ein Tablett oder Schneidebrett legen, auf dem das Haus mit der Treppe Platz hat. Das Tablett/Brett mit allen Teilen in die Nähe der Pfanne mit dem geschmolzenen Zucker stellen, damit die Teile nach dem Eintauchen der Klebeflächen in den Zucker schnell zusammengefügt werden können.
2. Den Zucker in der Pfanne schmelzen. Ständig rühren, damit er nicht anbrennt.
3. Gelatineblätter innen vor alle Fensterscheiben, an die Wände und die Tür anbringen. Mit kleinen Zuckerpunkten über und unter den Öffnungen fixieren.
4. Die MITTELWAND mit den HOHEN GIEBELN und der RÜCKSEITE zusammenkleben. Vorher die Kanten glätten.
5. Die NIEDEREN GIEBEL an die MITTELWAND und danach an die Giebel der EINGANGSSEITE kleben. Vorher die Kanten glätten.
6. An der EINGANGSSEITE die TREPPE, das VORDACH und die TÜR anbringen.
7. Die Aussparung in der oberen rechten Ecke des NIEDRIGEREN DACHES glätten. Das DACH auflegen.
8. Die Aussparung für den Schornstein auf dem HÖHEREN DACH glätten. Das DACH auflegen.
9. Die Längs- und Unterkanten der SCHORNSTEINTEILE glätten. Zusammenkleben und den SCHORNSTEIN auf dem Dach befestigen.
10. Das Haus fertig dekorieren.

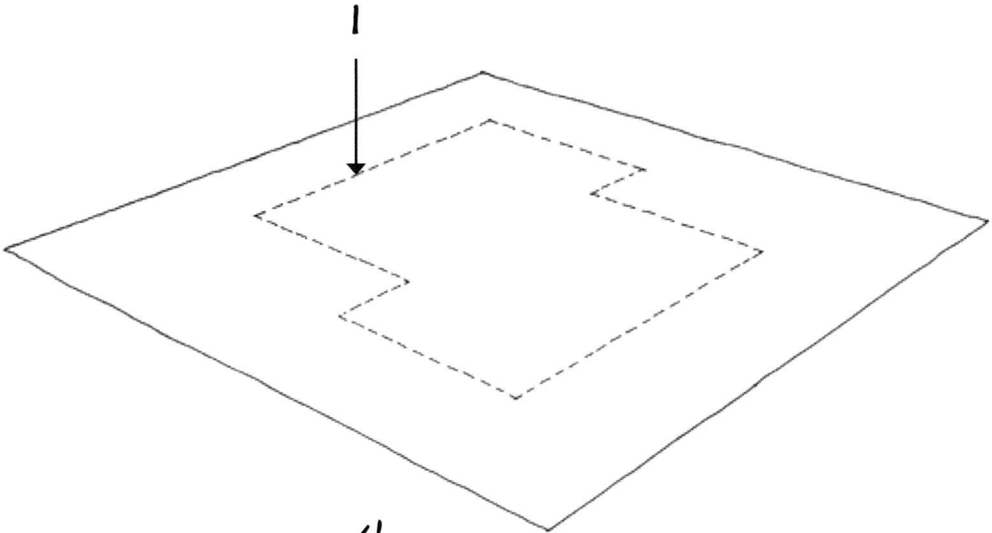
1

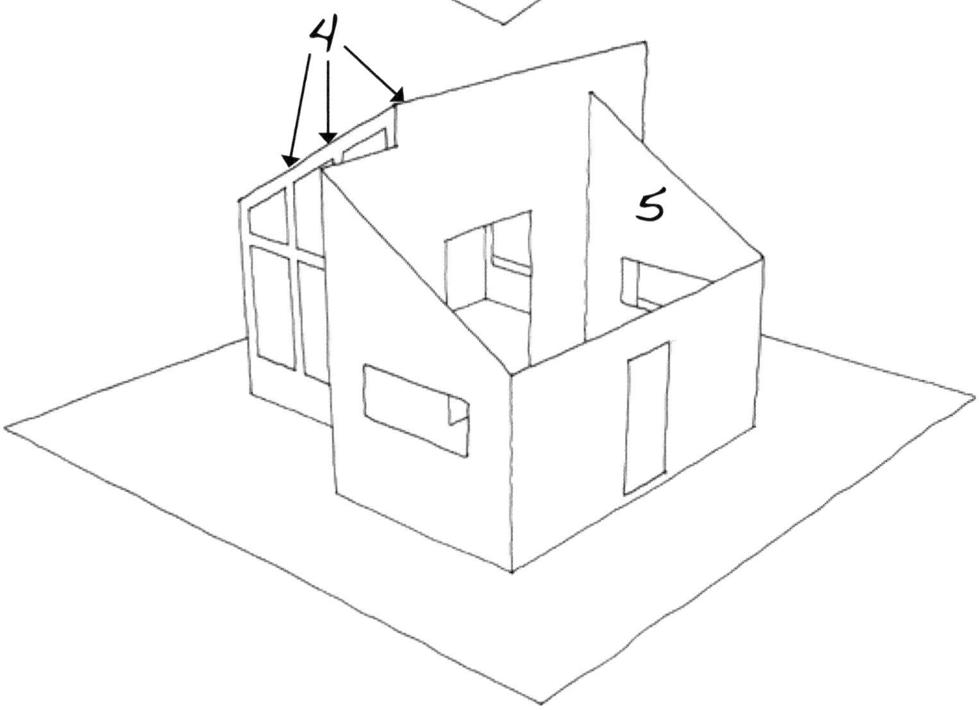
4
5

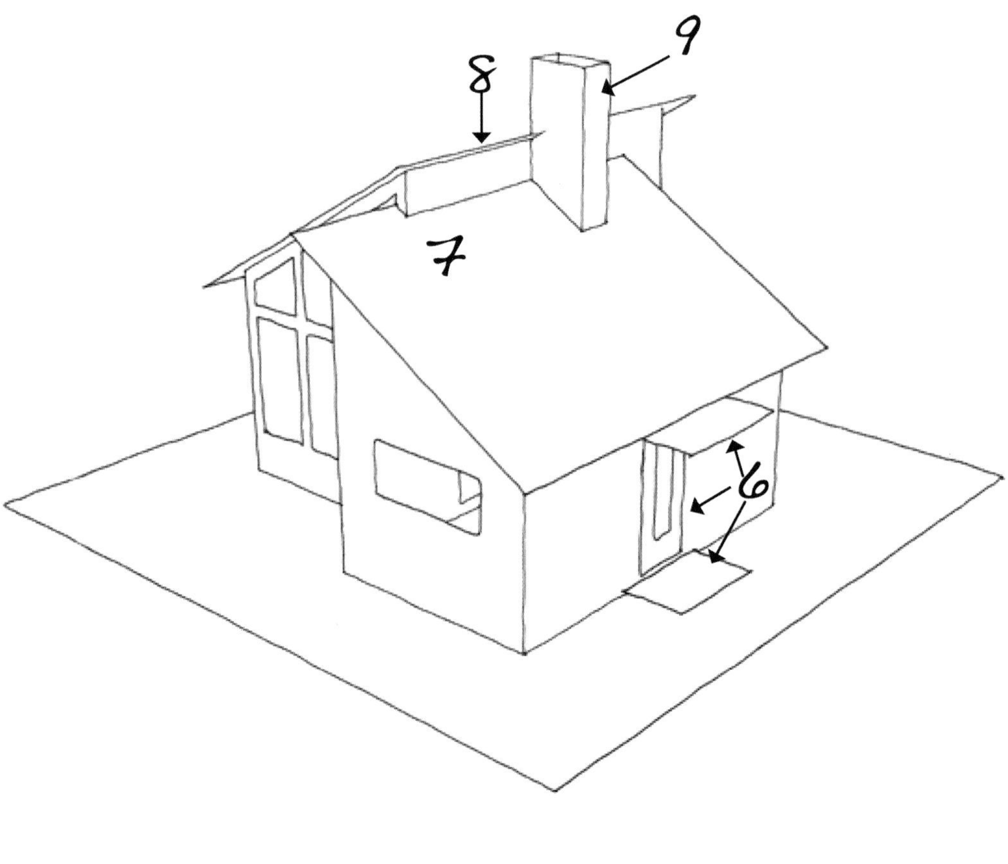
8
9
7
6

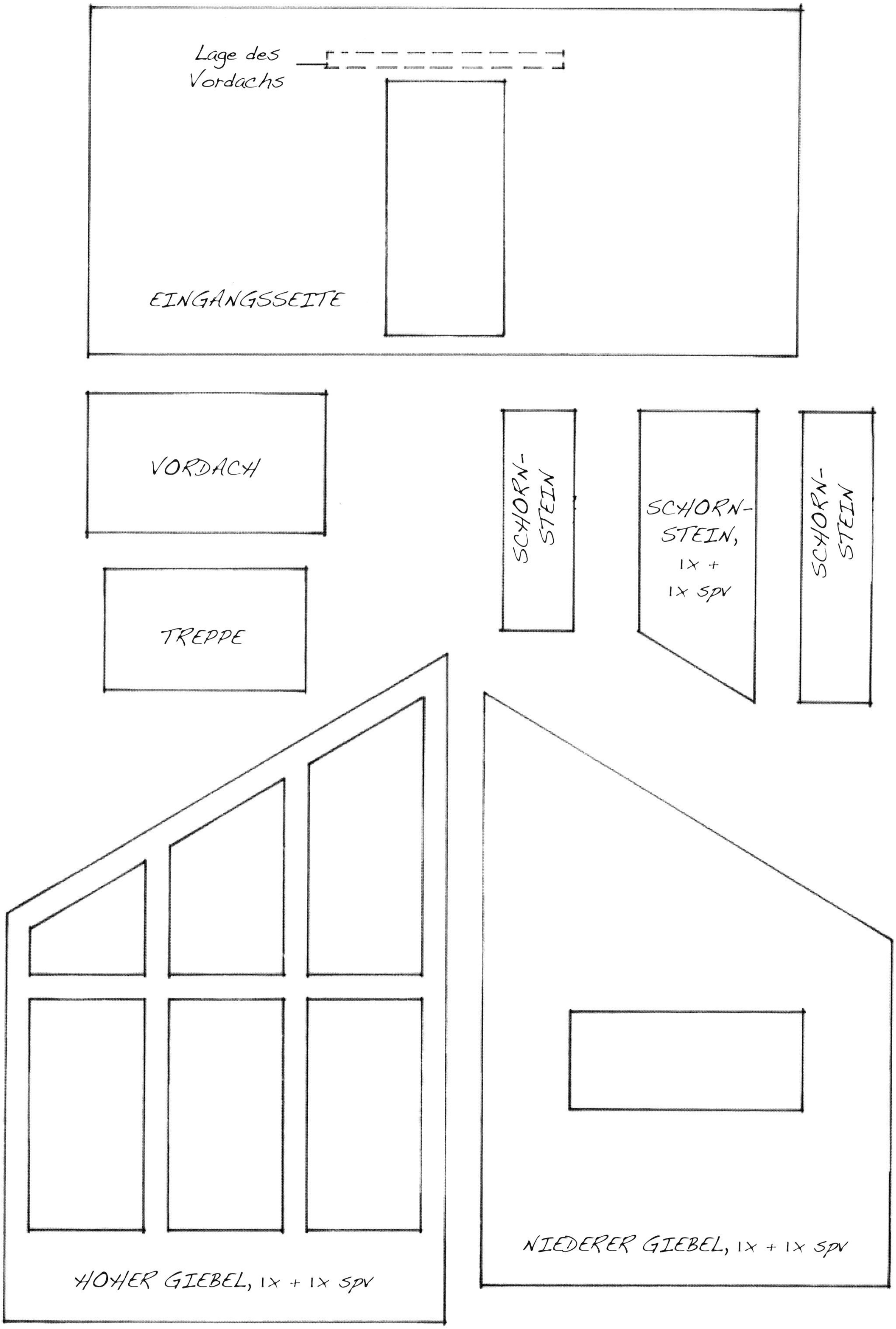
Lage des Vordachs
EINGANGSSEITE
VORDACH
TREPPE
SCHORN-STEIN
SCHORN-STEIN, 1x + 1x spv
SCHORN-STEIN
HOHER GIEBEL, 1x + 1x spv
NIEDERER GIEBEL, 1x + 1x spv

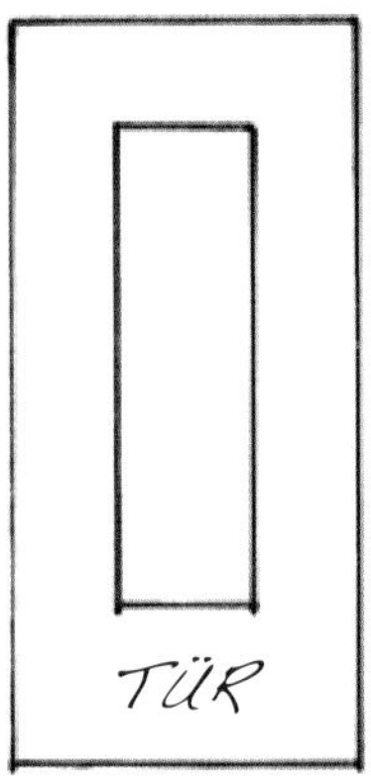
TÜR

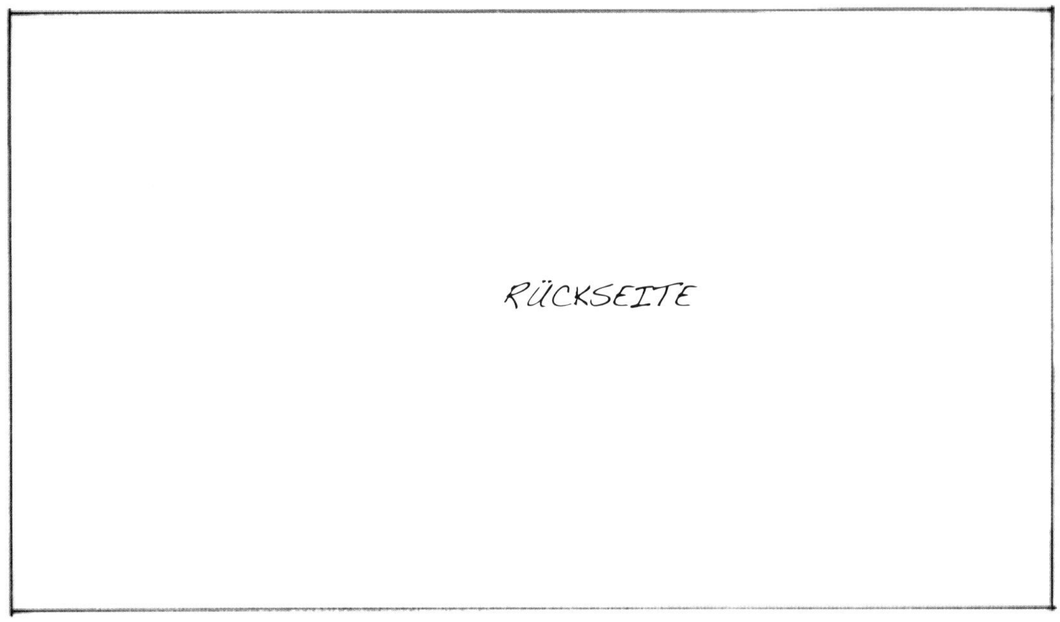
RÜCKSEITE

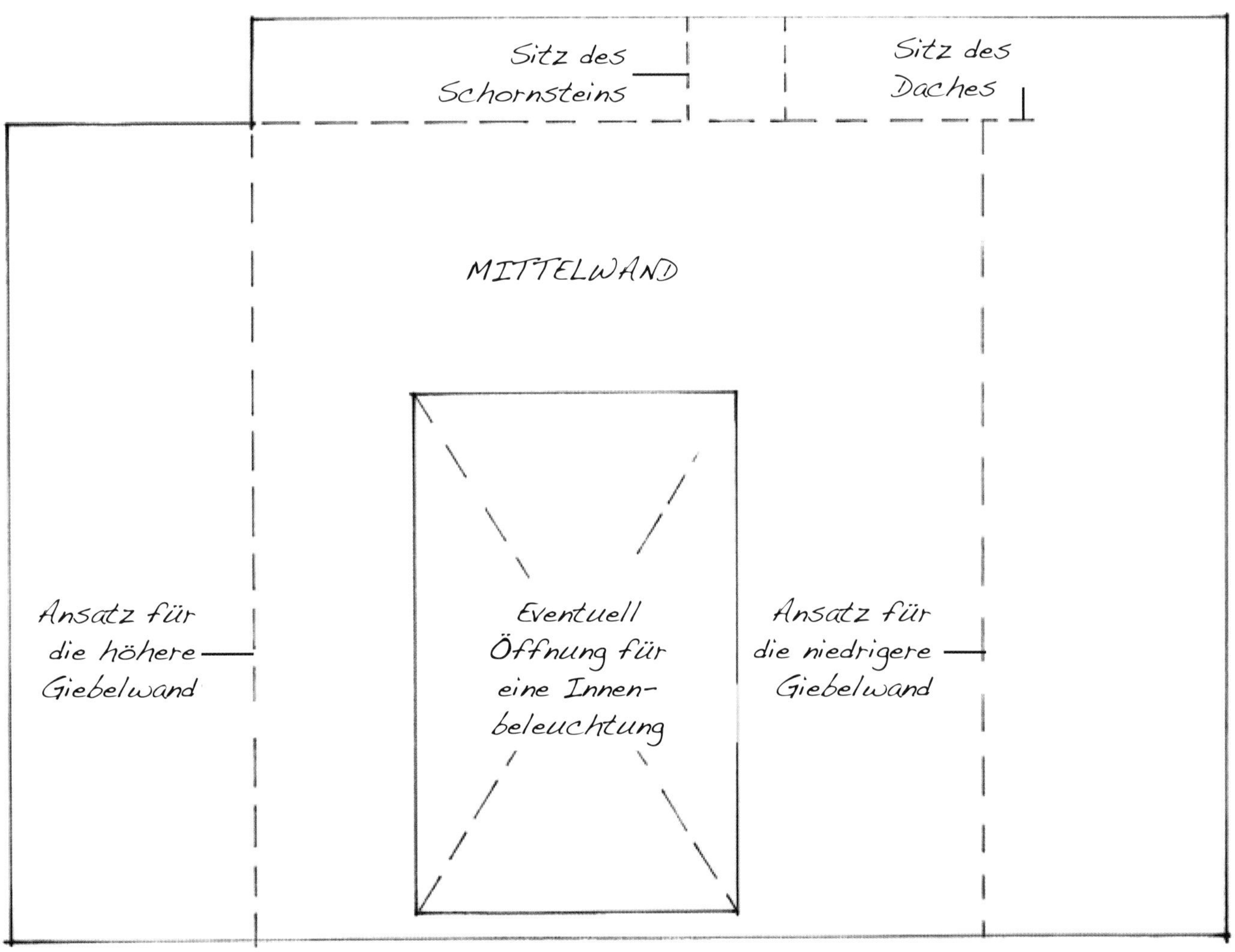
Sitz des
Schornsteins
Sitz des
Daches
MITTELWAND
Ansatz für
die höhere
Giebelwand
Eventuell
Öffnung für
eine Innen-
beleuchtung
Ansatz für
die niedrigere
Giebelwand

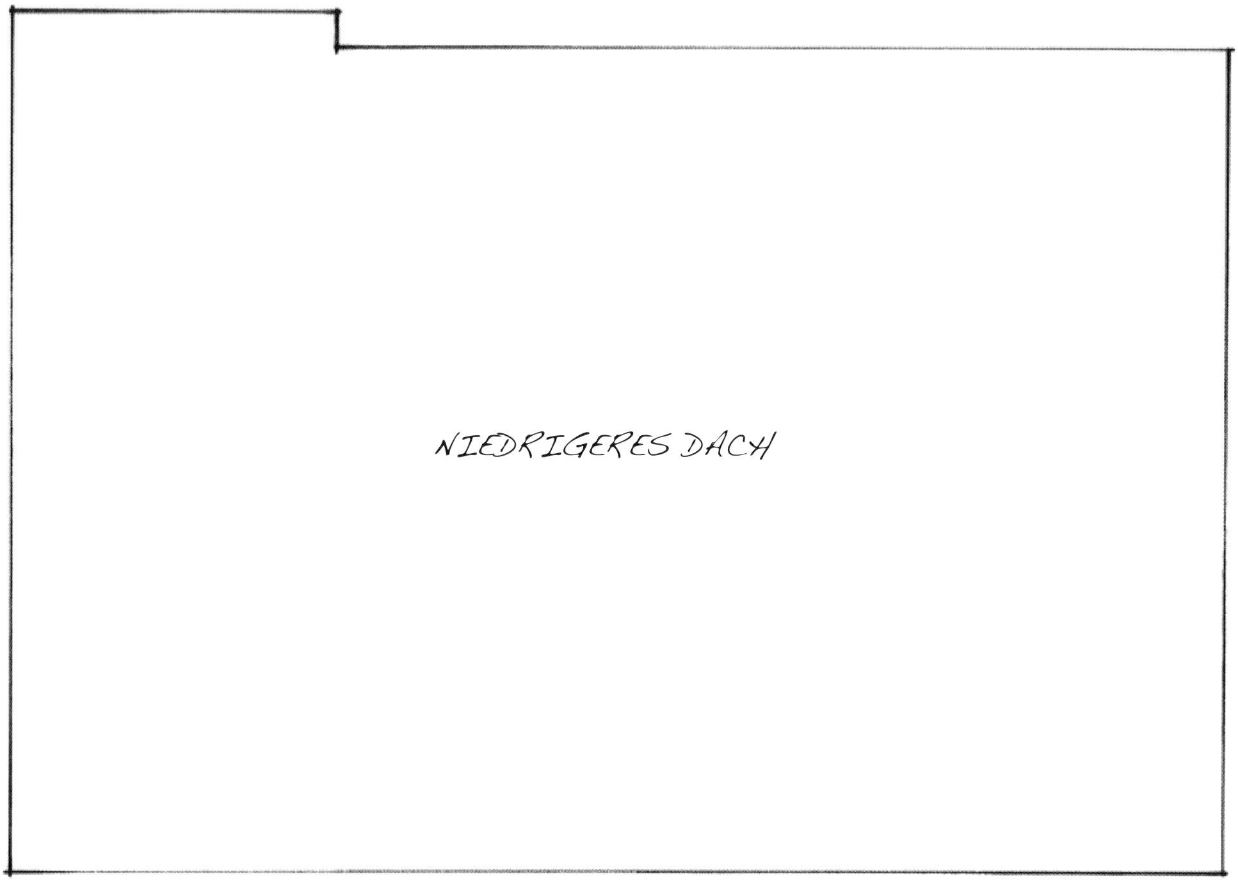
NIEDRIGERES DACH

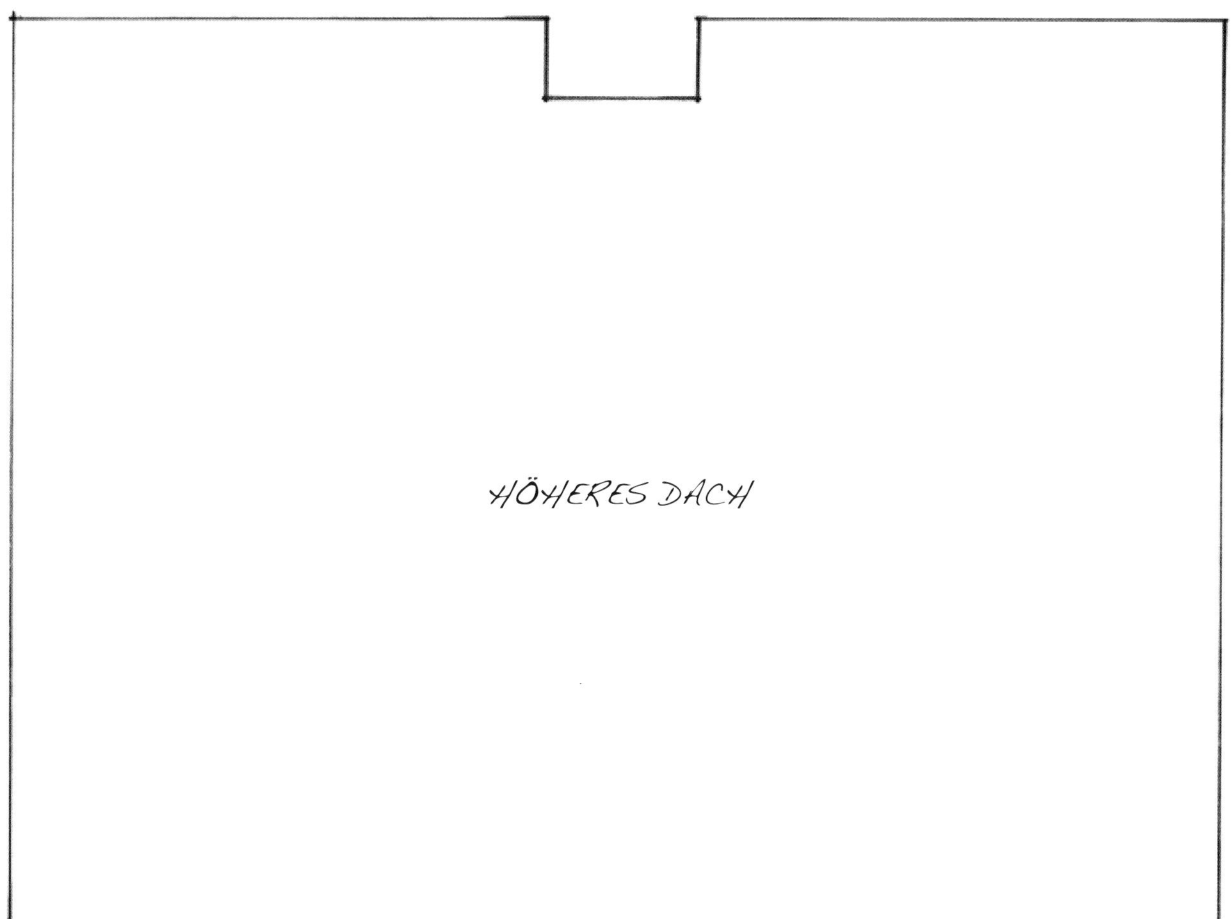
HÖHERES DACH

2000

Diese Kathedrale ist ein weiteres Fantasiegebilde von Alexander Brunius. Erste Ideen zu diesem prachtvollen Bau fand er in einem Nachschlagewerk. Die Vorlagen stammen zwar von Alexander Brunius, gebacken wurde die Kathedrale aber von seiner Mutter. Hierfür verwendete sie ein Koordinatensystem, das ihr Sohn entwickelt hatte. Allein das Dach besteht aus 80 Einzelteilen, und für die Verzierung wurden zehn Dosen grüne Zuckerstreusel benötigt.

Kapitänshaus

An Schwedens Küsten stehen viele schöne Kapitänshäuser aus unterschiedlichen Epochen. Diese Häuser dienten Schiffskapitänen als Wohnsitz. Im Gegensatz zu den Fischerhäuschen waren sie deshalb viel stattlicher. Oft standen sie auf malerischen Felsgrundstücken am Meer. Diese Häuser waren meist zweigeschossig, besaßen Balkone und waren mit Holzschnitzereien ausgestattet, denn sie sollten Repräsentationszwecken dienen und Platz für große Feste bieten.
Wir wünschen Ihnen nun viel Spaß mit Ihrem Kapitänshaus!

Anleitung zum Zusammenbauen

1. Backpapier auf ein Tablett oder Schneidebrett legen, auf dem das Haus mit der Treppe Platz hat. Alle benötigten Teile darauf anordnen. Das Tablett/Brett in die Nähe der Pfanne mit dem geschmolzenen Zucker stellen, damit die Teile nach dem Eintauchen der Klebeflächen in den Zucker schnell zusammengefügt werden können.
2. Den Zucker in einer Pfanne schmelzen. Ständig rühren, damit er nicht anbrennt.
3. Wenn die Fenster bei einer Beleuchtung von innen stärker glänzen sollen, kann man Gelatineblätter an der Innenseite anbringen. Eigentlich ist es aber nicht nötig, die kleinen Fenster wirken auch so.
4. Dekorieren Sie die Teile, wenn alle flach ausliegen; warten Sie noch mit dem Verzieren der Teile, bei denen die Glasur beim Zusammensetzen brechen könnte.
5. Die Kanten aller Hauswände glätten und die Wände rechtwinklig zueinander zusammensetzen. Offene TÜREN können zum Schluss befestigt werden.
6. Die drei Wände der VERANDA zusammenbauen und den BALKONBODEN auflegen.
7. Das GELÄNDER darauf anbringen. Wem es zu mühsam ist, alle Öffnungen im GELÄNDER auszuschneiden, malt die Latten nur mit Glasur auf.
8. Die Firstkanten der großen DACHTEILE glätten. DÄCHER auflegen. Beim Befestigen müssen die Teile eventuell etwas gestützt werden, bis alles getrocknet ist.
9. Die Kanten der SEITEN-FRONTISPIZ glätten und einpassen. Die Teile dürfen nicht zu hoch sitzen.
10. Das DACH-FRONTISPIZ anbringen. Es sollte dicht mit den darunterliegenden Teilen abschließen.
11. Den SCHORNSTEIN zusammenkleben und auf der Dachmitte anbringen.
12. Die TREPPENSTUFEN zusammensetzen. Je nach Dicke der Stufen mehr oder weniger „Kleber" verwenden. Die letzte Stufe sollte direkt unter der Eingangstür enden.
13. Die KONSOLEN für das VORDACH an jeder Seite der TÜR anbringen.
14. Nun die offen stehenden TÜREN befestigen. Sie brauchen keine Öffnungen für die Scheiben. Es reicht, die Türspiegel mit Glasur zu dekorieren. Geschlossene TÜREN können mit einem Weihnachtskranz verziert werden.
15. Das VORDACH festkleben.
16. Das Haus fertig dekorieren. Mit einer Lampe darin und ein paar Kieselsteinen darum herum können Sie nun von der Küste träumen.

(Siehe auch das Bild auf dem Buchumschlag)

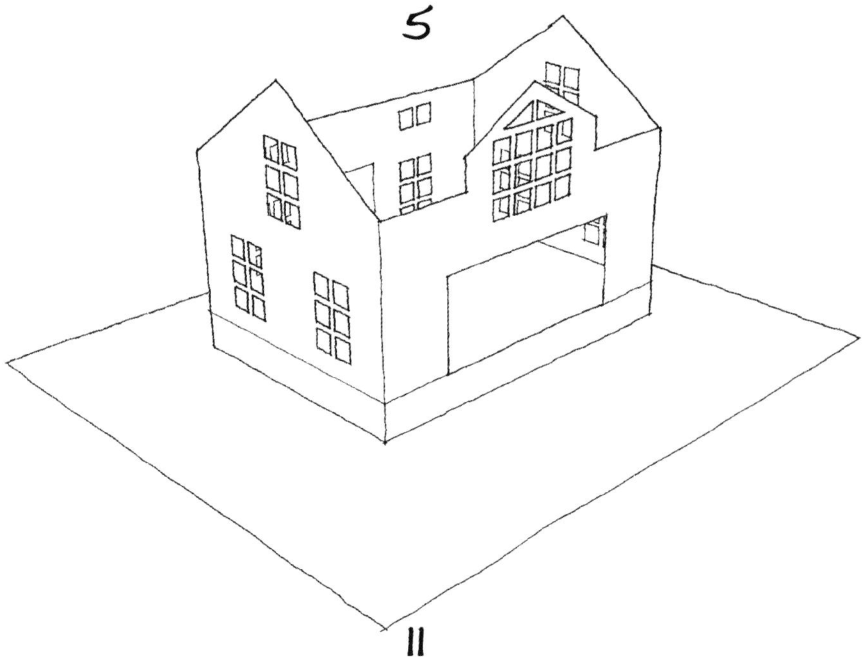
5

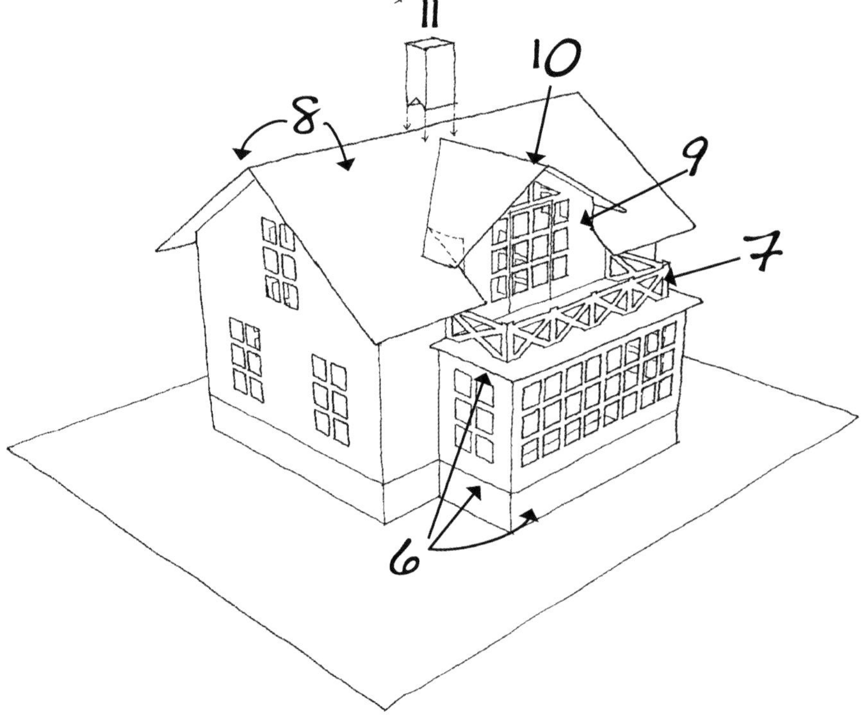
11
10
8
9
7
6

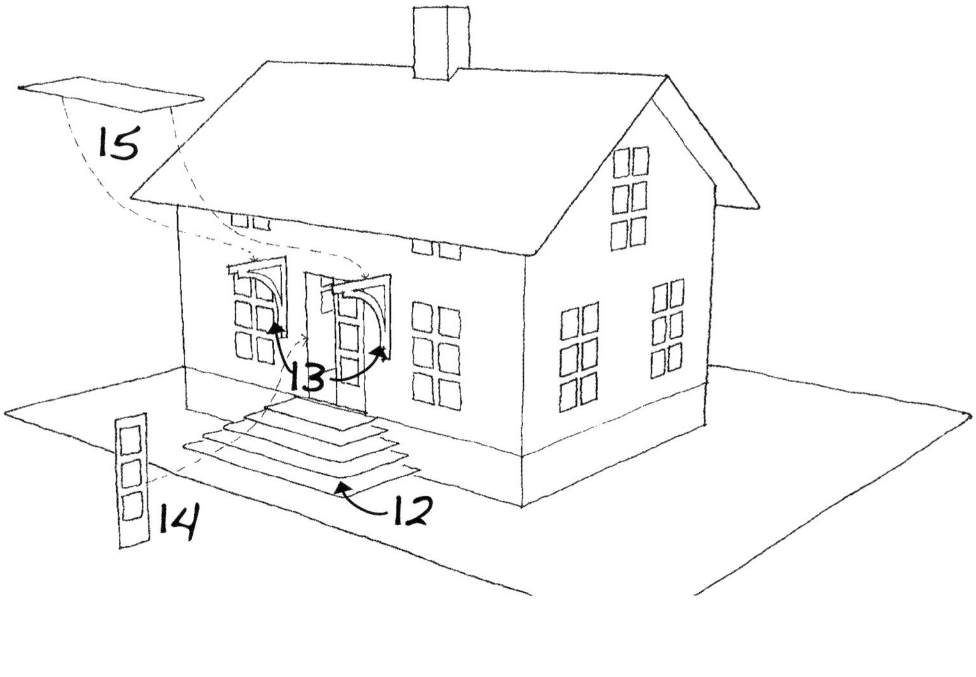
15
13
12
14

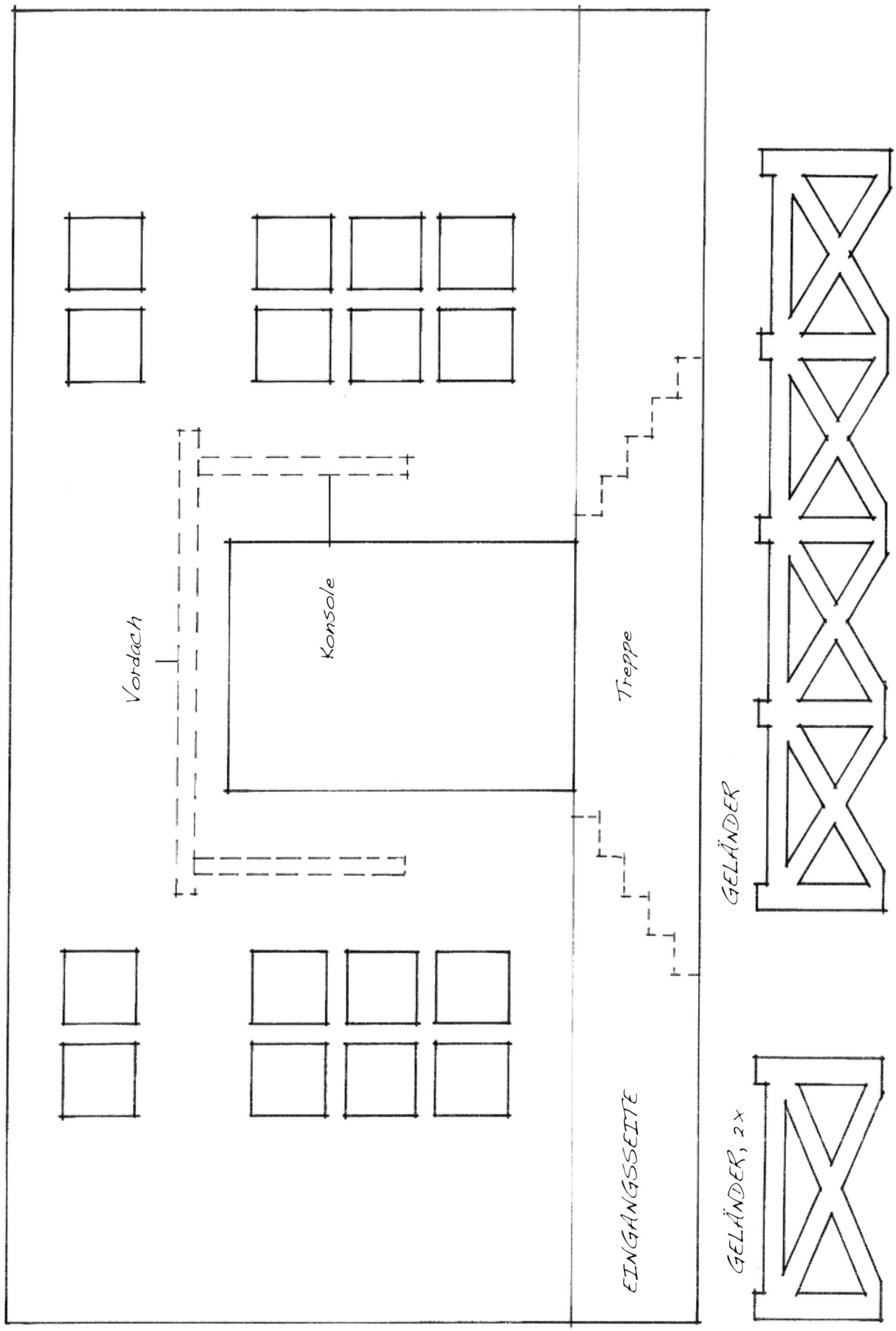
Vordach
Konsole
Treppe
GELÄNDER
EINGANGSSEITE
GELÄNDER, 2x

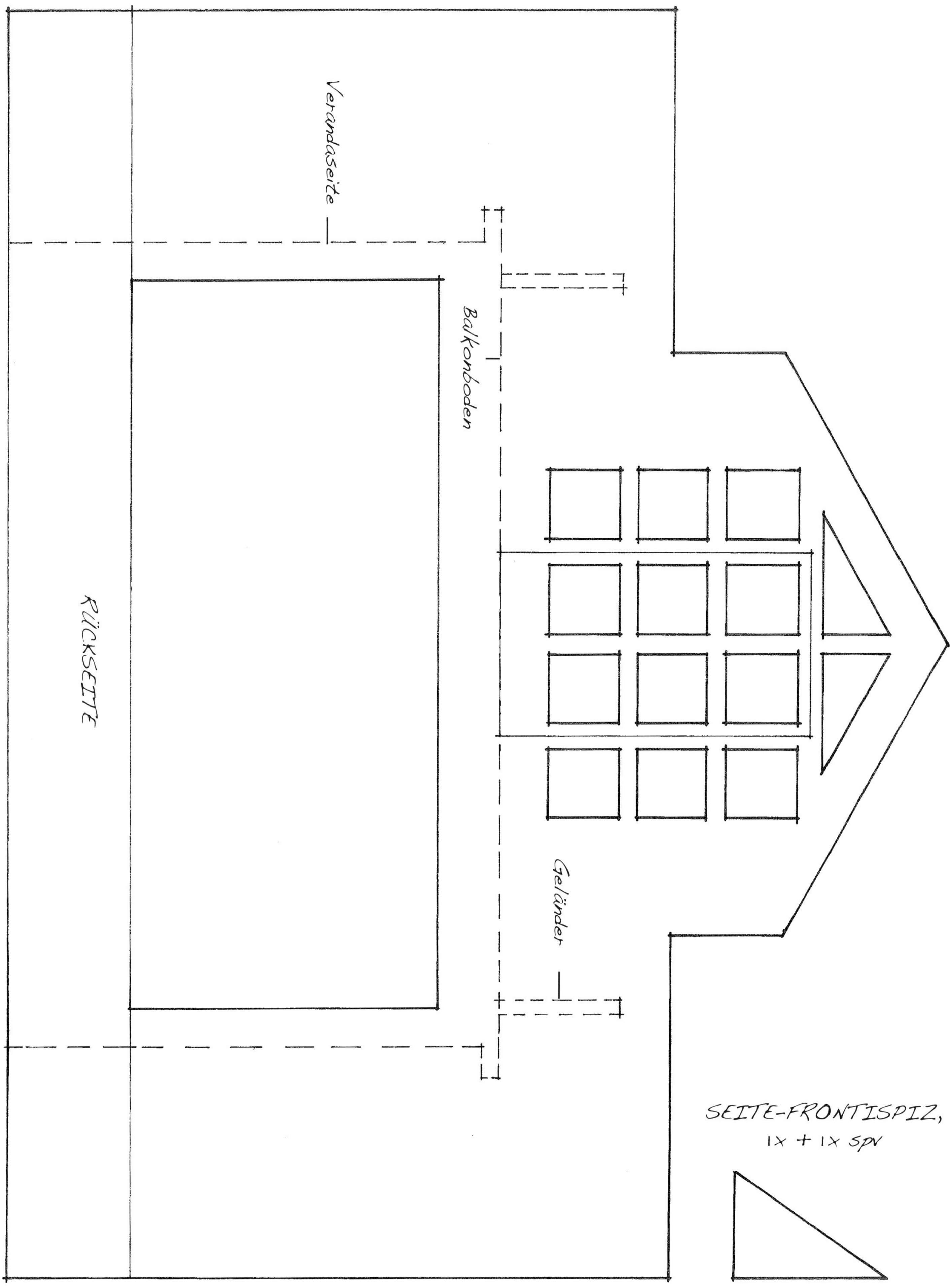
Verandaseite
Balkonboden
Geländer
RÜCKSEITE
SEITE-FRONTISPIZ,
1x + 1x spv

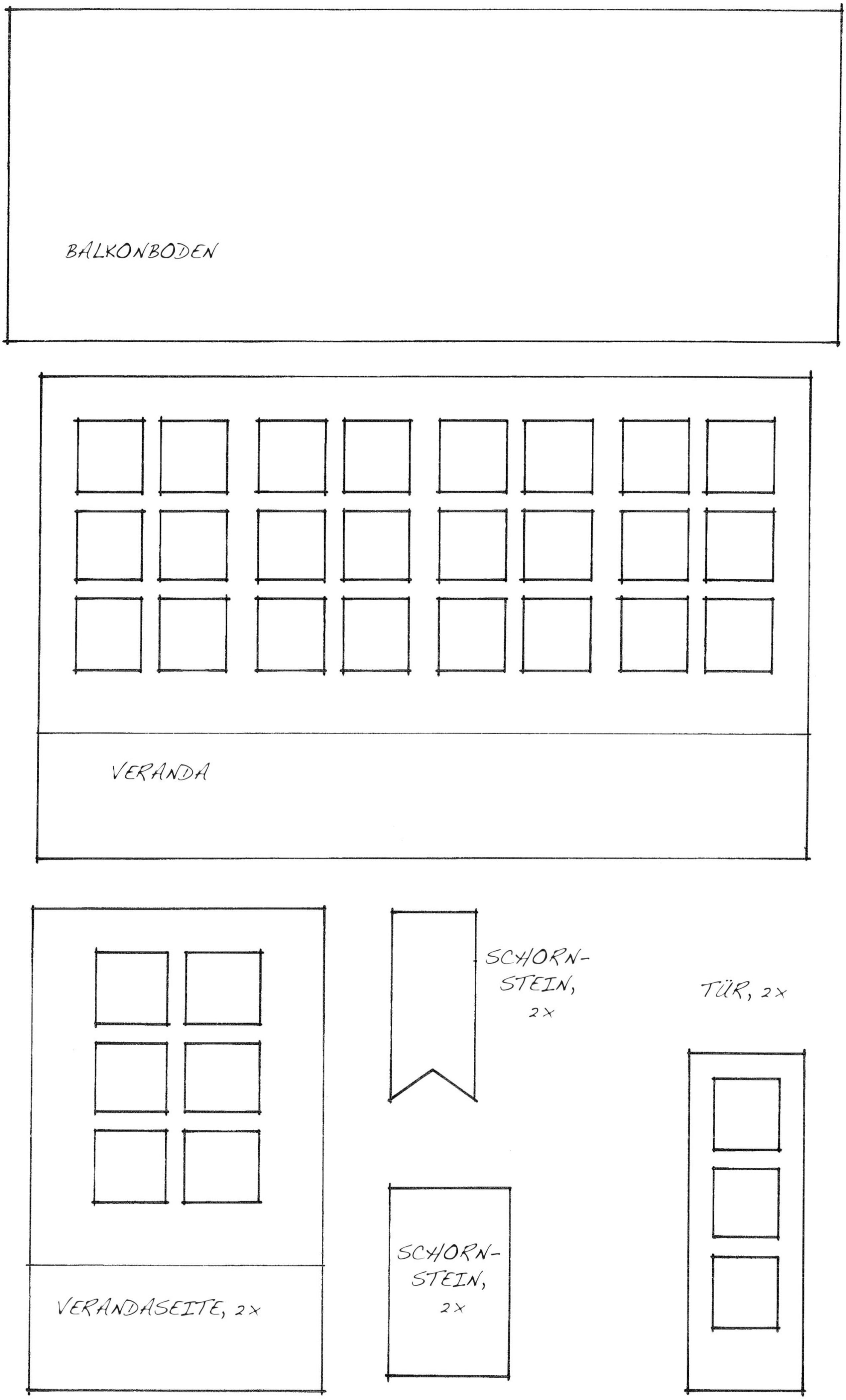
BALKONBODEN
VERANDA
SCHORN-
STEIN,
2x
TÜR, 2x
SCHORN-
STEIN,
2x
VERANDASEITE, 2x

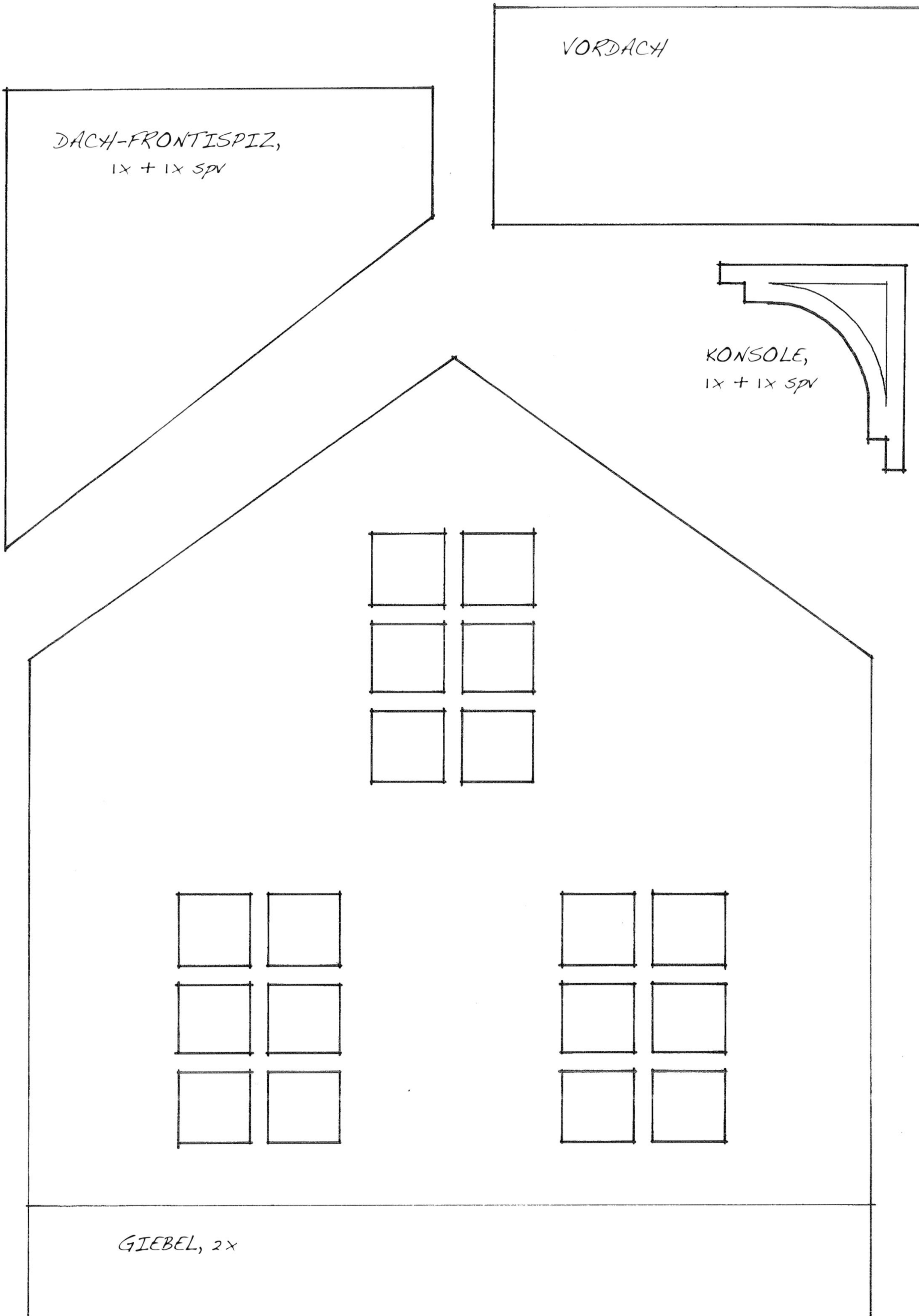
VORDACH
DACH-FRONTISPIZ,
1x + 1x spv
KONSOLE,
1x + 1x spv
GIEBEL, 2x

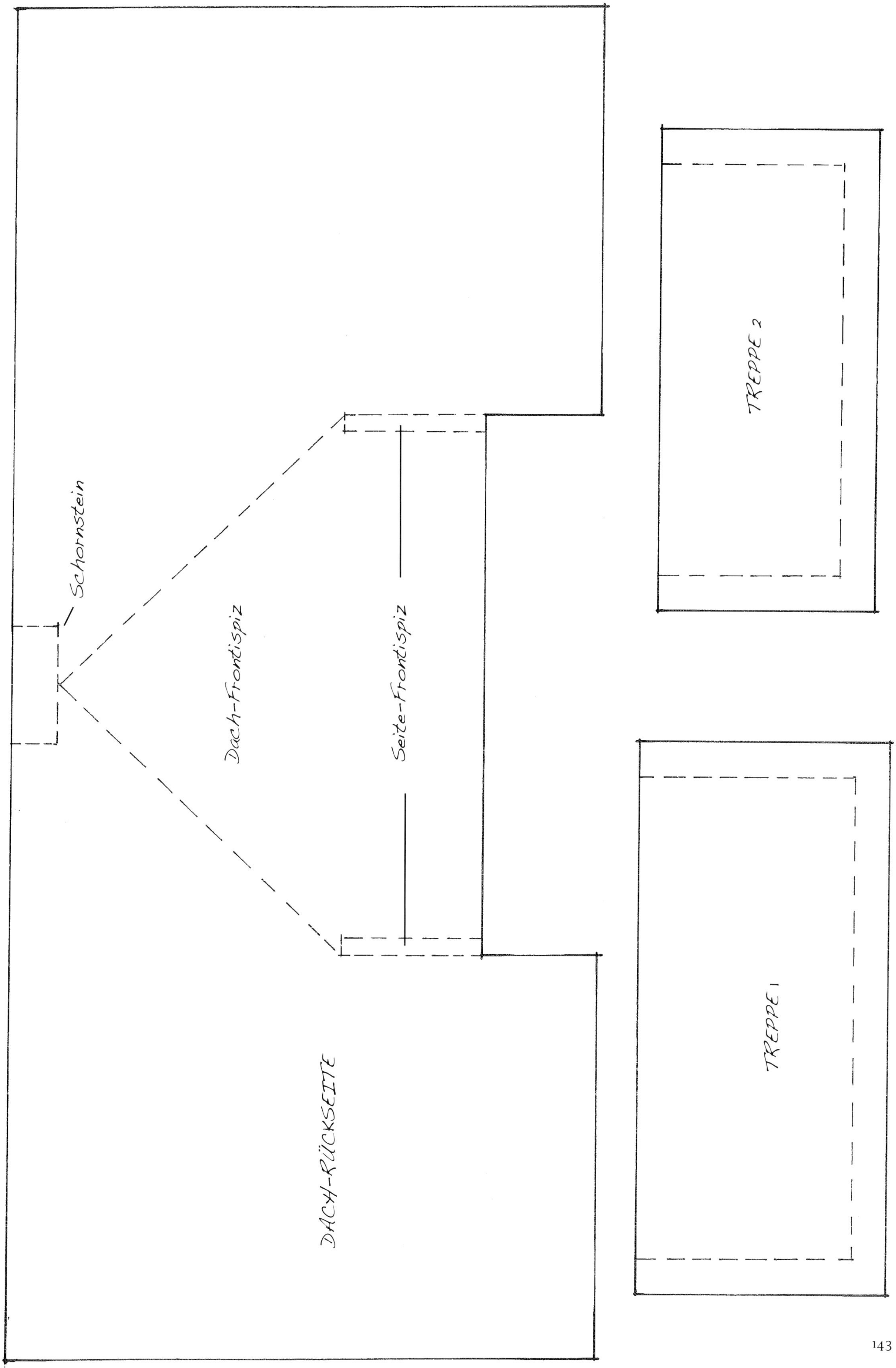
Schornstein
Dach-Frontispiz
Seite-Frontispiz
DACH-RÜCKSEITE
TREPPE 2
TREPPE 1

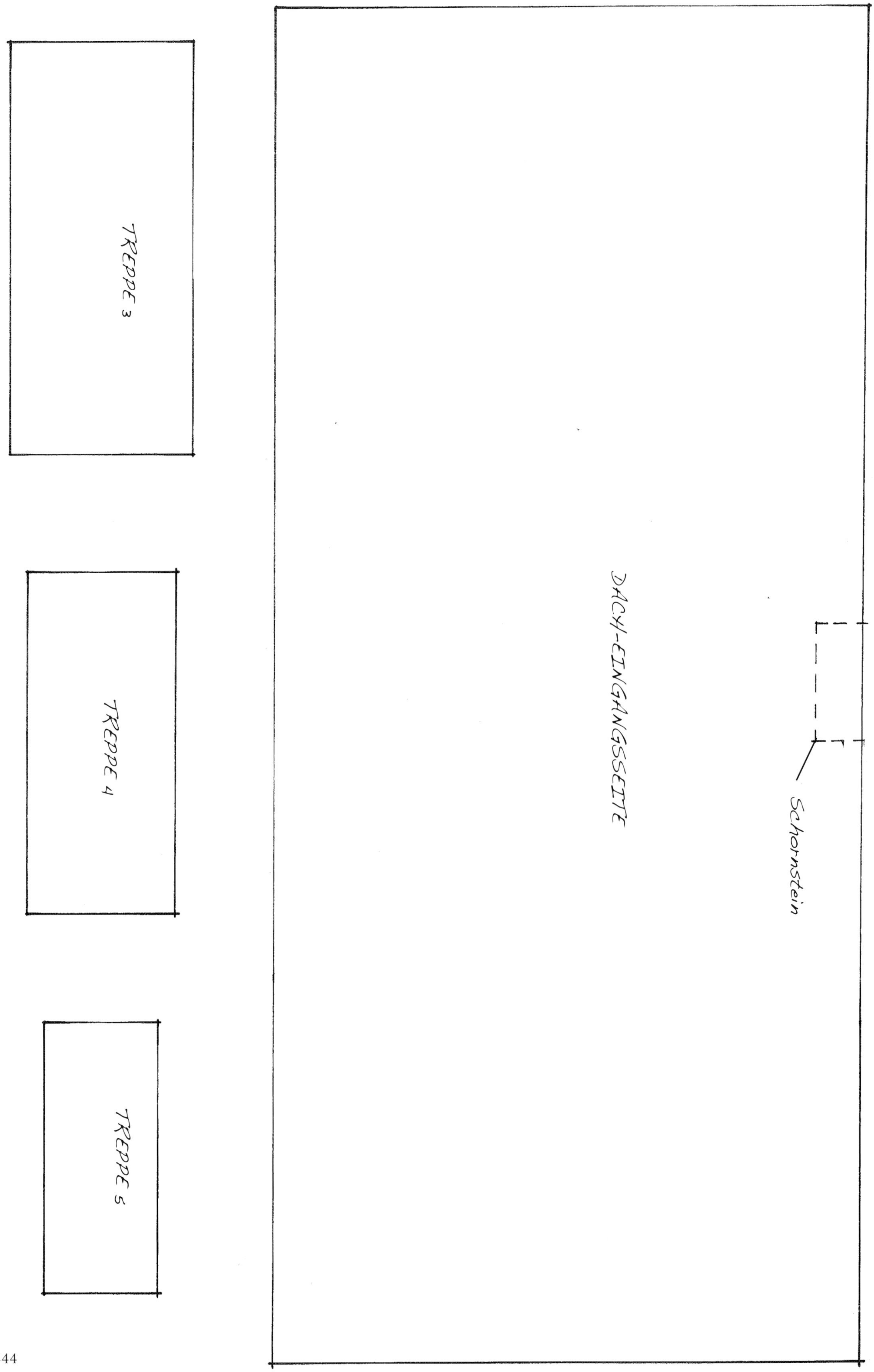
TREPPE 3
TREPPE 4
TREPPE 5
DACH-EINGANGSSEITE
Schornstein

Das Vielliebchen-Spiel

Dieses beliebte Weihnachtsspiel gibt es in vielen Ländern Europas. In Schweden kennt man es bereits seit dem 19. Jahrhundert.

Findet man zwei Nusskerne in einer Schale, sogenannte Zwillingsnüsse, isst man die eine und gibt die andere der Person, mit der man Vielliebchen spielen möchte. Wenn man sich das nächste Mal trifft (frühestens jedoch am nächsten Tag), muss man so schnell wie möglich „Vielliebchen" sagen. Derjenige, der es zuerst schafft, hat das Spiel gewonnen. Man kann vorher auch vereinbaren, was der Verlierer machen muss, oder was der Gewinner im Gegenzug erhält.

Schlitten mit Rentieren

Rudolf und seine Freunde warten nur darauf, den mit Süßigkeiten voll beladenen Schlitten ziehen zu dürfen. Auf einem ovalen Spiegel oder dem Fensterbrett stehend, ist der Schlitten eine lustige Variante des üblichen Lebkuchenhauses. Außerdem ist es praktisch, weil der Schlitten als Süßigkeitenschale verwendet werden kann. Ist sie leer gegessen, kommen der Schlitten und die Rentiere dran. Als Zügel eignen sich beispielsweise Fruchtgummischnüre.
„Rudolf the red-nosed reindeer – trala la la la la laaa ..."

Anleitung zum Zusammenbauen
SCHLITTEN

1. Die Kufen etwas dicker formen und darauf achten, dass sie gut durchgebacken sind. So wird es einfacher, einen stabilen Schlitten zu bauen.
2. Backpapier auf ein Tablett oder Schneidebrett legen, auf dem der Schlitten und alle Rentiere Platz haben. Alle benötigten Teile darauf anordnen. Das Tablett/Brett in die Nähe der Pfanne mit dem geschmolzenen Zucker stellen, damit die Teile nach dem Eintauchen der Klebeflächen in den Zucker schnell zusammengefügt werden können.
3. Den Zucker in einer Pfanne schmelzen. Ständig rühren, damit er nicht anbrennt.
4. FRONT- und RÜCKSEITE sowie SCHLITTENSEITEN gleichzeitig auf der Bodenplatte befestigen. Lassen Sie sich dabei helfen! Montieren Sie zuerst die FRONT- und RÜCKSEITE auf den Schmalseiten der Bodenplatte – beide Teile sollten leicht nach außen geneigt sein. Kleben Sie die SCHLITTENSEITEN nun möglichst schnell an die anderen Teile.
5. Bringen Sie das KUTSCHBRETT waagrecht über der FRONTSEITE an.
6. Stellen Sie anschließend den Schlitten auf den Kopf, um die KUFEN zu befestigen. Bringen Sie diese etwas von der BODENPLATTE nach innen versetzt an. Drehen Sie den Schlitten wieder um, wenn die Kufen fest sitzen.
7. Zum Schluss das SITZBRETT ungefähr auf der halben Höhe der RÜCKSEITE anbringen.

RENTIERE

1. Sie können frei wählen, wie viele und welche Art Rentiere Sie backen wollen. Kleben Sie sie seitlich zusammen, damit sie stehen können. Dann stellen Sie sie paarweise vor den Schlitten.
2. Das Gespann mit Fruchtgummischnüren verzieren und den Schlitten mit Süßigkeiten füllen.

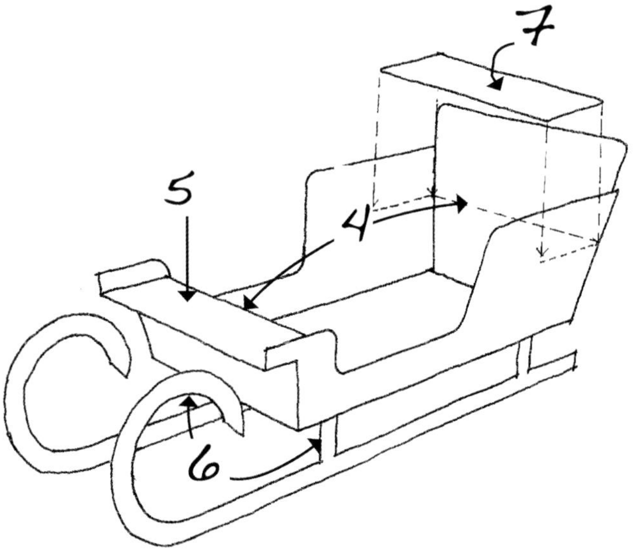

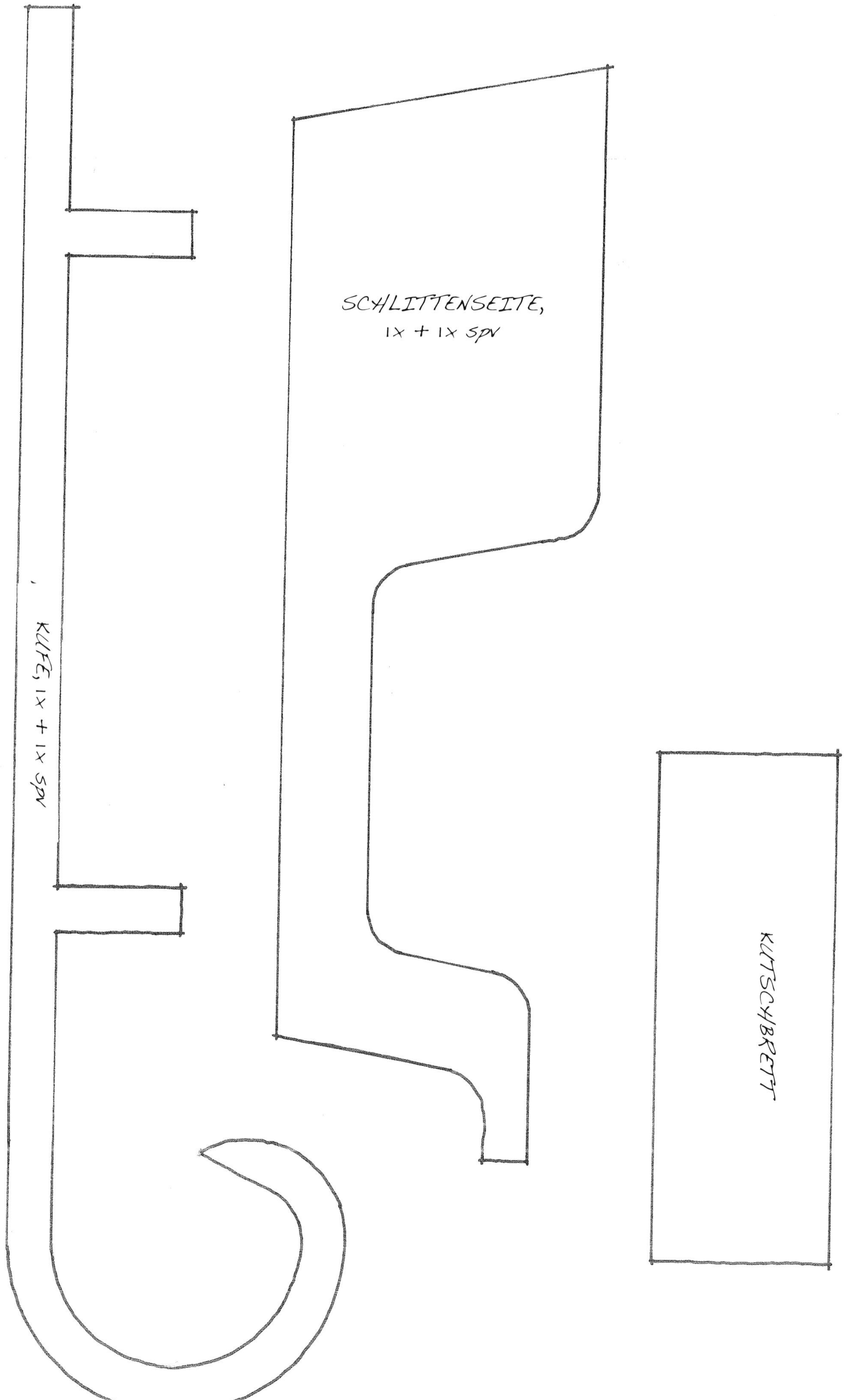
SCHLITTENSEITE,
1x + 1x spv
KUFE, 1x + 1x spv
KUTSCHBRETT

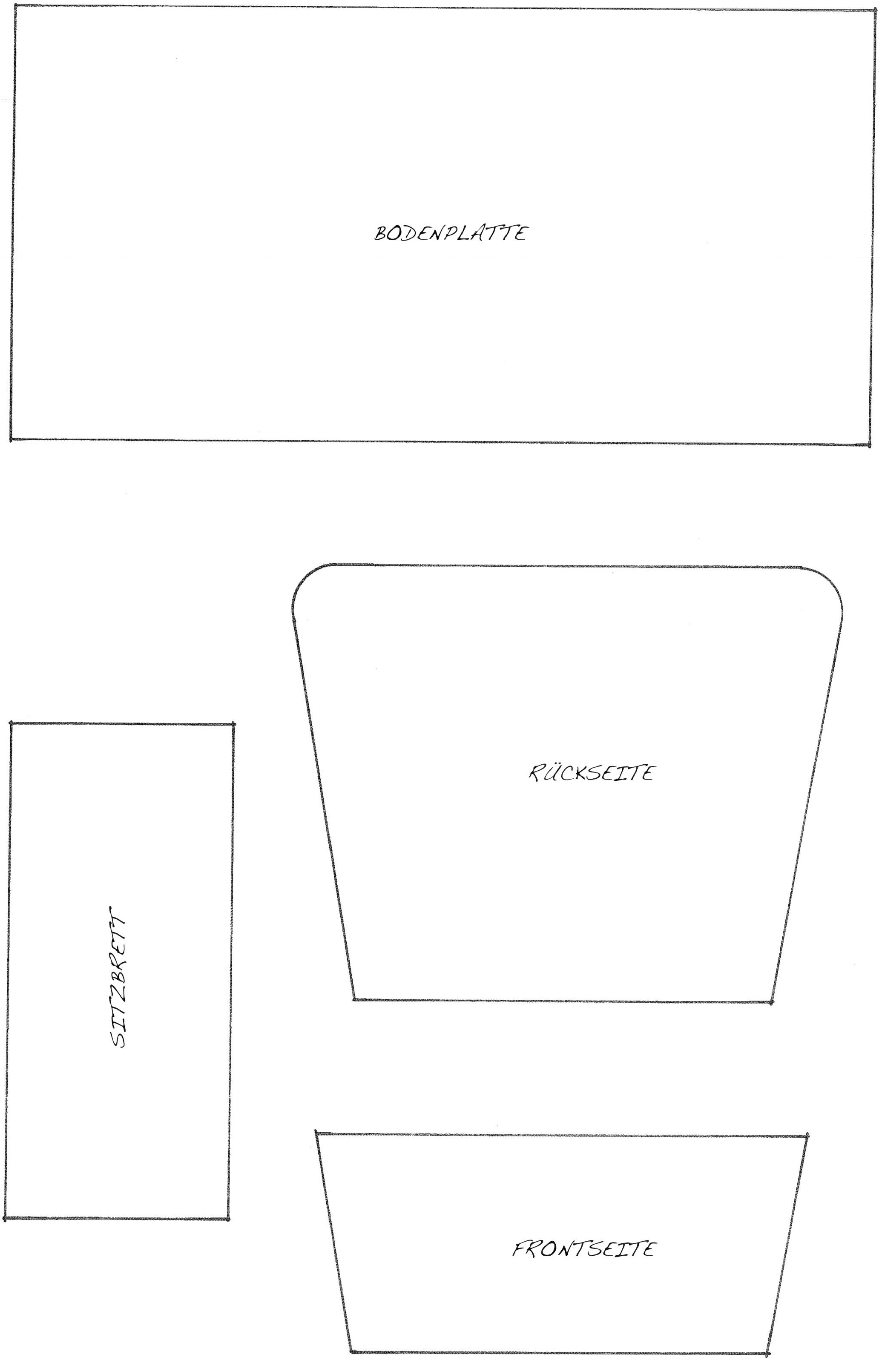
BODENPLATTE
RÜCKSEITE
SITZBRETT
FRONTSEITE

RENTIER A
so viele, wie Sie möchten

RENTIER B
so viele, wie Sie möchten

SEITLICHE VERSTÄRKUNG
eine zu jedem Rentier A und B

Zuckeriglu – die süßeste Leuchte

Es muss nicht immer alles aus Lebkuchenteig sein. Warum nicht einmal eine Leuchte aus Zuckerstücken bauen? Als „Kleber“ dienen dünne Glasurschichten. Weiß funkelnd steht sie da und vergoldet uns Weihnachten. Setzen Sie ein Teelicht hinein oder kleine, batteriebetriebene Lämpchen. Viel Spaß damit!

Windmühle

Sie wurde ca. 600 n. Chr. in Persien erfunden und gehört neben der Wassermühle zu den ersten Maschinen, die nicht mit Muskelkraft betrieben wurden. Windmühlen setzte man aber auch zu anderen Zwecken als nur zum Mahlen ein. Am bekanntesten sind die holländischen Mühlen, die Wasser aus den Poldern pumpten. Normalerweise besteht eine Windmühle aus gemauertem Stein, nur die oberen Teile sowie die Flügel sind aus Holz.

Vorbild für unsere Lebkuchenmühle war die malerische Windmühle aus Harplinge in Halland, Schweden. Bei diesem Bauwerk ist das Einpassen der Flügel am schwierigsten. Seien Sie dabei vorsichtig und prüfen Sie, ob die Flügel fest sitzen, bevor Sie sie loslassen!

Anleitung zum Zusammenbauen

1. Backpapier auf ein Tablett oder Schneidebrett legen, auf dem die ganze Windmühle Platz hat. Alle benötigten Teile darauf anordnen. Das Tablett/Brett in die Nähe der Pfanne mit dem geschmolzenen Zucker stellen, sodass die Teile nach dem Eintauchen der Klebeflächen in den Zucker schnell zusammengefügt werden können.
2. Den Zucker in einer Pfanne schmelzen. Ständig rühren, damit er nicht anbrennt.
3. Dekorieren, wenn alle Teile flach ausliegen. Warten Sie noch mit dem Verzieren der Teile, bei denen die Glasur beim Zusammensetzen brechen könnte.
4. Alle Kanten des STEINFUNDAMENTS glätten und Wände rechtwinklig zusammensetzen. Eines der Fenster mit Glasur als Tür markieren.
5. Die BALKONPLATTE auflegen. Wenn Sie eine Innenbeleuchtung für die Mühle möchten, schneiden Sie vor dem Backen eine Öffnung in die Mitte dieser Platte.
6. Die Kanten an der Schmalseite des GELÄNDERS glätten und das GELÄNDER an der Außenseite der BALKONPLATTE befestigen. Das GELÄNDER sollte leicht nach außen geneigt sein. Die Flächen können mit Glasur verziert werden.
7. Die Längskanten der WÄNDE glätten. Die WÄNDE so anordnen, dass jedes zweite Wandteil Fenster hat.
8. Die OBERE ABDECKPLATTE aufkleben.
9. Die Kanten auf den Schmalseiten des FLÜGELGEHÄUSES glätten und die einzelnen Teile zusammenkleben. Die FLÜGELGEHÄUSE senkrecht zu den WÄNDEN der Mühle auf der OBEREN ABDECKPLATTE befestigen.
10. Die sechs Teile des DACHES übereinander auf das FLÜGELGEHÄUSE legen.
11. Die FLÜGELHALTER aufeinanderkleben und am FLÜGELGEHÄUSE befestigen.
12. Die FLÜGEL rechtwinklig zueinander befestigen und das STABILISIERUNGSTEIL am äußeren FLÜGEL anbringen.
13. Die FLÜGEL an dem FLÜGELHALTER anbringen. Befestigen Sie die FLÜGEL mit etwas Abstand zum Mühlenhaus.
14. Die Windmühle fertig dekorieren, Süßigkeiten auf den Balkon legen und die Mühle als Schmuck auf den Weihnachtstisch stellen.

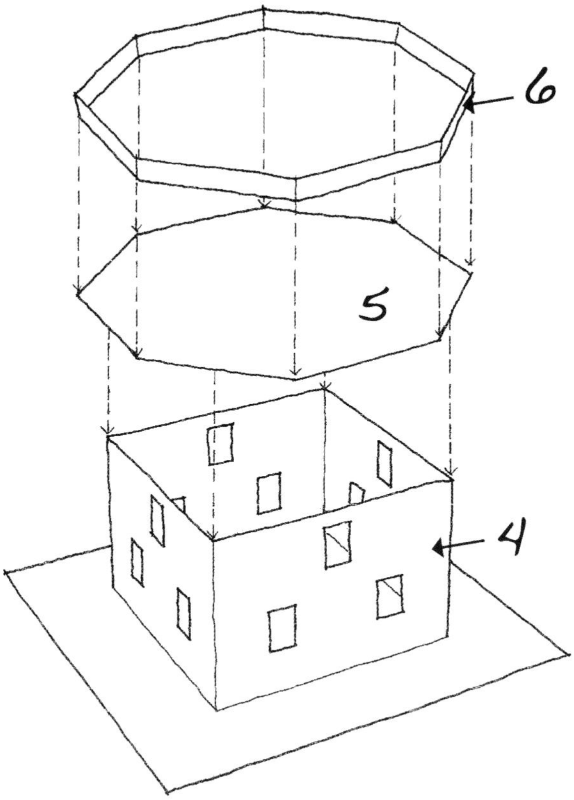
6
5
4

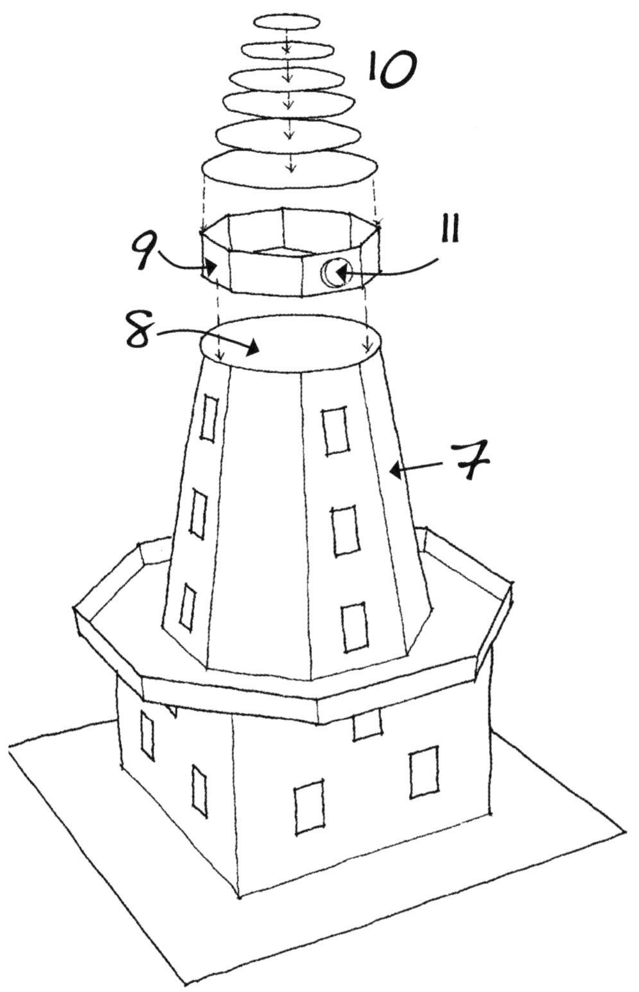
10
9
11
8
7

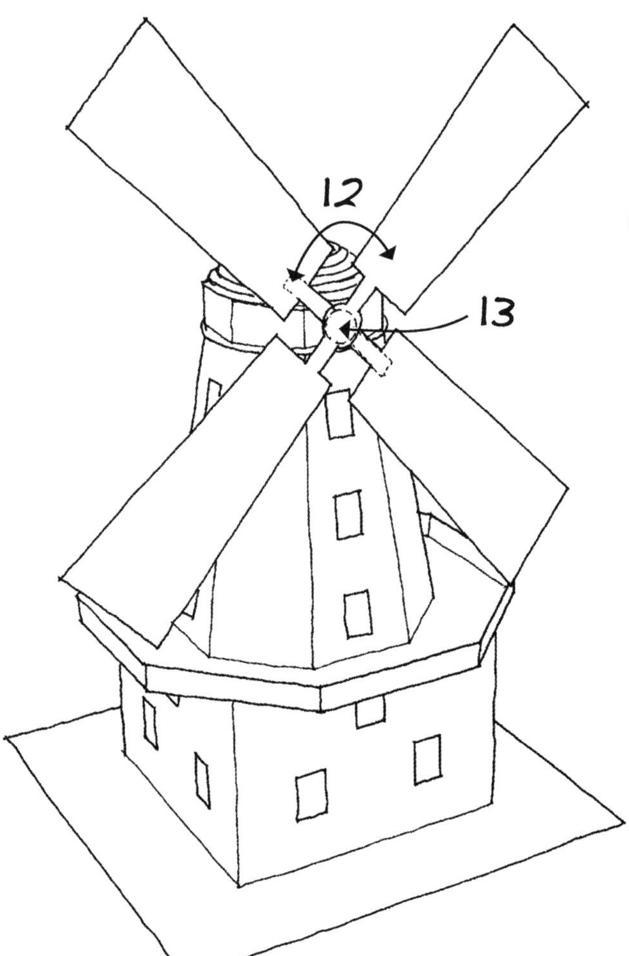
12
13

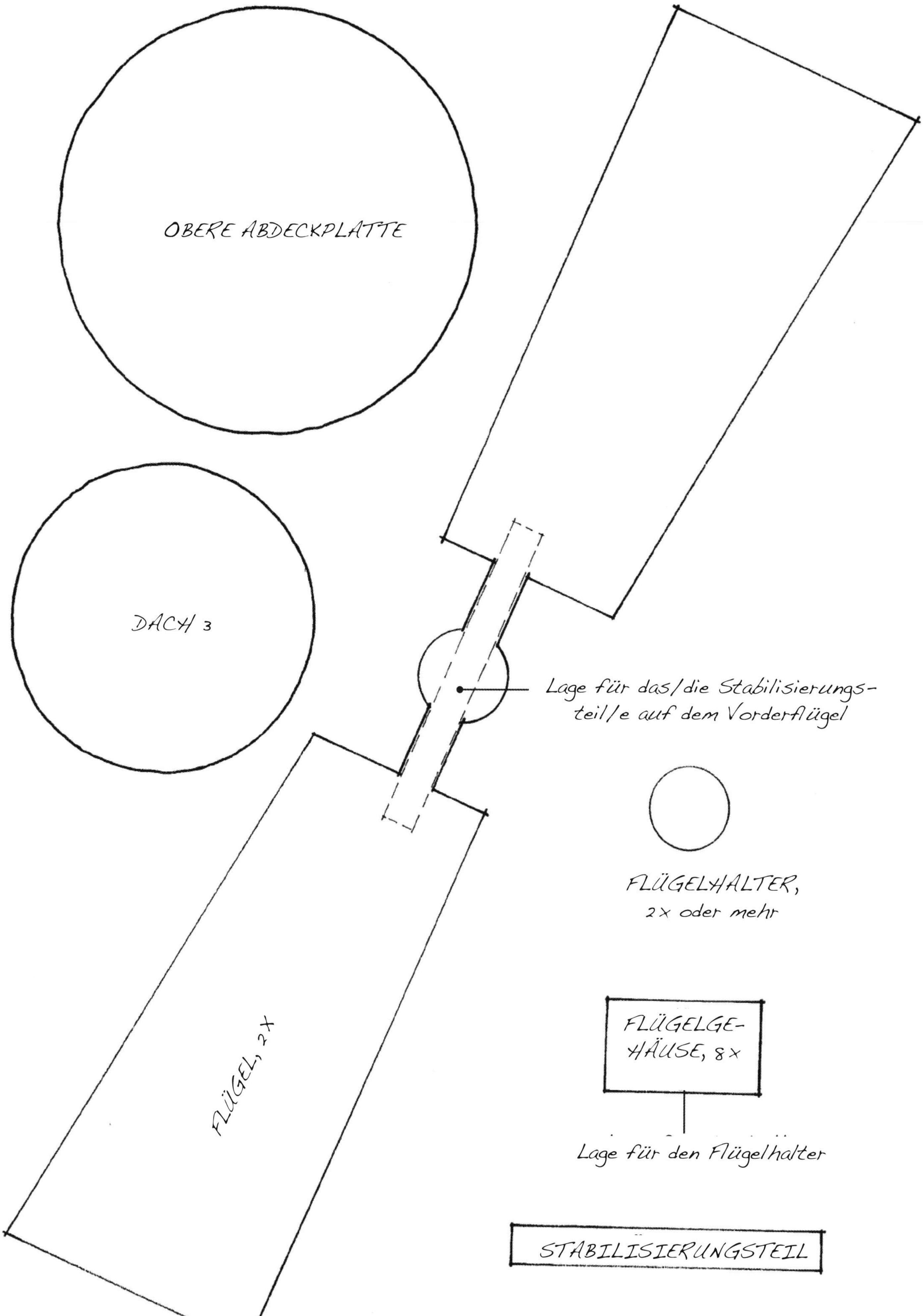
OBERE ABDECKPLATTE
DACH 3
Lage für das/die Stabilisierungsteil/e auf dem Vorderflügel
FLÜGELHALTER, 2x oder mehr
FLÜGEL, 2X
FLÜGELGEHÄUSE, 8x
Lage für den Flügelhalter
STABILISIERUNGSTEIL

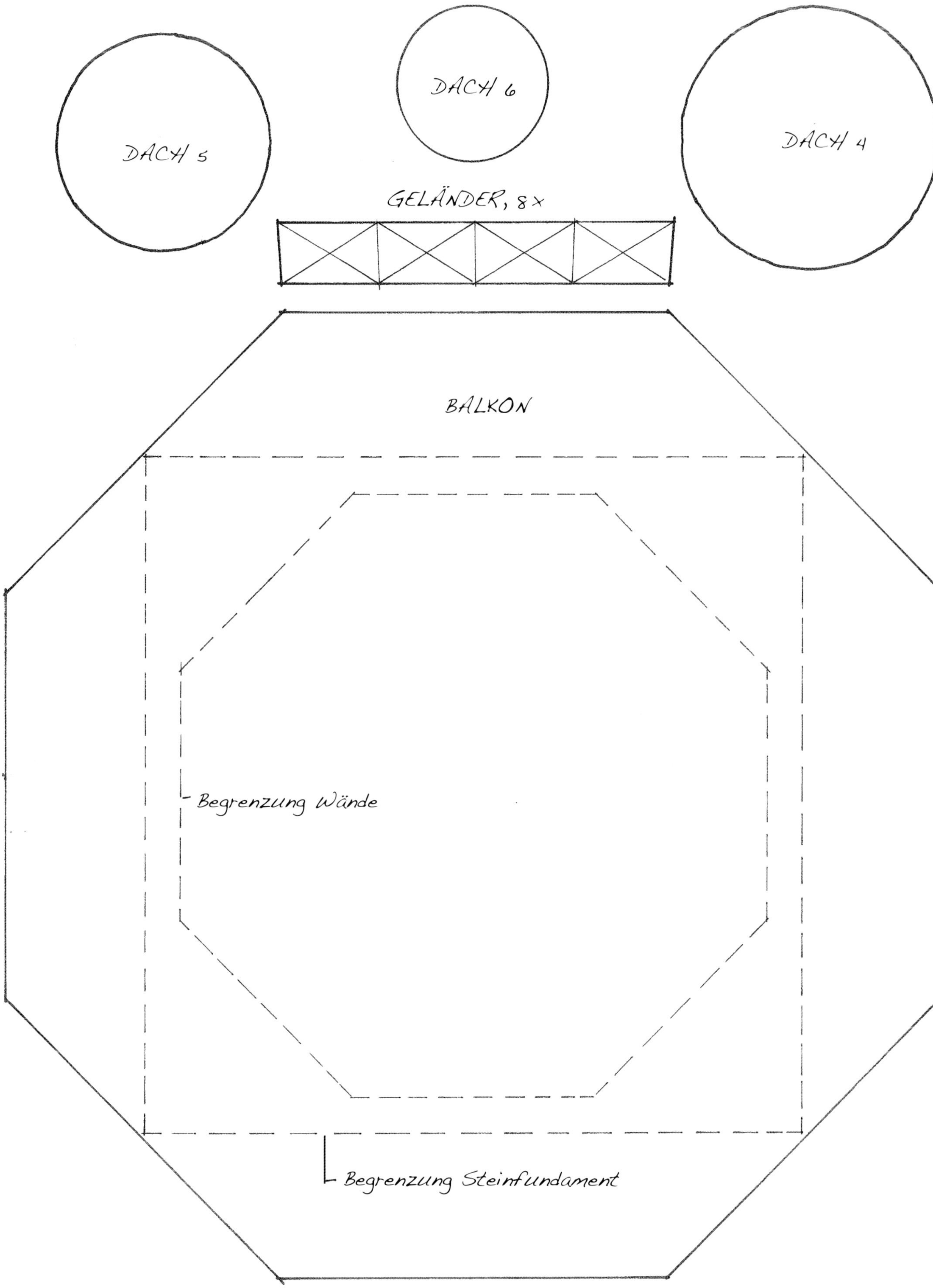
DACH 5
DACH 6
DACH 4
GELÄNDER, 8x
BALKON
Begrenzung Wände
Begrenzung Steinfundament

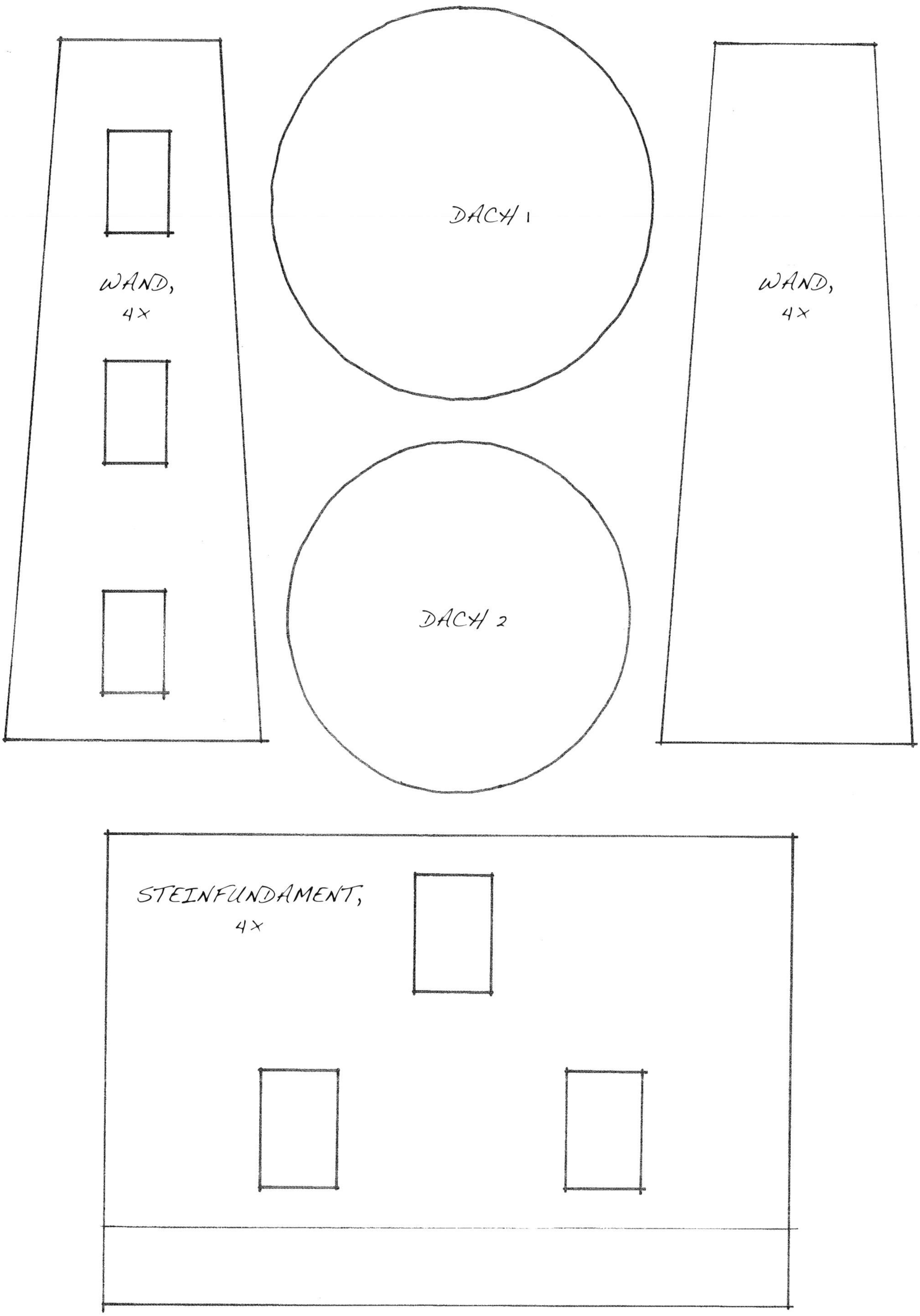
WAND,
4x
DACH 1
WAND,
4x
DACH 2
STEINFUNDAMENT,
4x

Christbaum

Einen Baum als Symbol für Weihnachten gab es lange, bevor wir mit der Tradition begannen, ihn zu schmücken. Früher glaubte man, die Nadeln der Fichte besäßen magische Kräfte. Daher stellte man einen Baum auf den Misthaufen, um die Tiere an Weihnachten vor bösen Kräften zu schützen. Zwei entrindete Bäume in der Hofeinfahrt symbolisierten den Beginn des Weihnachtsfriedens. Geschmückte Weihnachtsbäume haben ihren Ursprung im mittelalterlichen Deutschland. Im Jahr 1740 stellte man in Stora Sunby in Södermanland den ersten schwedischen, mit Wachskerzen und Äpfeln geschmückten Christbaum auf. Erst Ende des 19. Jahrhunderts wurde der geschmückte Christbaum in ganz Europa zu einem festen Bestandteil des Weihnachtsfests.

Christbaumschmuck aus Lebkuchen

Kleine oder große Lebkuchen eignen sich bestens als Dekoration für den Weihnachtsbaum. Sie duften herrlich und verbreiten im Nu weihnachtliche Stimmung im ganzen Haus. Ob Herzen, Sterne, Wichtel oder Mini-Lebkuchenhäuser ... der Fantasie sind keine Grenzen gesetzt. Vergessen Sie nicht, vor dem Backen ein Loch für das Band in den Teig zu stechen, damit Sie die Figuren an den Baum hängen können!

Eiffelturm

Der Eiffelturm („La Tour Eiffel") steht in Paris auf dem Champ de Mars und ist vermutlich nicht nur das bekannteste Bauwerk der Stadt, sondern eines der berühmtesten der Welt. Er wurde zwischen 1887 und 1889 gebaut und war ursprünglich das imposante Eingangstor für die Weltausstellung, die im Jahr 1889 anlässlich der Feierlichkeiten zum hundertjährigen Jubliäum der Französischen Revolution in Paris stattfand. Maßgeblich beteiligt an seiner Konstruktion war Gustave Eiffel unter Mithilfe der Ingenieure Emile Nouguier und Maurice Koechlin sowie des Architekten Stephen Sauvestre. Am 31. März 1889 wurde der Turm eingeweiht, die Allgemeinheit durfte ihn jedoch erst ab dem 6. Mai 1889 besichtigen.

Die Höhe des Turms betrug bei der Einweihung 300 Meter. Im Jahr 1959 kamen noch einige Höhenmeter hinzu, als man einen 24 Meter hohen Fernsehmast auf der Spitze installierte. Bis zur Einweihung des Chrysler Buildings im Jahr 1930 war der Eiffelturm das weltweit höchste Bauwerk. Sein Gesamtgewicht beträgt etwa 10 000 Tonnen, davon entfallen allein 7300 Tonnen auf die Metallkonstruktion. Diese besteht aus 12 000 Eisenbalken, die mit 2,5 Millionen Nieten zusammengefügt sind. Zur Spitze führen 1665 Treppenstufen (und nicht wie viele Franzosen behaupten 1792, als Anlehnung an das Jahr, in dem die Französische Republik ausgerufen wurde).

Der Eiffelturm war bereits vor seinem Bau Gegenstand hitziger Debatten in Frankreich. Im Jahr 1887, kurz nach Baubeginn, wurde in der Tageszeitung *Le Temps* ein Protestschreiben veröffentlicht, das sich an den Direktor der Weltausstellung richtete. Verfasst hatten dieses Schreiben bekannte Pariser Künstler, Schriftsteller und andere einflussreiche Mitglieder aus kulturellen Kreisen. Die Aussteller beruhigten die Kritiker und versprachen, dass der Turm nach zwanzig Jahren abgerissen werden würde. Man entschied sich jedoch dagegen, als sich zeigte, dass er sich als Telekommunikationsmast einsetzen ließ. Heute ist er die beliebteste Touristenattraktion in Paris.

Jedes Jahr kommen ungefähr 6 Millionen Besucher. Die Kosten des Baus betrugen 1,2 Millionen Euro (Geldwert im Jahr 1889). Unsere Variante können Sie jedoch wesentlich einfacher und billiger nachbauen.

Bonne Chance!

Anleitung zum Zusammenbauen

1. Backpapier auf ein Tablett oder Schneidebrett legen, auf dem der ganze Turm Platz hat. Ein Quadrat, 21 x 21 cm, auf Backpapier zeichnen. Es dient Ihnen später als Hilfe beim Zusammenbauen der TURMBEINE. Alle benötigten Teile zurechtlegen und das Tablett/Brett in die Nähe der Pfanne mit dem geschmolzenen Zucker stellen.
2. Den Zucker in einer Pfanne schmelzen. Ständig rühren, damit er nicht anbrennt.
3. Dekorieren Sie die fertig gebackenen Teile, wenn alle flach ausgelegt sind. Versuchen Sie, die Stahlkonstruktion mit Glasur nachzuzeichnen.
4. Die Kanten der TURMBEINE glätten und die Teile zusammensetzen.
5. EBENE 1 auflegen und befestigen.
6. Die Kanten an den Schmal- und Unterseiten des GELÄNDERS glätten. Auf EBENE 1 befestigen.
7. Auf ein neues Backpapier die Umrisse von EBENE 1 mit allen Markierungen zeichnen. Die Zeichnung dient Ihnen als Hilfe beim Zusammenbauen des MITTELTURMS.
8. Die Kanten der Längsseiten des MITTELTURMS glätten und zusammensetzen.
9. EBENE 2 auf den MITTELTURM legen und befestigen.
10. Sobald der MITTELTURM etwas getrocknet ist, befestigen Sie ihn vorsichtig auf EBENE 1.
11. Auf ein weiteres Backpapier die Umrisse von EBENE 2 mit allen Markierungen zeichnen. Diese Zeichnung dient Ihnen im Folgenden als Hilfe beim Bau des OBERSTEN TURMS.
12. Die Längskanten des OBERSTEN TURMS glätten und die Teile zusammensetzen.
13. Zuerst den MAST, dann die MASTSTÜTZE auf EBENE 3 befestigen. Dann EBENE 3 auf den OBERSTEN TURM kleben.
14. Sobald der OBERSTE TURM getrocknet ist, befestigen Sie ihn vorsichtig auf EBENE 2.
15. Den Turm fertig dekorieren. Legen Sie Süßigkeiten auf die einzelnen Ebenen und stellen Sie den Turm als Dekoration auf den Weihnachtstisch. Wenn Sie möchten, können Sie eine kleine Lichterkette am Turm anbringen. Dazu stechen Sie vor dem Zusammenbauen kleine Löcher in die Lebkuchenteile und stecken die Lämpchen zum Schluss durch die Seiten des Turms.

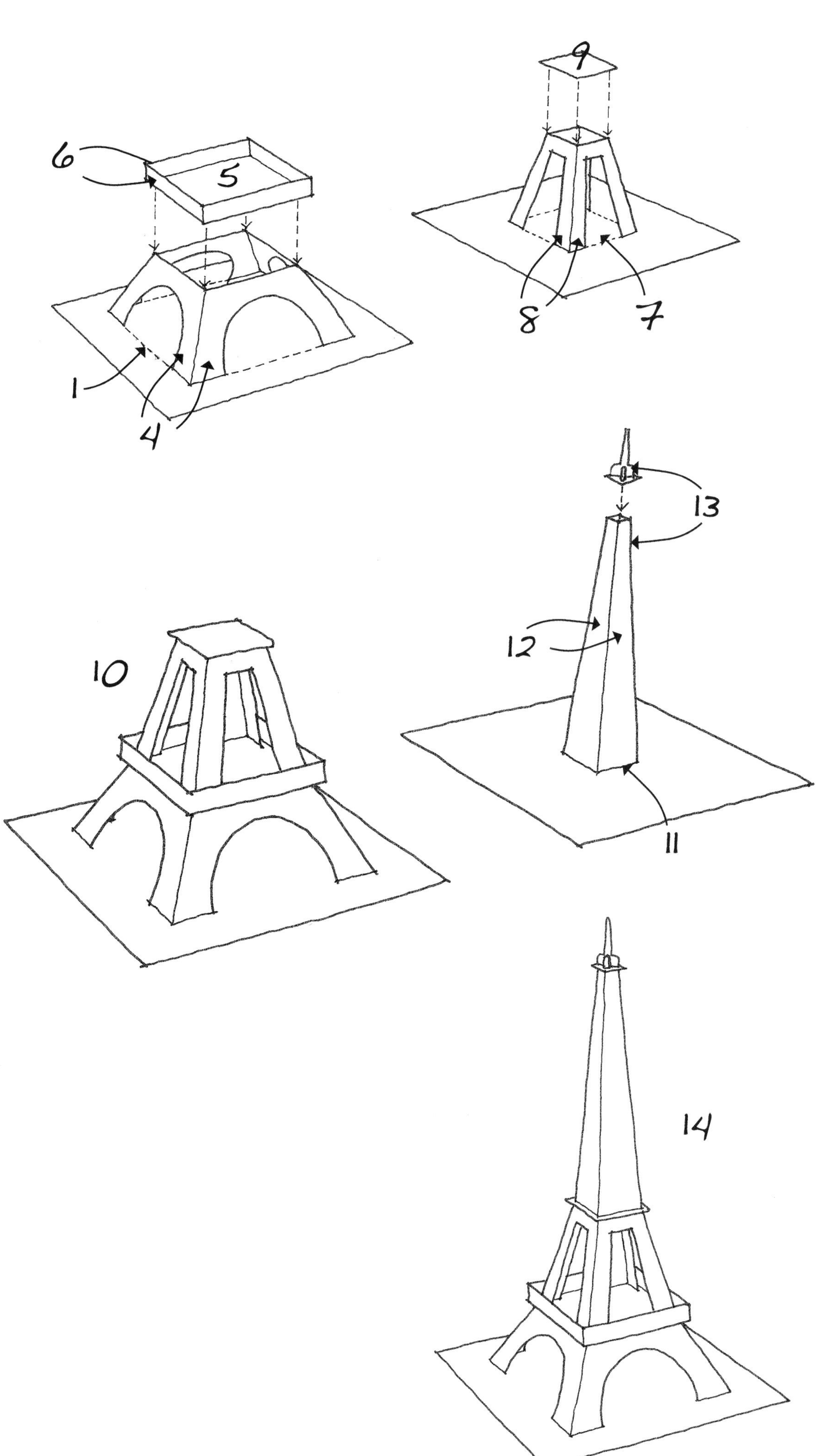
6
5
1
4
9
8
7
13
12
10
11
14

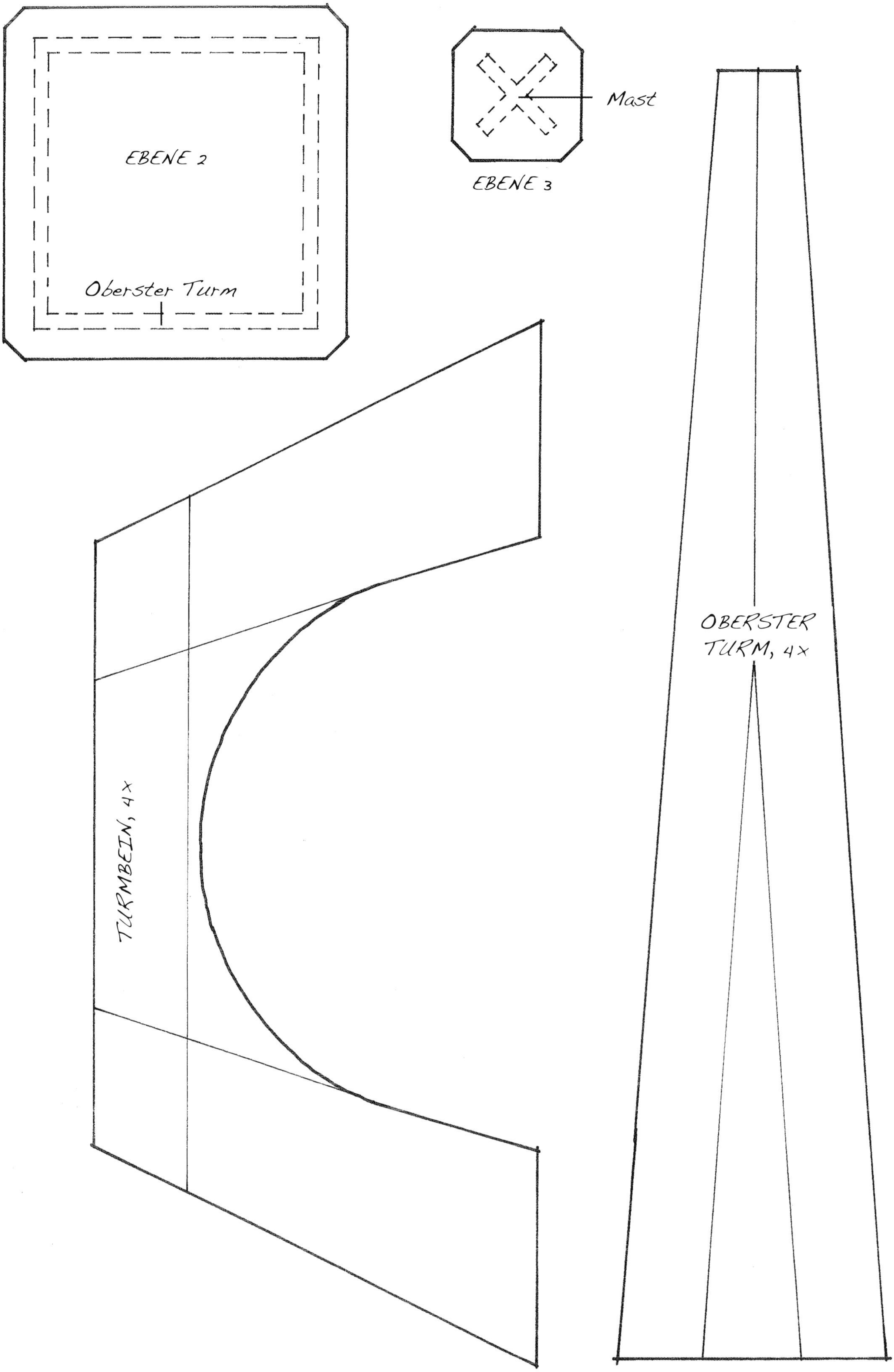
EBENE 2
Oberster Turm
Mast
EBENE 3
OBERSTER TURM, 4x
TURMBEIN, 4x

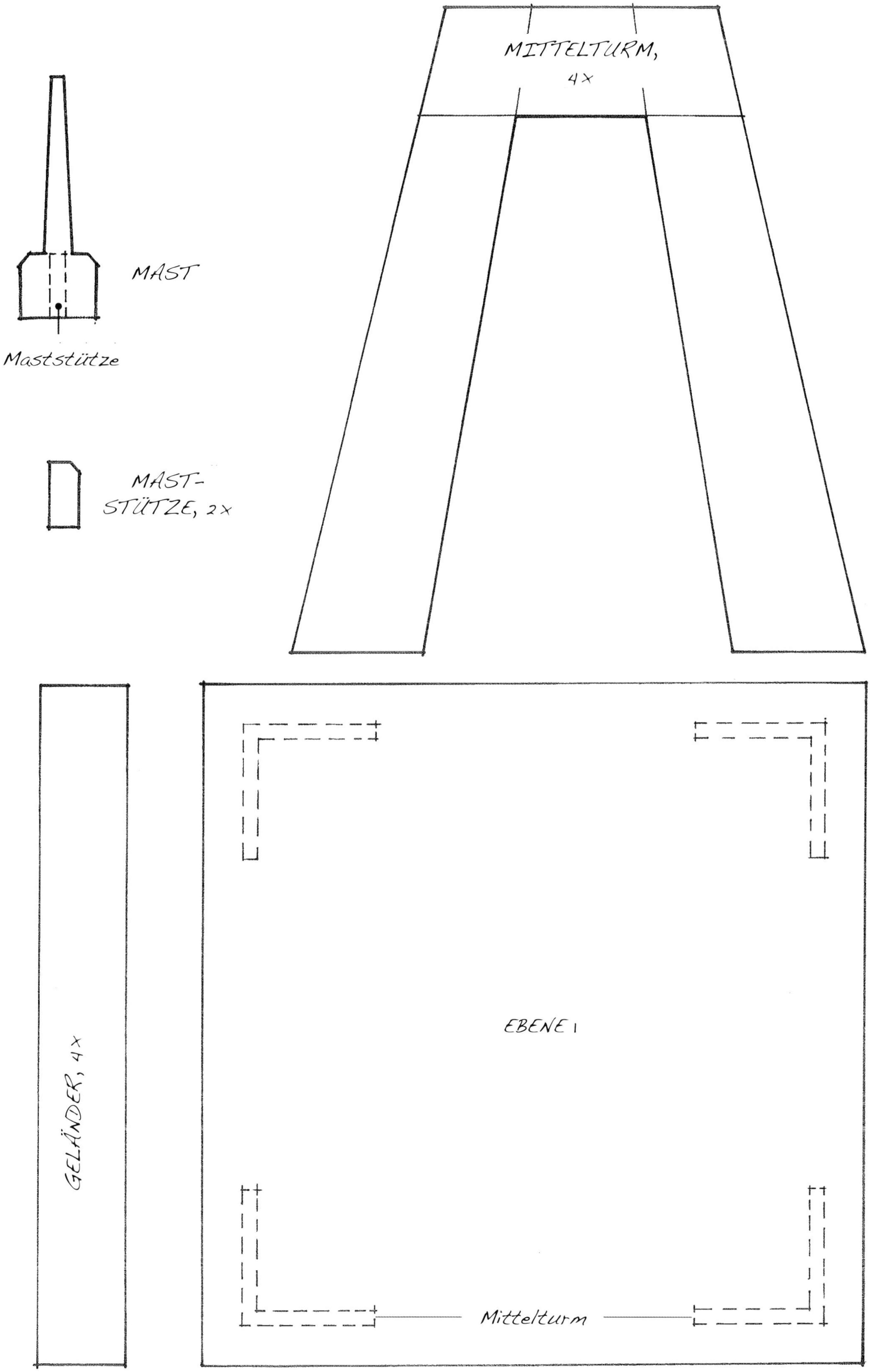
MITTELTURM,
4x
MAST
Maststütze
MAST-
STÜTZE, 2x
GELÄNDER, 4x
EBENE 1
Mitteltturm

Die Mandel in der Grütze

Für diesen beliebten schwedischen Weihnachtsbrauch müssen Sie nur eine Mandel mit heißem Wasser überbrühen und die Schale abziehen, damit sie später in der Grütze nicht gleich zu erkennen ist. Derjenige, der die Mandel in seiner Portion Grütze findet, wird im kommenden Jahr heiraten.

Der Brauch lässt sich auf den Tag der Unschuldigen Kinder zurückführen, den man früher in Mittel- und Südeuropa am 28. Dezember beging. Bei dieser Feier floss immer viel Alkohol, und sie wurde von einem Zechkönig, dem König Bohne, angeführt. Zum König wurde derjenige ernannt, der in dem Brei, der auf dem Fest von allen gegessen wurde, eine Bohne fand. In Schweden wurde statt der Bohne eine Mandel und statt des Breis Grütze verwendet.

Grütze für den Kobold
Der kleine Hauskobold, so glaubte man früher in Schweden, bestrafte die Menschen, die ihn verärgerten. Vor allem hasste er diejenigen, die die Tiere auf dem Hof schlecht behandelten. Denn er liebte alle Kreaturen und schützte sie. Als Dank für seine Arbeit stellt man ihm deshalb auch heute noch am Weihnachtsabend eine große Schale Reisgrütze vor die Tür.

Grütze-Reim
Diese Reime gehen auf die deutschen Leber-Reime zurück, die im 17. Jahrhundert bei der Oberschicht in Schweden beliebt waren. Jeder, der Leber essen wollte, musste vorher einen Reim aufsagen. Da diese Speise für das einfache Volk zu teuer war, übertrug es diesen Brauch auf sein eigenes „Festtagsessen", die Reisgrütze.

Hier sind einige Beispiele für Grütze-Reime:

Die Grütze direkt vom Herd ist jeden Löffel wert.
Doch mach ihn nicht zu voll, dann schmeckt sie richtig toll!

Die Grütze war das Allerfeinste.
Papa hat fast alles aufgegessen. Das ist das Gemeinste.

Diese Grütze ist so süss wie ein Kuss.
Ich hoffe, ich finde eine kleine Nuss.

Die Grütze wird im Topf gekocht und nicht im Fass,
und wer sie nicht isst, wird blass.

Wer hier die Mandel find',
demnächst ein Herz gewinnt.

Spielzeugladen

Große Schaufenster zu bauen, wurde erst dank der Erfindung des Eisenbalkens möglich. Mithilfe von Stahlpfeilern und Balken konnte man nun die Hausfassade zur Straße hin öffnen und mit großen Fenstern versehen. Sparen Sie bei diesem Lebkuchenhaus nicht an der Dekoration! Dann wird es sicherlich der Favorit Ihrer Kinder. Nicht nur, weil es ein Spielzeugladen ist, sondern auch, weil es mit so vielen Leckereien verziert ist, die später aufgegessen werden dürfen.

Anleitung zum Zusammenbauen

1. Backpapier auf ein Tablett oder Schneidebrett legen, auf dem das ganze Haus und die Treppe Platz haben. Alle benötigten Teile darauf anordnen. Das Tablett/Brett in die Nähe der Pfanne mit dem geschmolzenen Zucker stellen, damit die Teile nach dem Eintauchen der Klebeflächen in den Zucker schnell zusammengefügt werden können.
2. Den Zucker in einer Pfanne schmelzen. Ständig rühren, damit er nicht anbrennt.
3. Backpapier mit dem aufgezeichneten Grundriss des Hauses als Hilfe auf das Tablett/Brett legen. Dekorieren Sie das Haus, wenn alle Teile flach ausgelegt sind. Gelatineblätter mit Zuckerpunkten innen an den Sprossenfenstern befestigen.
4. Die EINGANGSSEITE flach auf den Grundriss legen und die SCHAUFENSTERRAHMEN im rechten Winkel an den Ober- und Unterkanten des Schaufensters befestigen.
5. Ein Gelatineblatt so zuschneiden, dass es sich nach dem Ankleben an die Rahmen in der Mitte leicht nach oben wölbt.
6. MARKISE 1 und 2 mit leichter Neigung nach unten an ihrem Platz anbringen.
7. Den BALDACHIN senkrecht zur Wand an der Markierung ankleben.
8. Den Namen des Ladens mit Glasur auf das TÜRSCHILD schreiben und über der TÜR anbringen.
9. Alle Kanten an den Wänden des Hauses glätten und die Teile im rechten Winkel zusammensetzen. Soll die TÜR offen stehen, kann sie zum Schluss befestigt werden.
10. Die hohe SCHORNSTEINMAUER auf den GIEBEL kleben. Kanten der SEITEN und INNENSEITE des Schornsteins glätten und die Teile so zusammenkleben, dass sie später auf das DACH passen.
11. Die SCHORNSTEINAUFSÄTZE und -RÖHREN zusammensetzen.
12. Die Kanten des DACHES vom Anbau glätten und die Teile auf den ANBAU kleben.
13. Alle Kanten der Wände des DACHERKERS 2 glätten und die Teile über der Öffnung im DACH gemäß der Markierung anbringen.
14. Den First und die hinteren Kanten des DACHES für den ERKER 2 glätten und Teile festkleben.
15. Die Kanten der DÄCHER für das HAUPTGEBÄUDE glätten und Teile festkleben.
16. Sämtliche Kanten des DACHERKERS 1 glätten und die Teile über den Öffnungen im DACH gemäß der Markierung befestigen.
17. Den First und die hinteren Kanten des DACHES für den ERKER 1 glätten und die Teile festkleben.
18. TREPPE 1, 2 und 3 aufeinanderkleben. Je nach Dicke der Stufen mehr oder weniger „Kleber“ verwenden. Die letzte Stufe sollte direkt unter der Eingangstür enden.
19. Die TÜR geöffnet oder geschlossen anbringen.
20. MARKISE 3 über den Fenstern auf der LÄNGSSEITE leicht nach unten geneigt befestigen, ebenso MARKISE 4 auf dem RÜCKGIEBEL anbringen.
21. Das Haus dekorieren. Kleine Süßigkeitenfiguren ins Schaufenster stellen. Glasur auf dem Dach und den Markisen verteilen. Mit einer Lampe im Innern und etwas Weihnachtsdeko darum herum verteilt, steigt die Vorfreude auf die Spielzeuge unterm Weihnachtsbaum.

TOY STORE

TORE

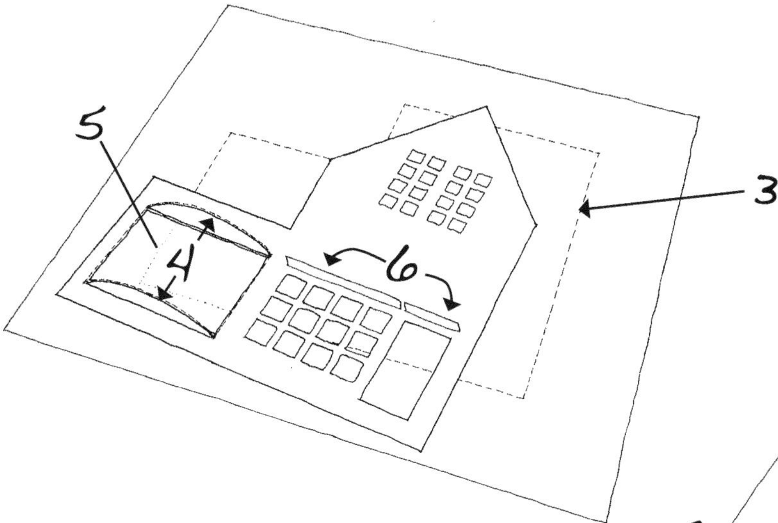
5
4
6
3

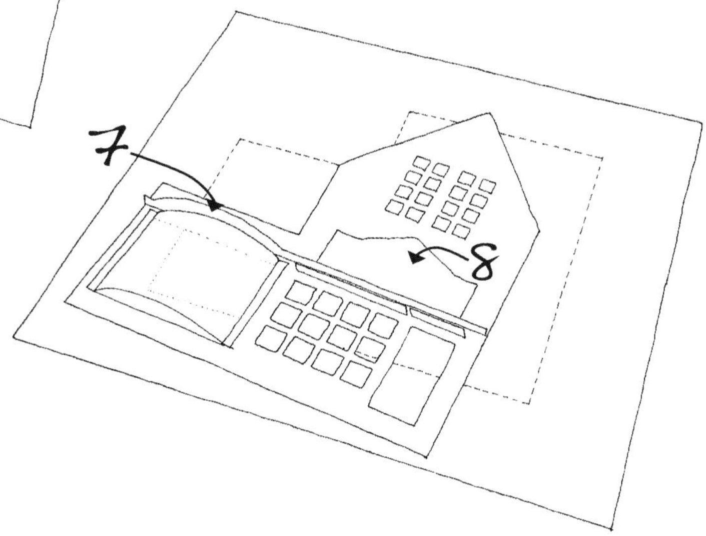
7
8

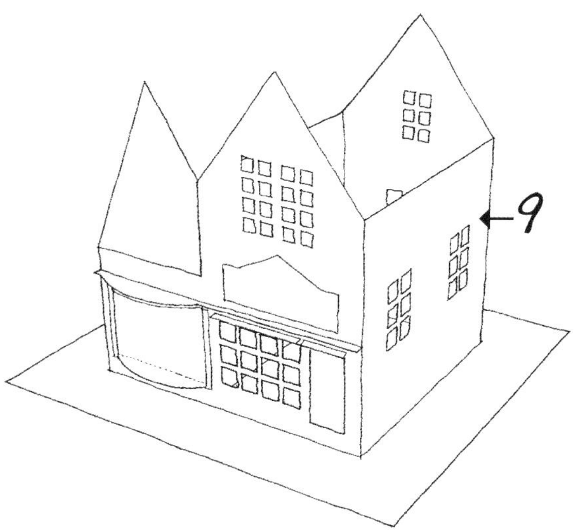
9

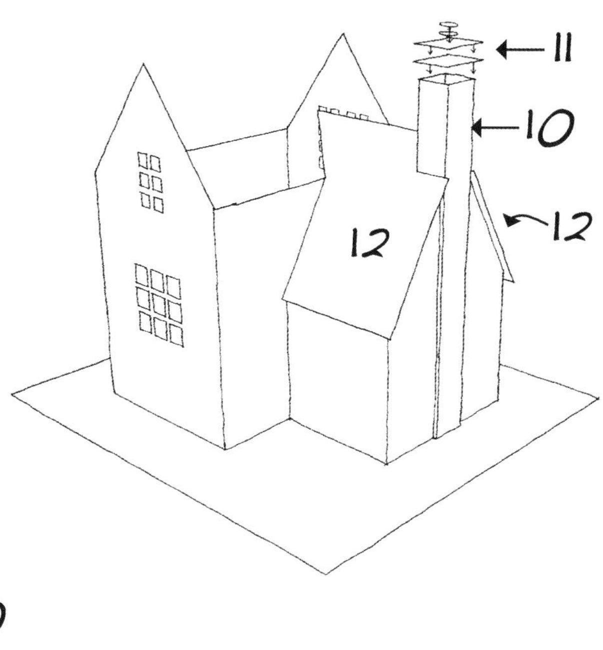
11
10
12
12

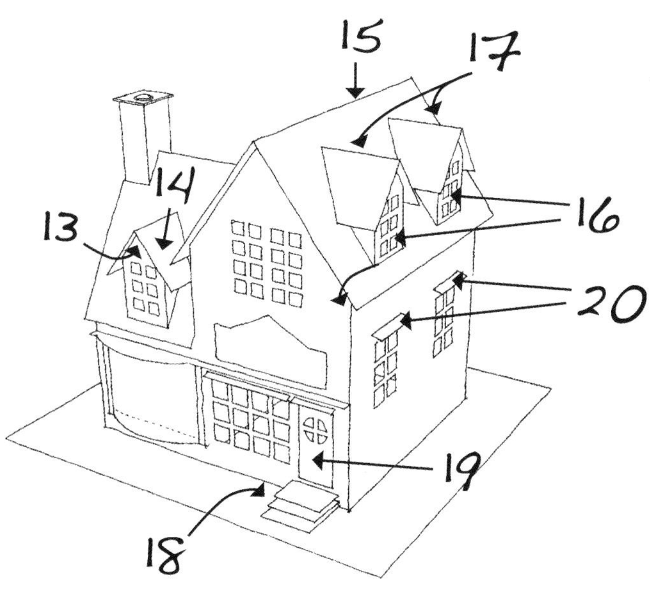
15
17
14
13
16
20
19
18

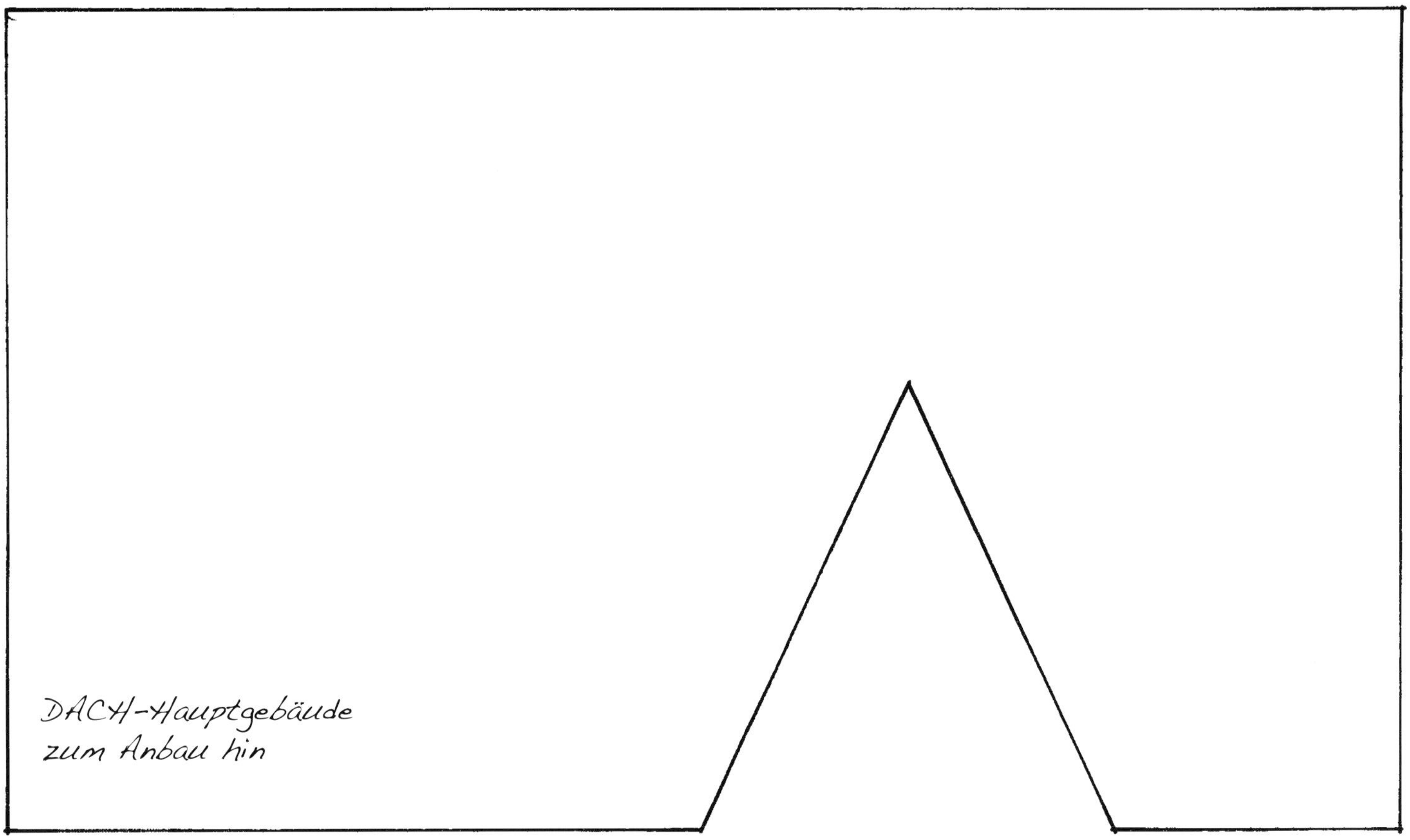
DACH-Hauptgebäude
zum Anbau hin

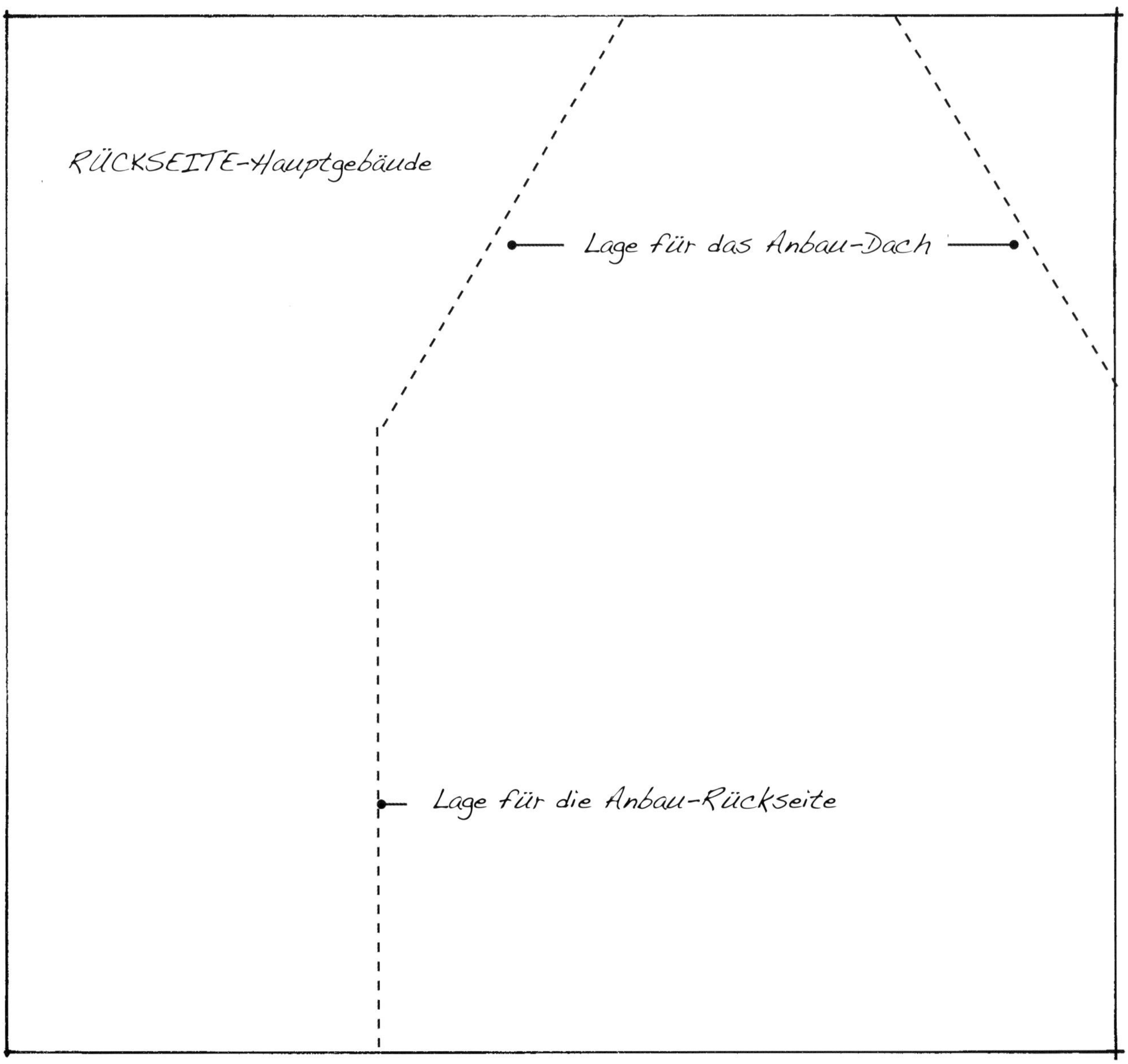
RÜCKSEITE-Hauptgebäude
Lage für das Anbau-Dach
Lage für die Anbau-Rückseite

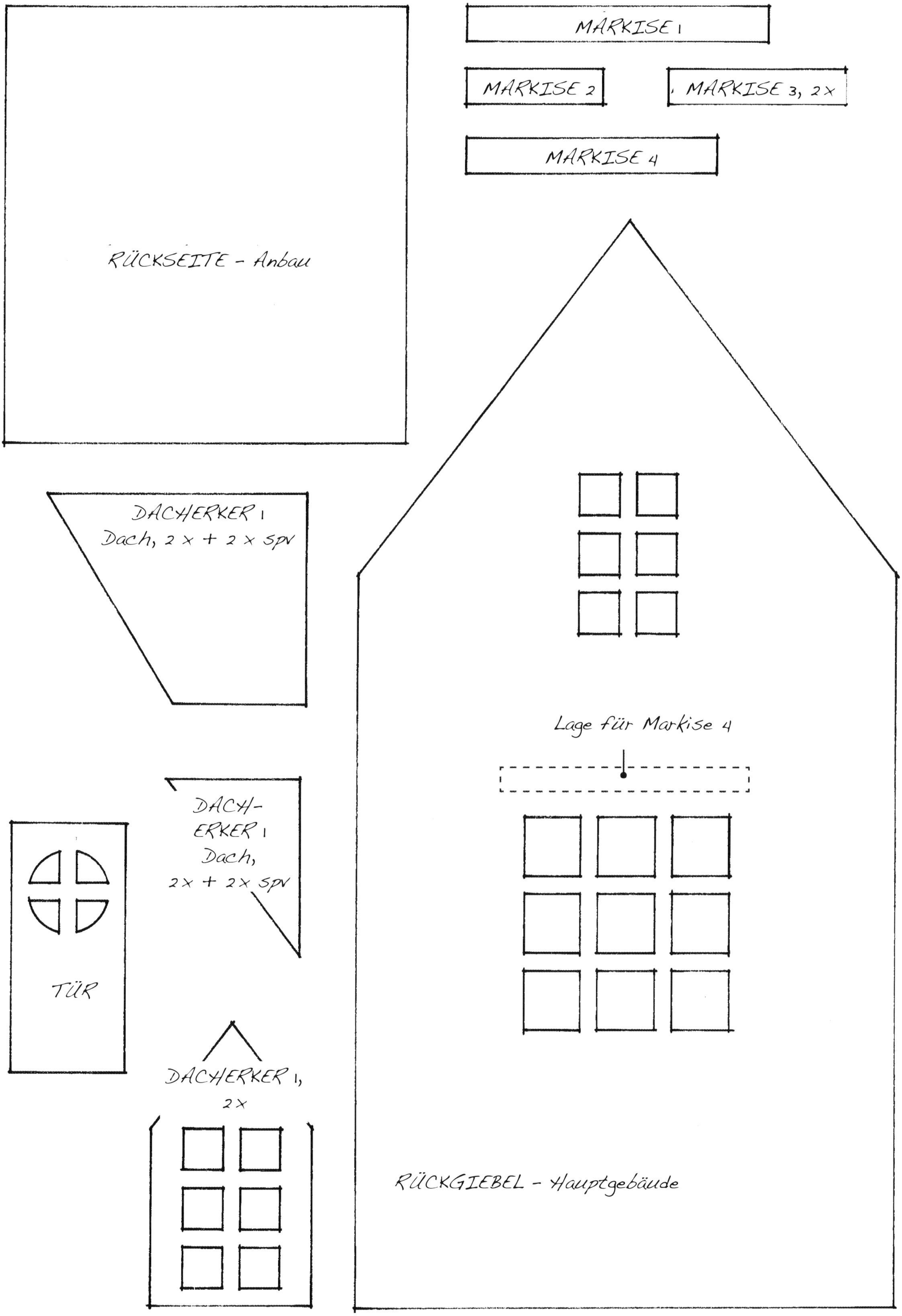
MARKISE 1
MARKISE 2
MARKISE 3, 2x
MARKISE 4
RÜCKSEITE – Anbau
DACHERKER 1
Dach, 2 x + 2 x spv
DACH-
ERKER 1
Dach,
2x + 2x spv
TÜR
DACHERKER 1,
2x
Lage für Markise 4
RÜCKGIEBEL – Hauptgebäude

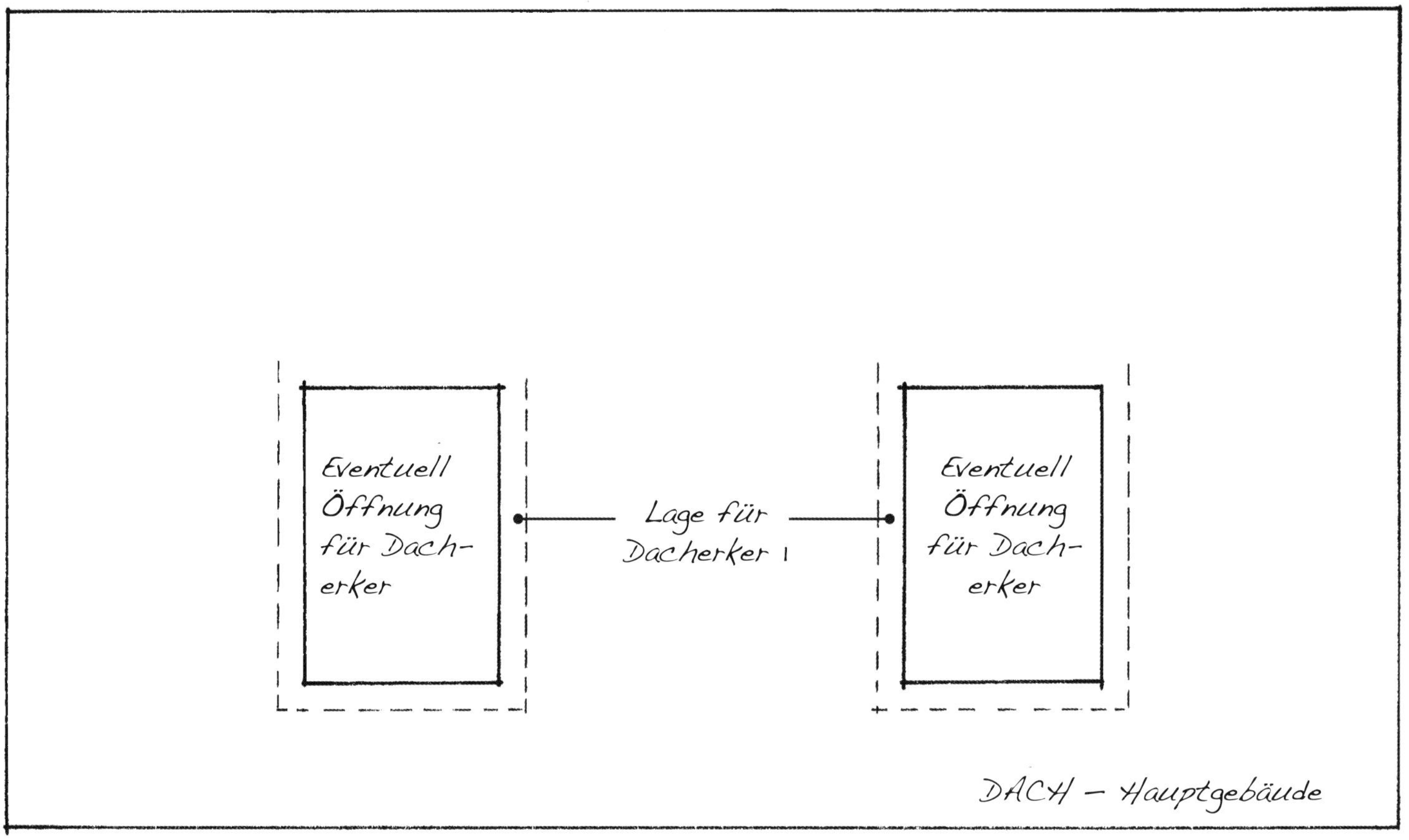
Eventuell Öffnung für Dacherker
Lage für Dacherker 1
Eventuell Öffnung für Dacherker
DACH – Hauptgebäude

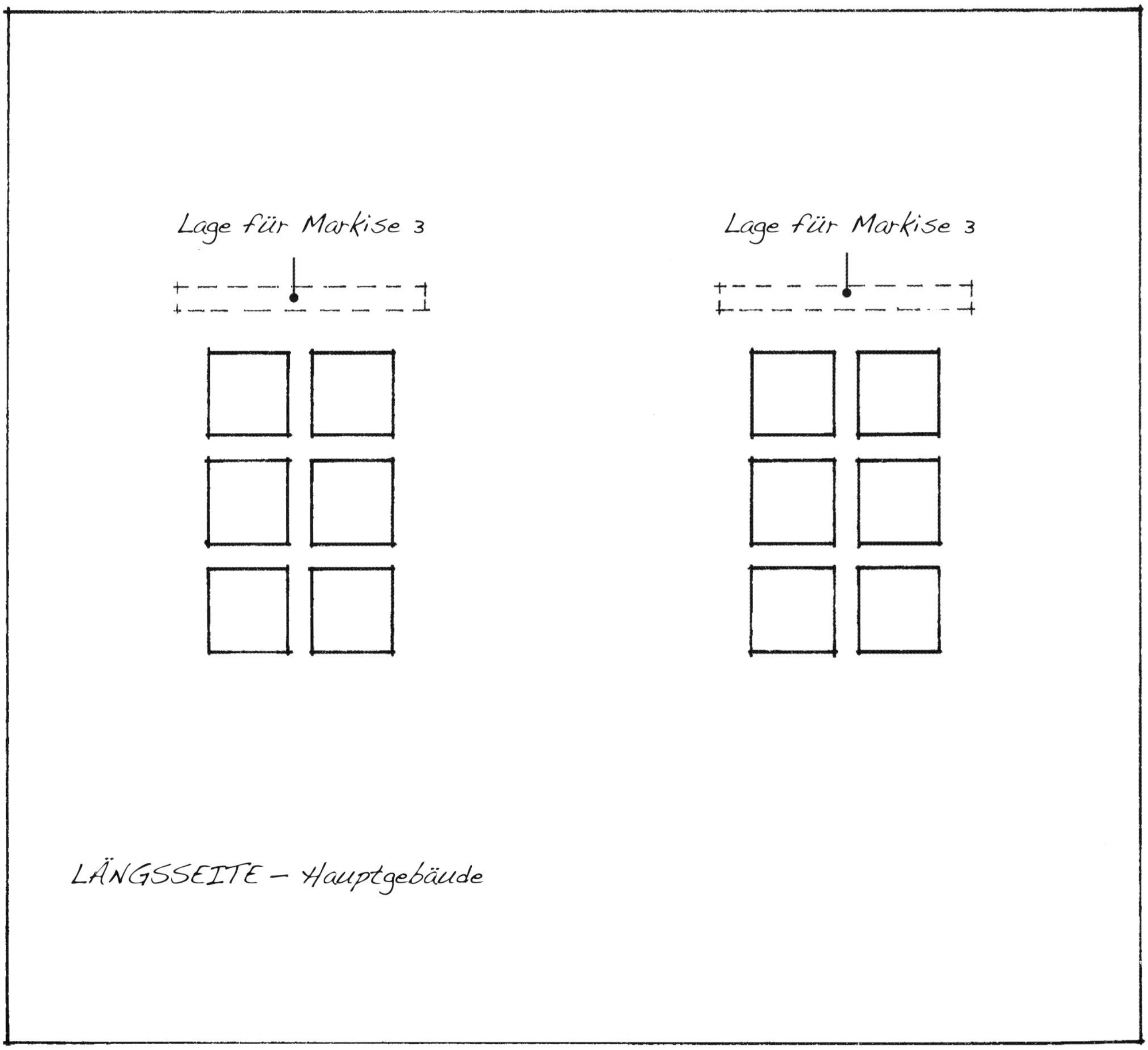
Lage für Markise 3
Lage für Markise 3
LÄNGSSEITE – Hauptgebäude

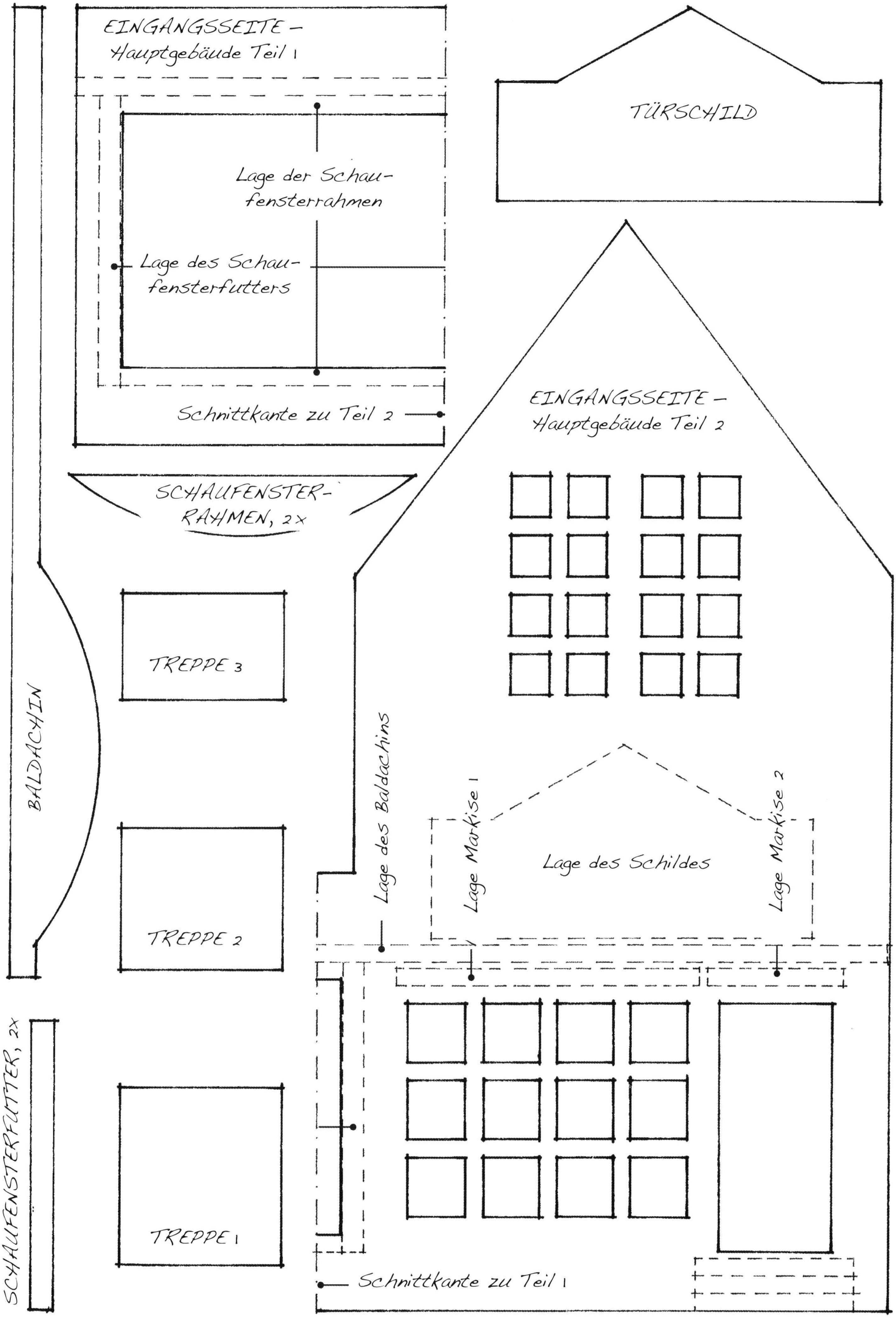
EINGANGSSEITE –
Hauptgebäude Teil 1
Lage der Schaufensterrahmen
Lage des Schaufensterfutters
Schnittkante zu Teil 2
TÜRSCHILD
EINGANGSSEITE –
Hauptgebäude Teil 2
SCHAUFENSTER-
RAHMEN, 2x
BALDACHIN
TREPPE 3
TREPPE 2
TREPPE 1
Lage des Baldachins
Lage Markise 1
Lage des Schildes
Lage Markise 2
SCHAUFENSTERFUTTER, 2x
Schnittkante zu Teil 1

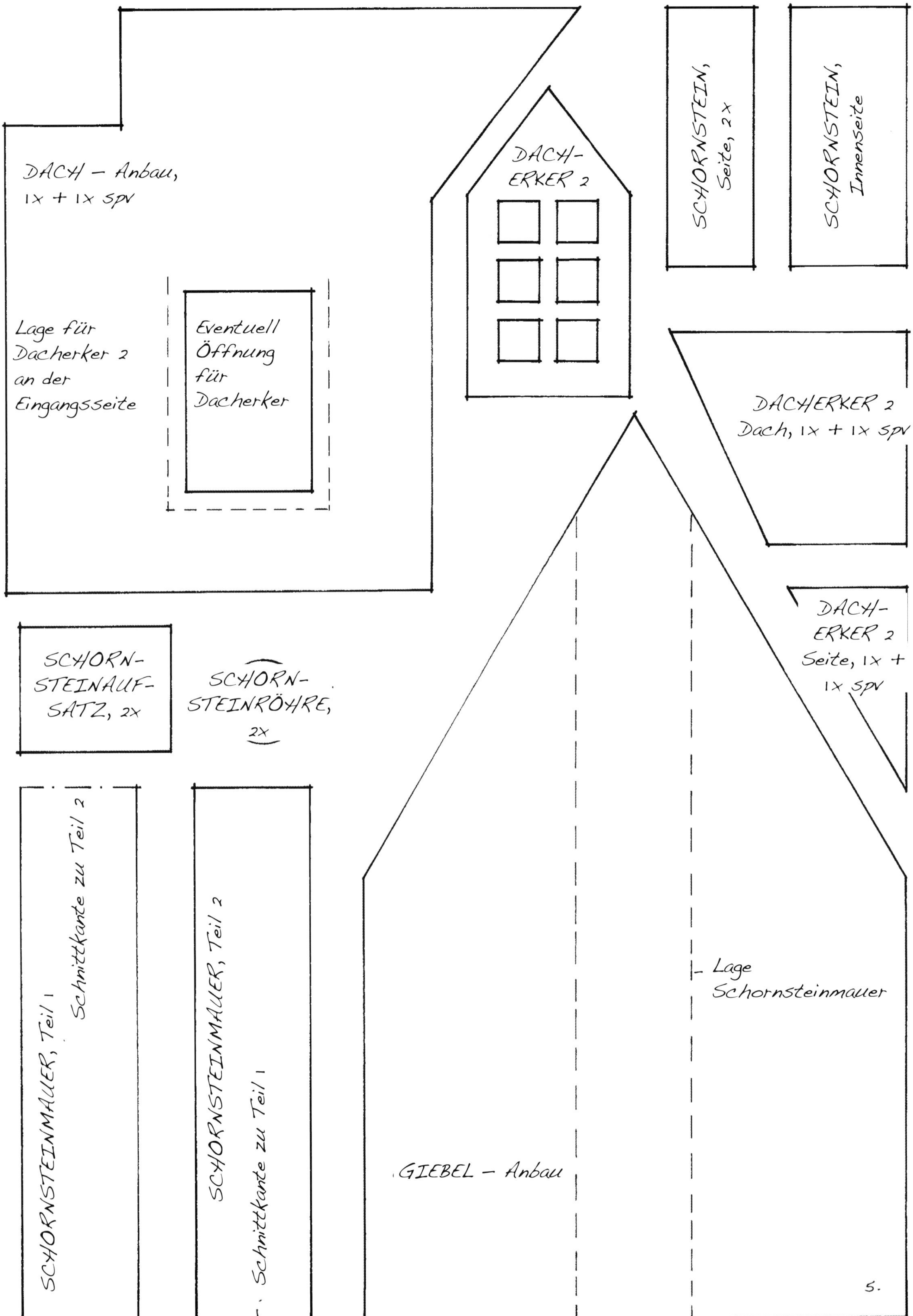
DACH – Anbau,
1x + 1x spv
Lage für Dacherker 2 an der Eingangsseite
Eventuell Öffnung für Dacherker
DACH-ERKER 2
SCHORNSTEIN, Seite, 2x
SCHORNSTEIN, Innenseite
DACHERKER 2
Dach, 1x + 1x spv
DACH-ERKER 2
Seite, 1x + 1x spv
SCHORN-STEINAUF-SATZ, 2x
SCHORN-STEINRÖHRE, 2x
SCHORNSTEINMAUER, Teil 1
Schnittkante zu Teil 2
SCHORNSTEINMAUER, Teil 2
Schnittkante zu Teil 1
Lage Schornsteinmauer
GIEBEL – Anbau
5.

Zelt

Für Freiluftfanatiker ist es sicherlich der Inbegriff eines Hauses. Vielleicht ein wenig kalt zur Weihnachtszeit, aber es weckt die Vorfreude auf den kommenden Sommer. Bei diesem Lebkuchenhaus schlagen wir statt eines Teelichts eine kleine elektrische Lampe für die Beleuchtung vor, damit es im Innern nicht zu warm wird. Als Zeltschnüre können Sie beispielsweise Fruchtgummischnüre verwenden.

Anleitung zum Zusammenbauen

1. Backpapier auf ein Tablett oder Schneidebrett legen, auf dem das ganze Zelt Platz hat. Alle benötigten Teile darauf anordnen. Das Tablett/Brett in die Nähe der Pfanne mit dem geschmolzenen Zucker stellen, damit die Teile nach dem Eintauchen der Klebeflächen in den Zucker schnell zusammengefügt werden können.
2. Den Zucker in einer Pfanne schmelzen. Ständig rühren, damit er nicht anbrennt.
3. Die Kanten des BODENS, der WÄNDE sowie der VORDER- und RÜCKSEITE glätten. Die Teile zusammenkleben. Das Zelt braucht nicht unbedingt einen Boden, mit einer Unterlage wird es jedoch stabiler.
4. Die Firstkanten des DACHES glätten und die Teile an den WÄNDEN befestigen.
5. Fruchtgummischnüre vom First herunter- beziehungsweise von den Ecken der Dachunterkanten straff zum Boden hin spannen.
6. Mit Puderzucker dekorieren und grünes Moos rundherum auslegen. Diesem süßen Zelt – im wahrsten Sinne des Wortes – kann kein Naturliebhaber widerstehen.

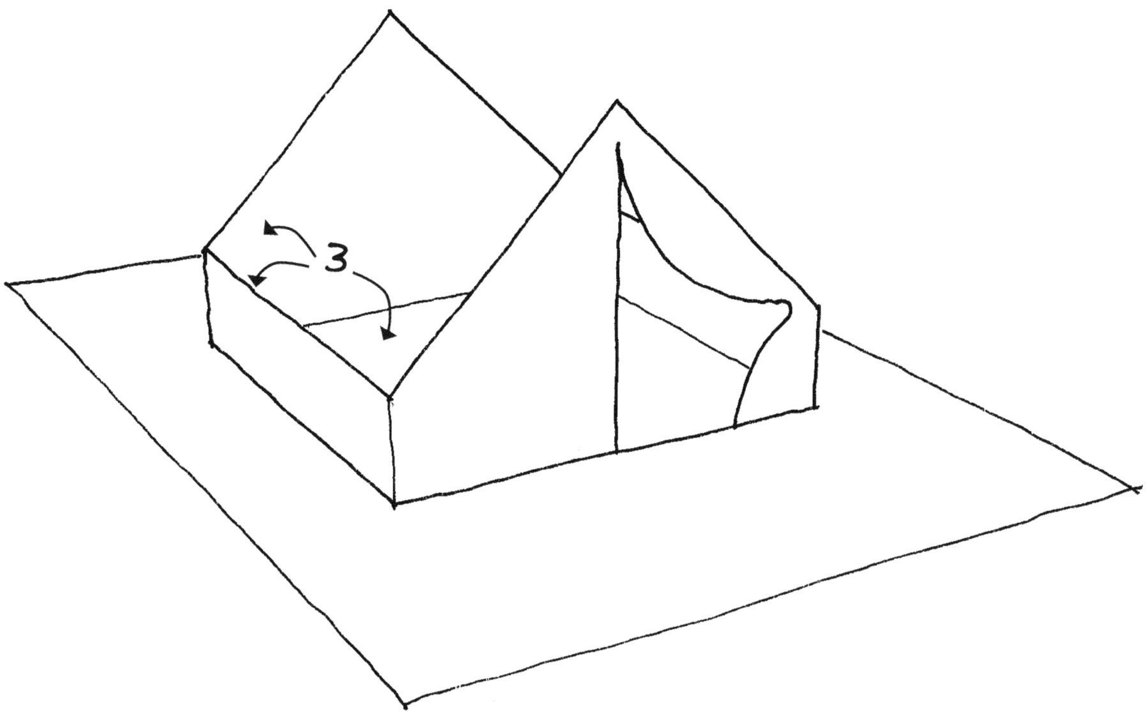
3

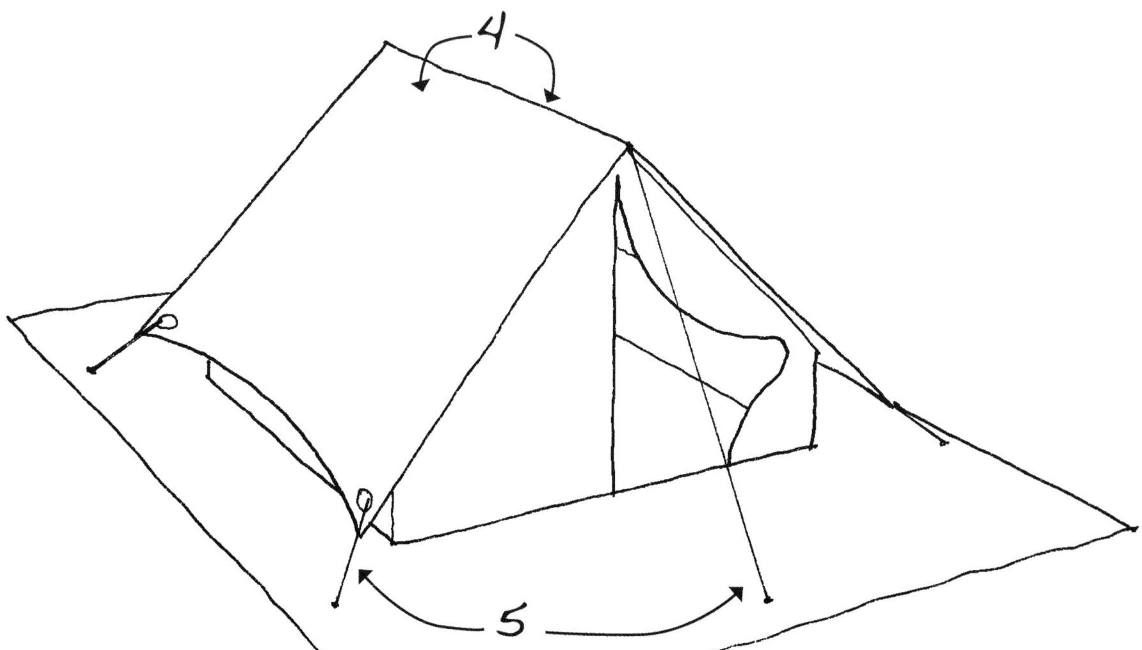
4
5

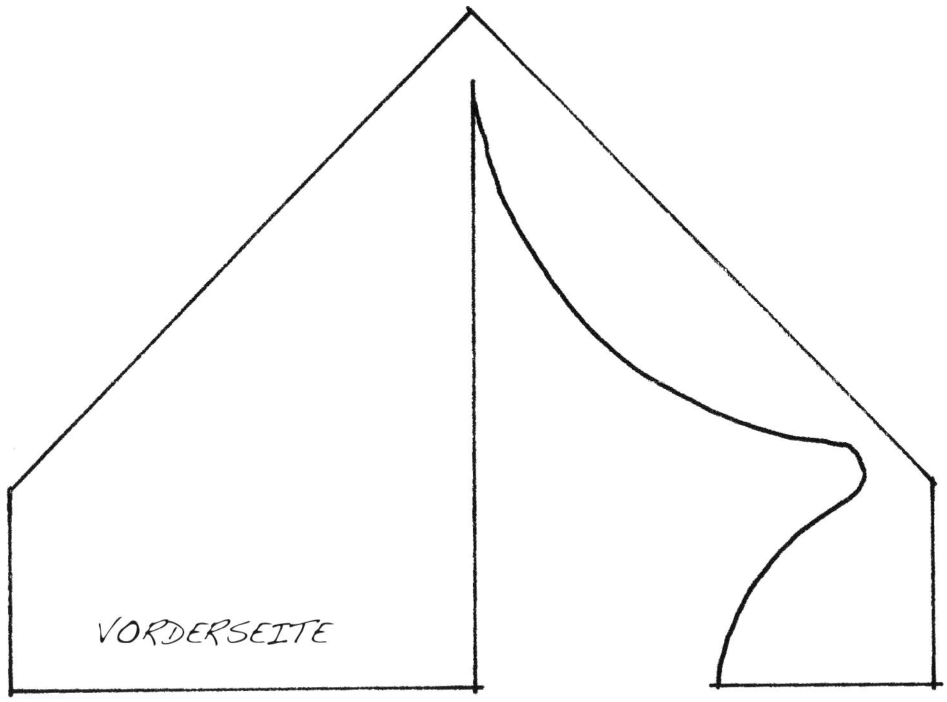
VORDERSEITE

BODEN

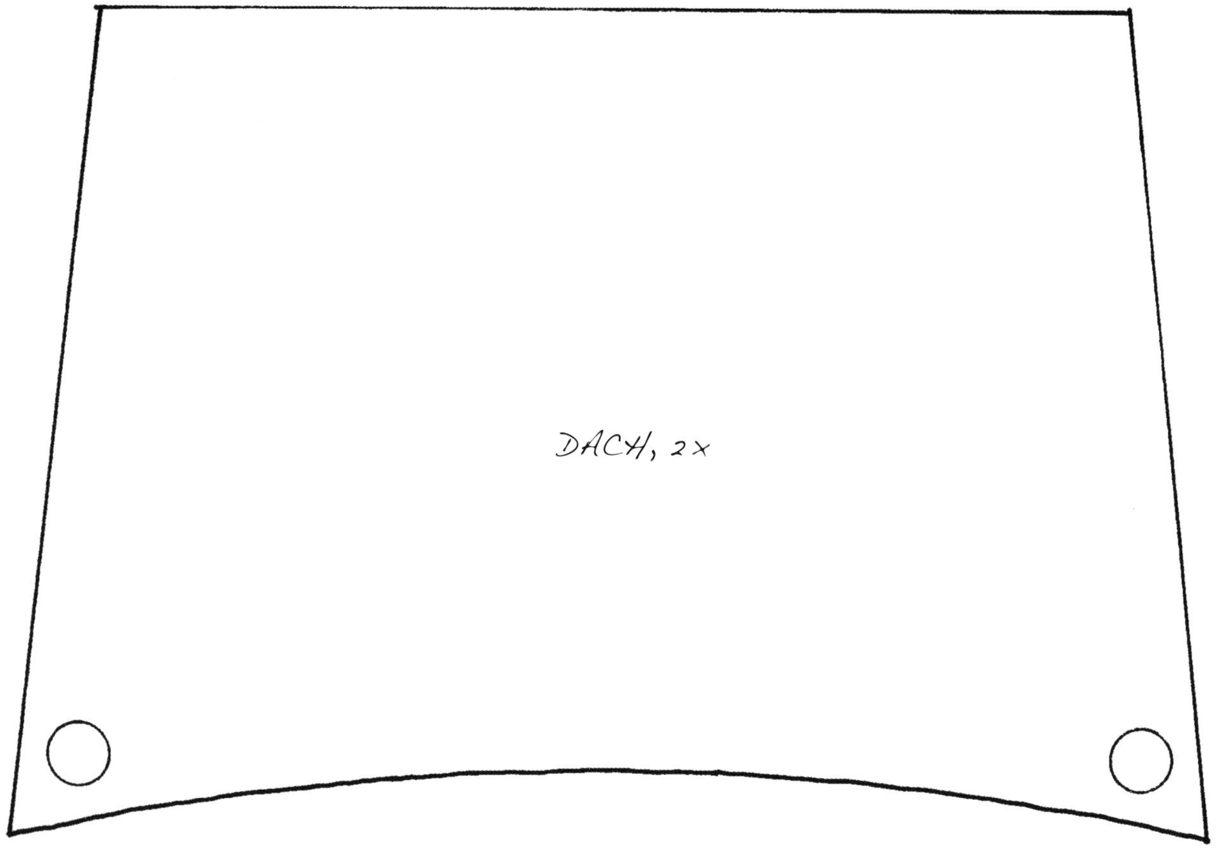
DACH, 2x

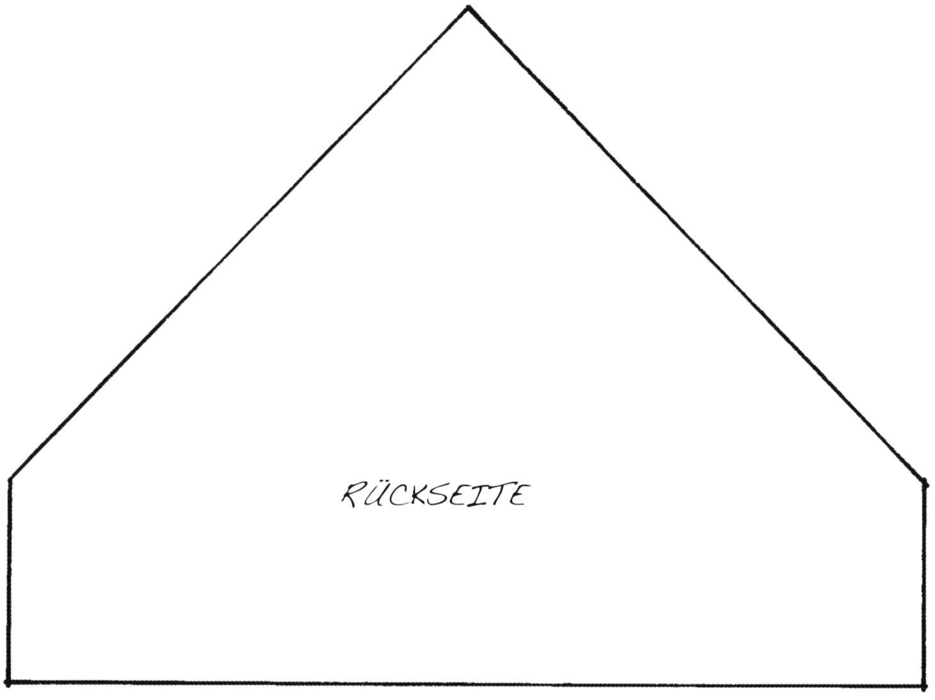
RÜCKSEITE

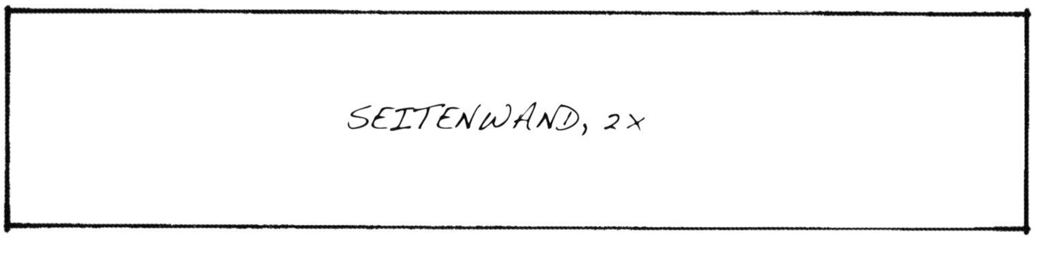
SEITENWAND, 2x

Wir Architekten streben in unseren Werken danach, ein Gesamterlebnis für alle Sinne zu schaffen.

Ein Lebkuchenhaus kommt ganz nahe an dieses Ideal heran: ein hübsches, kleines Haus, das knusprig aussieht, gut riecht, herrlich schmeckt und so schön laut kracht, wenn man eine Ecke wegbricht.

Gibt es etwas Besseres?

Akke Zimdal
Architekt,
SAR (Schwedischer Architektenverband)

Vorratshaus

Wenn es einmal ganz schnell gehen muss: Kaufen Sie zwei fertige Lebkuchenhaus-Bausätze. Brechen Sie die Wände des einen Bausatzes auseinander. Formen Sie die Stücke zu „Mauersteinen“ und „kleben“ Sie sie mit Glasur auf alle Wandteile des anderen Bausatzes. Dann setzen Sie das Haus mit geschmolzenem Zucker zusammen und dekorieren es.

Unser geliebter Julbock

Er war wild, widerspenstig und Teil der Weihnachtstradition in Schweden, lange bevor der Hauskobold und der Weihnachtsbaum ins Spiel kamen. Der Julbock erschien immer am zweiten Weihnachtsfeiertag vor den Türen der Menschen, machte Unfug und Radau und beruhigte sich erst, wenn er etwas Essbares und Schnaps erhielt. Über die Jahre veränderte sich diese Tradition.

Der Julbock, eines der ältesten schwedischen Weihnachtssymbole, ist Gegenstand von allerlei Spielen und Bräuchen geworden. Sein Ursprung als Symbol für Weihnachten liegt im alten Asenglauben. Tor, einer der Asengötter, besaß einen Wagen, der von zwei Böcken, Tanngnjóstr und Tanngrisnir, gezogen wurde. Noch bis ins 19. Jahrhundert hinein zogen Jugendliche auf dem Land von Hof zu Hof und spielten den Bewohnern etwas vor oder sangen ein Julbock-Lied. Einer in der Runde war dabei immer als Bock verkleidet. Als Dank für ihre Vorstellung durften sie bei dem Fest, das in den Tagen zwischen den Jahren stattfand, so viel essen und trinken wie sie wollten. Oft stellte man eine Julbock-Figur auch unter den Tisch und fütterte diese mit diversen weihnachtlichen Leckereien. Ein weiteres beliebtes Bockspiel war, den Julbock heimlich bei den Nachbarn zu verstecken. Dann mussten diese ihn wieder ungesehen zurückbringen.

Ab dem 19. Jahrhundert bekam der „Bock“ eine neue ehrenvolle Aufgabe in Schweden: Ein männliches Mitglied der Familie verkleidete sich als Bock und teilte die Weihnachtsgeschenke aus. Heute steht der Julbock nur noch als Zierde in der Nähe des Christbaums.

Die Geschichte des Weihnachtssterns (Poinsettie)

Einer alten aztekischen Legende nach entstand die Pflanze mit dem leuchtend roten Blattkranz aufgrund einer tragischen Liebesgeschichte. Der Ursprung des Weihnachtssterns sollen die Blutstropfen des gebrochenen Herzens einer aztekischen Göttin sein. Die Azteken schätzten die Pflanze „Cuetlaxochitl“, die in den kurzen Wintertagen das Hochland verschönte, jedoch nicht so sehr wegen ihres dekorativen Charakters, sondern wegen ihres praktischen Nutzens: Aus den roten Blättern gewannen die Azteken ein Pigment, das sie für Textilien und Kosmetika verwendeten. Zudem wurde der milchartige Saft des Weihnachtssterns durch einen speziellen Prozess in ein fiebersenkendes Mittel umgewandelt.

Der große, farbenprächtige Blattkranz des Weihnachtssterns macht ihn weltweit zur beliebtesten Topfpflanze. Sie gehört einfach zu Weihnachten, egal, ob groß oder klein, als kleines Bäumchen, dekorativer Hingucker oder als Geschenk.

Es ist kein Zufall, dass die Pflanze besonders zu Weihnachten diese attraktive Farbenpracht entfaltet. Die Züchter brauchen ihr ganzes Können beim Kultivieren dieses äußerst lichtempfindlichen Gewächses. Denn die Blüten- und Hochblattbildung setzt nur ein, wenn die Einwirkung des Tageslichts weniger als zwölf Stunden pro Tag beträgt. Damit die Weihnachtssterne jedes Jahr zur Advents- und Weihnachtszeit blühen, greifen die Züchter deshalb zu speziellen Methoden. Heute gibt es Weihnachtssterne in mehr als hundert Varianten, in den verschiedensten Farben, Formen und Größen. So hat man eine unendliche Fülle an Möglichkeiten, sie auf immer neue dekorative Art und Weise zu präsentieren.

Die Totenkopfhöhle des Phantoms

Coole Männer bewohnen coole Häuser. Wenn die Winterdunkelheit schwindet und einzelne Lichtstrahlen wie Lagerfeuerfunken um die Höhle des Phantoms tanzen, ist es, als ob man von weit her Urwaldtrommeln hören könnte. Was da über die Steppe und durch den Regenwald hallt, klingt wie: „Hallo, Weihnachtsmänner!" Guran rührt unterdessen den Glögg im Topf über dem Feuer. Mr. Walker hat schon nach Morristown telegrafiert, dass er Weihnachtsurlaub nimmt, und Hero will ein Rentier sein. Diana macht schon einmal Karamellen, während Devil Streifenhörnchen verbellt, die sich im Christbaum verstecken ...

Die Teigteile für die Totenkopfhöhle ausschneiden und backen. Nimmt der Teig Farbe an, holen Sie ihn aus dem Ofen, legen die Teile flach aus und lassen sie auskühlen. Falls nötig, die Ansatzkanten glätten. Nach dem Auskühlen können die flach ausliegenden Teile der Höhle mit Gewächsen und Figuren verziert werden. Warten Sie mit den Ecken noch, sonst könnte beim Zusammenbauen die Glasur brechen.

Anleitung zum Zusammenbauen

1. Backpapier auf ein Tablett oder Schneidebrett legen, auf dem die ganze Höhle Platz hat. Alle benötigten Teile darauf anordnen. Das Tablett/Brett in die Nähe der Pfanne mit dem geschmolzenen Zucker stellen, damit die Teile nach dem Eintauchen der Klebeflächen in den Zucker schnell zusammengefügt werden können.
2. Den Zucker in einer Pfanne schmelzen. Ständig rühren, damit er nicht anbrennt.
3. Die SEITENWAND 1 an der RÜCKWAND so befestigen, dass die Wände im rechten Winkel zueinander und aufrecht stehen. Danach die SEITENWÄNDE der Nummernfolge nach auf beiden Seiten übereinandersetzen und mit dem DACHTEIL abdecken.
4. Geschmolzenen Zucker auf die vorderen Kanten der Konstruktion tupfen. Die VORDERSEITE nun so anbringen, dass sie auf den SEITENWÄNDEN liegt.
5. Die PALME auf ihrer STANDPLATTE so befestigen, dass sie die Höhle berührt. Stützen Sie die Palme mit der Hand ab, bis der Zucker vollkommen getrocknet ist. Sie könnte sonst umfallen und zerbrechen.
6. Die BÜSCHE auf ihren STANDPLATTEN befestigen.
7. Nun das PHANTOM und GURAN auf die STANDPLATTEN kleben.
8. Dekorieren Sie alles großzügig mit Glasur und Puderzucker. Stellen Sie ein paar Teelichter in der Nähe der Höhle auf, um sie gespenstisch wirken zu lassen.

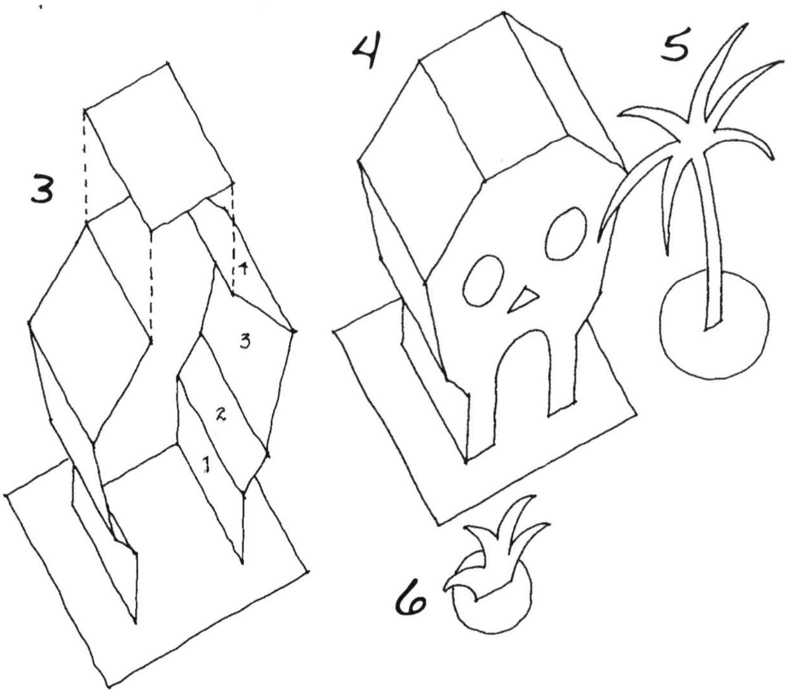

Veröffentlicht mit Genehmigung von Bulls Press

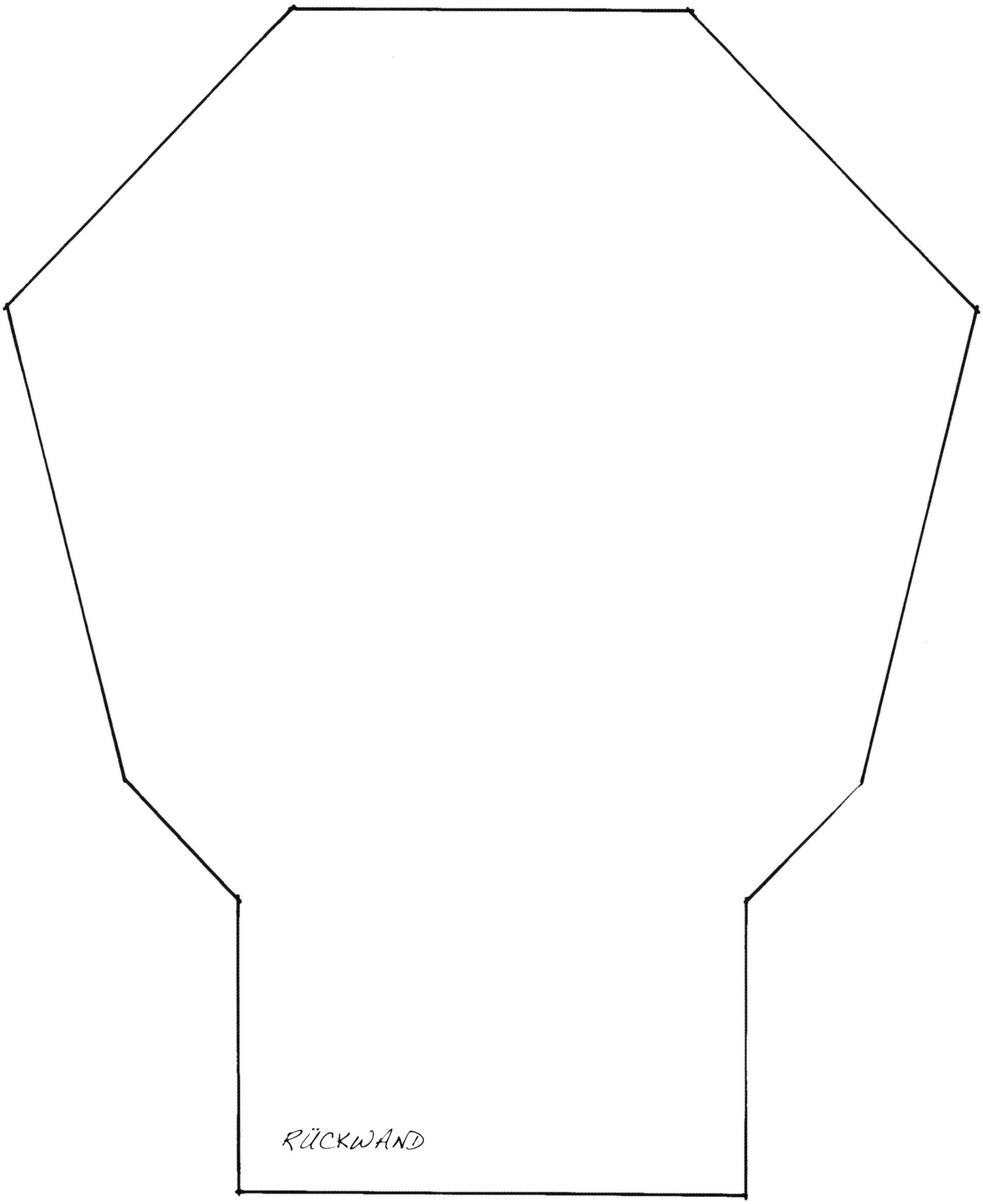
RÜCKWAND

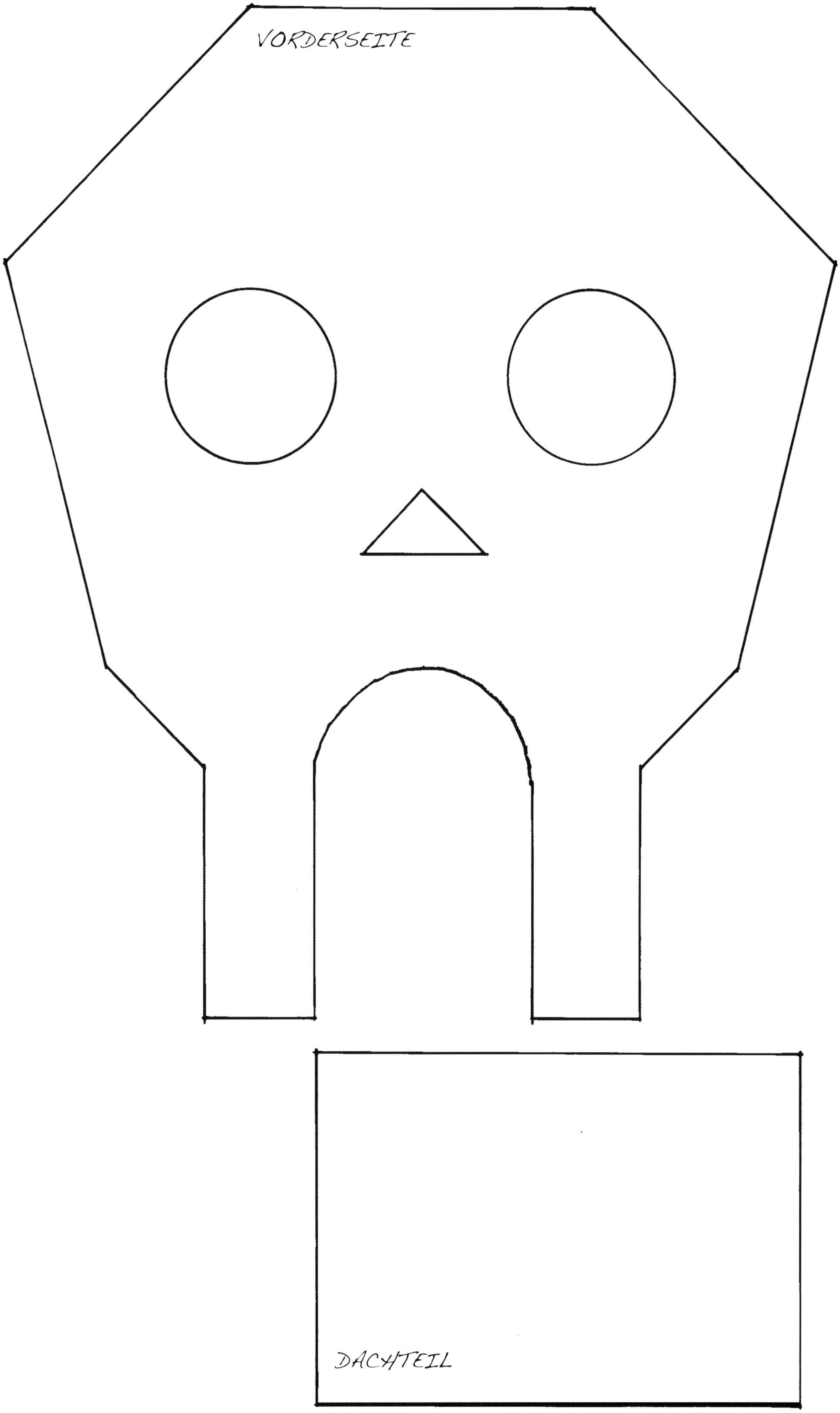
VORDERSEITE
DACHTEIL

SEITENWAND 4, 2x

PHANTOM

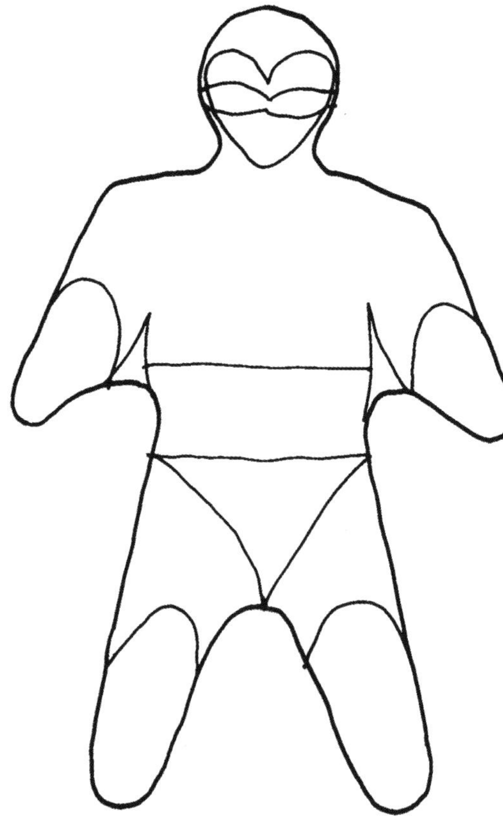

SEITENWAND 3, 2x

GURAN

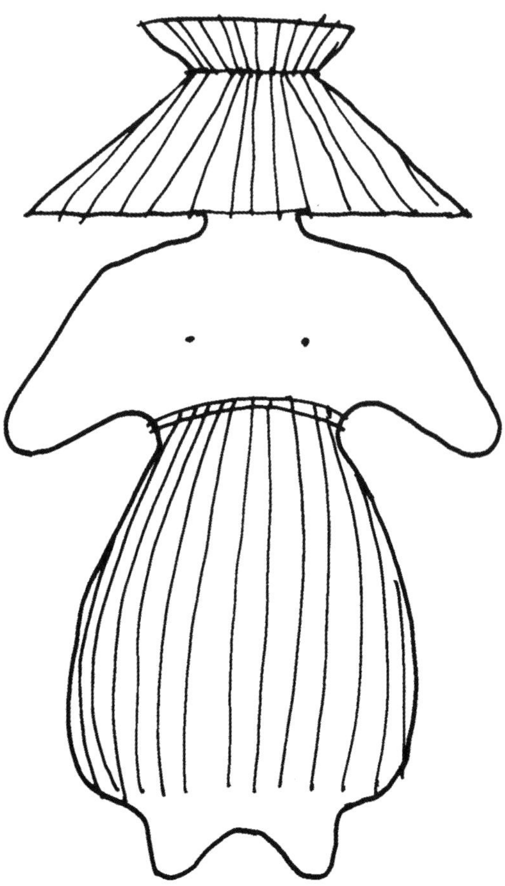

SEITENWAND 2, 2x

SEITENWAND 1, 2x

STANDPLATTE
FÜR
BÜSCHE UND
FIGUREN
BUSCH
PALME
BUSCH
STANDPLATTE
PALME

Dieser Engel wurde von Agneta Larsson gebaut. Dafür wurden dünn ausgerollte Teigteile gebacken und noch warm um einen kegelförmigen Karton gelegt. Genauso wurde mit den Teilen für die Arme verfahren. Der Kopf besteht aus einem Korkball. Zum Schluss wurde alles mit Zuckerglasur zusammengeklebt und verziert.

Das Weihnachsbad

Das Weihnachtsbad gehört zu den schwedischen Bräuchen, die es heute nicht mehr gibt. Früher herrschte eine andere Vorstellung von Hygiene. Man badete sich, weil man für das Essen am Weihnachtsabend sauber sein wollte.

Zu diesem Zweck wurde in der Küche ein großer Waschzuber auf den Boden gestellt. Das Wasser erwärmte man auf dem Herd. Es dauerte ziemlich lange, bis die große Wassermenge warm genug war. Dann mussten alle nacheinander ins Bad steigen, ganz egal, ob es gerade nötig war, oder nicht. Meist war es jedoch bitter nötig zu baden, da man sich früher in der bäuerlichen Gesellschaft damit begnügte, sich ein einziges Mal in der Woche zu waschen.

Es gab eine strenge Hierarchie für das Weihnachtsbad. Zuerst badete das Familienoberhaupt, dann die Bäuerin und die Söhne, danach die Töchter. Zum Schluss kamen die Knechte und Mägde an die Reihe. Das Wasser wurde dabei selten gewechselt.

Manchmal gab man getrocknete Blumen ins Badewasser, die man vom Mittsommerfest aufgehoben hatte. Die Blumen sollten vor bösen Geistern schützen und den Badenden Kraft schenken.

Heute duschen wir jeden Tag, und so manche schwedische Familie überträgt das ursprüngliche Weihnachtsbad deshalb auf einen Schwimmbadbesuch in der Weihnachtszeit.

Fidos Hundehütte

Diese Hundehütte ist sicherlich am einfachsten zu bauen. Sie ist recht klein, daher können Sie sie aus den Teigresten vom Lebkuchenbacken bauen. Außerdem ist die Anleitung nicht schwierig, so können dabei auch die Kleinsten helfen. Und schließlich nimmt sie fast keinen Platz weg, verbreitet dafür aber jede Menge weihnachtliche Stimmung. Zum Weihnachtsessen können Sie beispielsweise eine Hütte für jeden Gast backen, sie mit seinem Namen verzieren und als Tischkärtchen in die Mitte der Teller stellen.

Anleitung zum Zusammenbauen

1. Die Teigteile ausschneiden und backen. Nimmt der Teig Farbe an, holen Sie ihn aus dem Ofen, legen ihn flach aus und lassen ihn auskühlen. Falls nötig, die Ansatzkanten der Teigteile glätten. Nach dem Auskühlen können die flach ausliegenden Teigstücke dekoriert werden. Mit dem Verzieren der Ecken noch warten, sonst könnte die Glasur beim Zusammenbauen springen.
2. Den Zucker in einer Pfanne schmelzen. Ständig rühren, damit er nicht anbrennt.
3. Die RÜCKWAND der Hütte mit einer der SEITENWÄNDE zusammensetzen. Die beiden Wände sollten möglichst rechtwinkelig zueinander sein.
4. Die Rückkante der anderen SEITENWAND in Zucker tauchen und an die RÜCKWAND kleben.
5. Wenn die Teile angetrocknet und abgekühlt sind, die ganze Konstruktion nehmen und die beiden vorderen Kanten in die Zuckerlösung tauchen. Auf Backpapier stellen und schnell die VORDERSEITE daran befestigen.
6. Nun die Hütte nehmen und die Kante, die ans Dach anschließen soll, in Zucker tauchen. Auf dem Backpapier abstellen und ein DACHTEIL daraufsetzen. Achtung: Das DACHTEIL darf nicht zu weit über den Dachfirst ragen, damit das andere DACHTEIL auch noch Platz hat.
7. Die Kanten des zweiten DACHTEILS in Zucker tauchen und so befestigen, dass sich die Teile exakt am First treffen.
8. Die Hütte trocknen lassen. Dann nach Belieben mit Glasur fertig dekorieren.

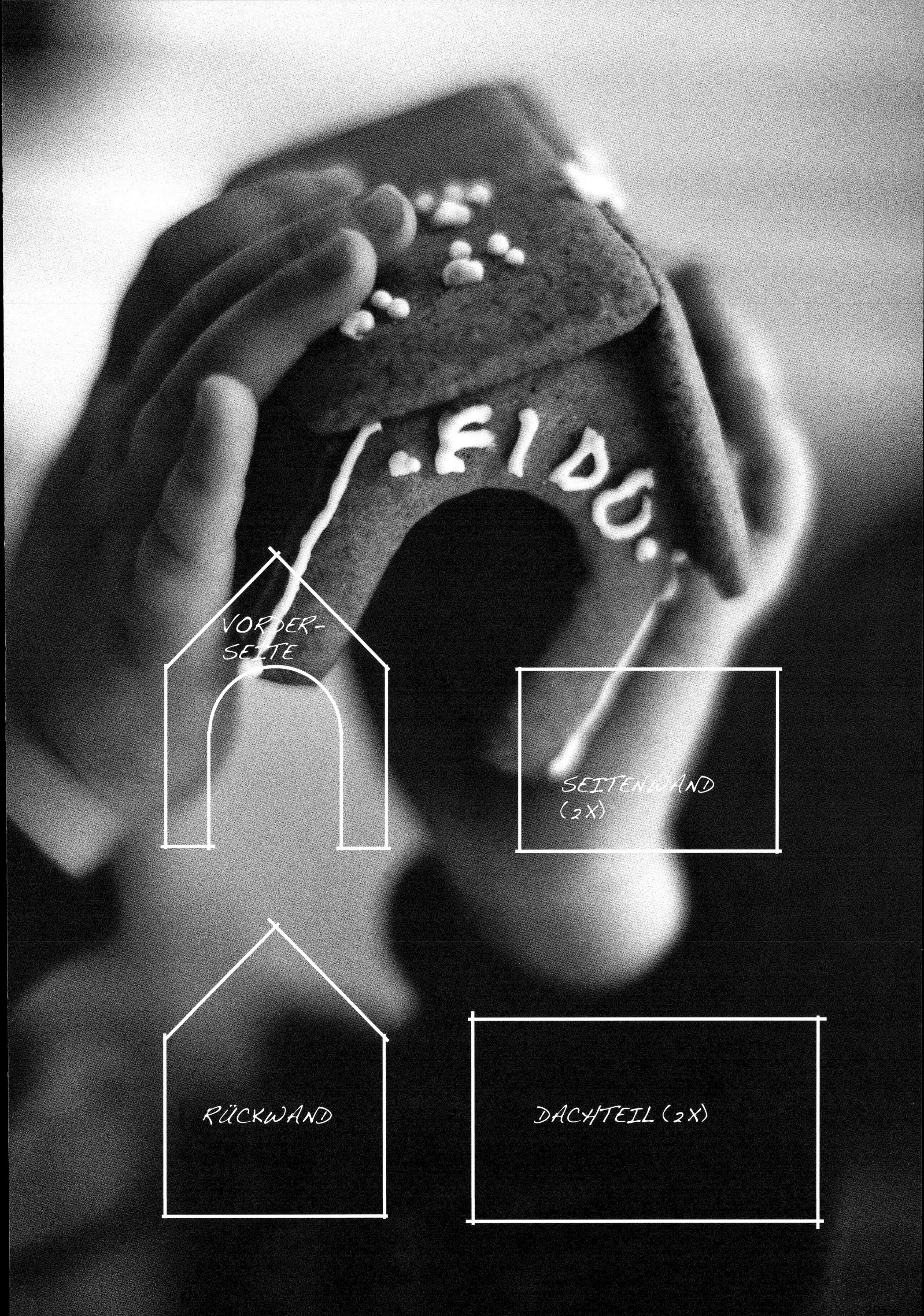

FIDU
VORDER-
SEITE
SEITENWAND
(2X)
RÜCKWAND
DACHTEIL (2X)

Leuchtturm

Dieses runde Lebkuchenhaus bringt Licht ins Winterdunkel und lotst Weihnachten in den sicheren Hafen.

Die einzelnen Teigteile ausschneiden und backen. Nimmt der Teig Farbe an, holen Sie ihn aus dem Ofen, legen ihn flach aus und lassen ihn abkühlen. Die Ansatzkanten der Teigteile glätten. Nach dem Auskühlen nochmals prüfen, ob sie sauber zueinanderpassen. Wenn nicht, noch einmal glätten. Nun kann der Leuchtturm dekoriert werden. Mit dem Verzieren der Kanten noch warten, sonst könnte die Glasur beim Zusammensetzen springen.

Wir haben den fertigen Turm leicht geneigt und an einer Seite mit Puderzucker bestäubt, damit es wie angefrorene Gischt aussieht.

Anleitung zum Zusammenbauen

1. Backpapier auf ein Tablett oder Schneidebrett legen, auf dem alles Platz hat. Achtung: Der Turm wird ziemlich hoch! Alle benötigten Teile auf dem Tablett/Brett anordnen. Dann in die Nähe der Pfanne mit dem geschmolzenen Zucker stellen, damit die Teile nach dem Eintauchen der Ansatzkanten in den Zucker schnell zusammengefügt werden können.
2. Den Zucker in einer Pfanne schmelzen. Ständig rühren, damit er nicht anbrennt.
3. Die acht WÄNDE des unteren Turms in der richtigen Reihenfolge so zusammensetzen, dass die Fenster einer gedachten Treppe im Innern folgen. Das Gebäude sollte außen möglichst rund werden.
4. Die LEUCHTTURMPLATTFORM wie ein Dach oben auf die Turmwände legen.
5. Die acht Teile des LEUCHTTURMS zusammenfügen und oberhalb der Öffnung in der Plattform befestigen. Die Kanten der oberen und unteren Turmteile sollten dabei eine gerade Linie bilden.
6. Die vier unteren GELÄNDERAUFLAGESCHEIBEN an der Außenkante der PLATTFORM befestigen. Den unteren GELÄNDERRING darüberziehen und auf den Auflagen festkleben.
7. Zuerst die vier oberen GELÄNDERAUFLAGESCHEIBEN daraufsetzen, dann den oberen GELÄNDERRING. Zum Schluss noch das DACH auflegen.

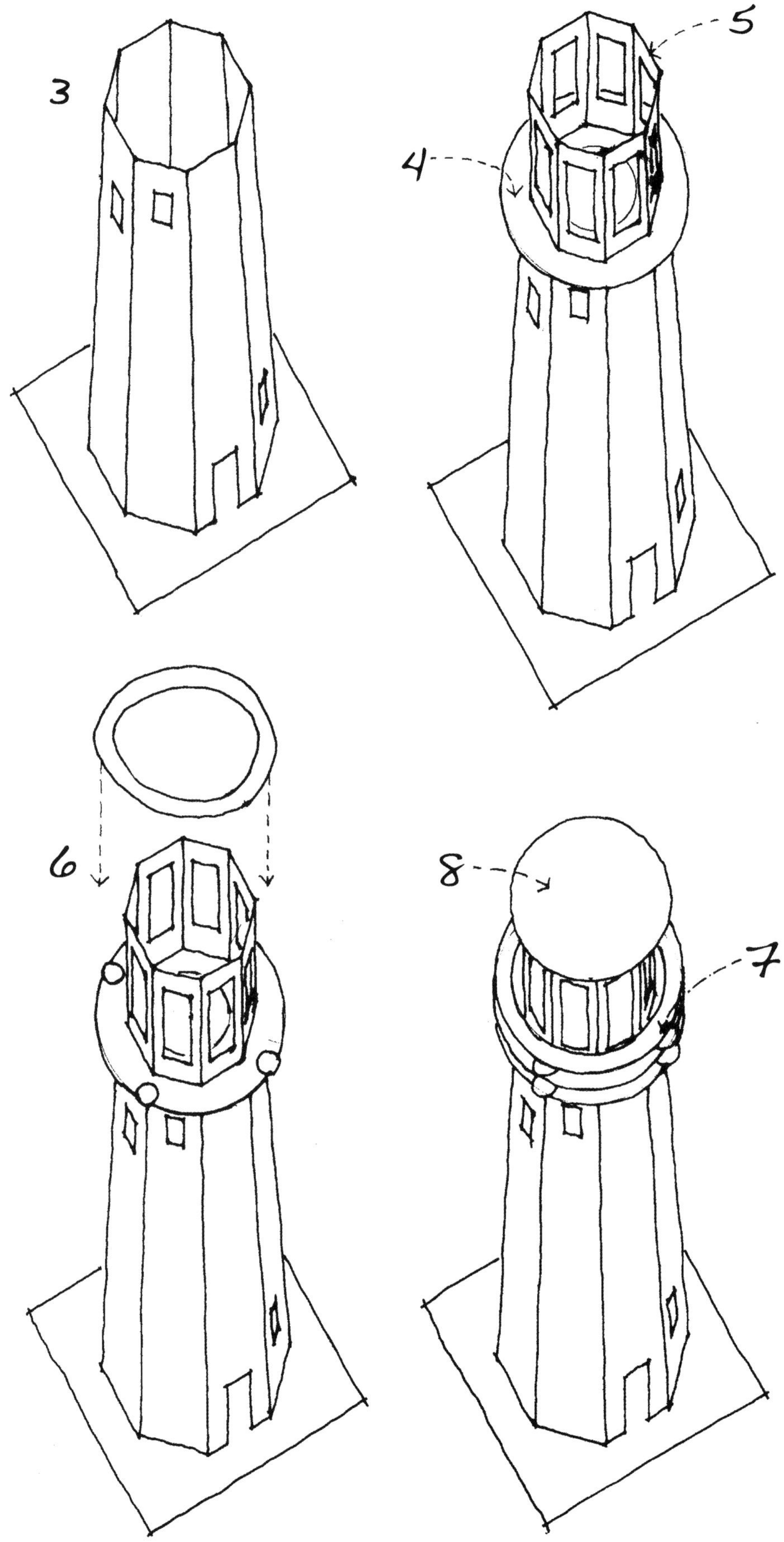
3
5
4
6
8
7

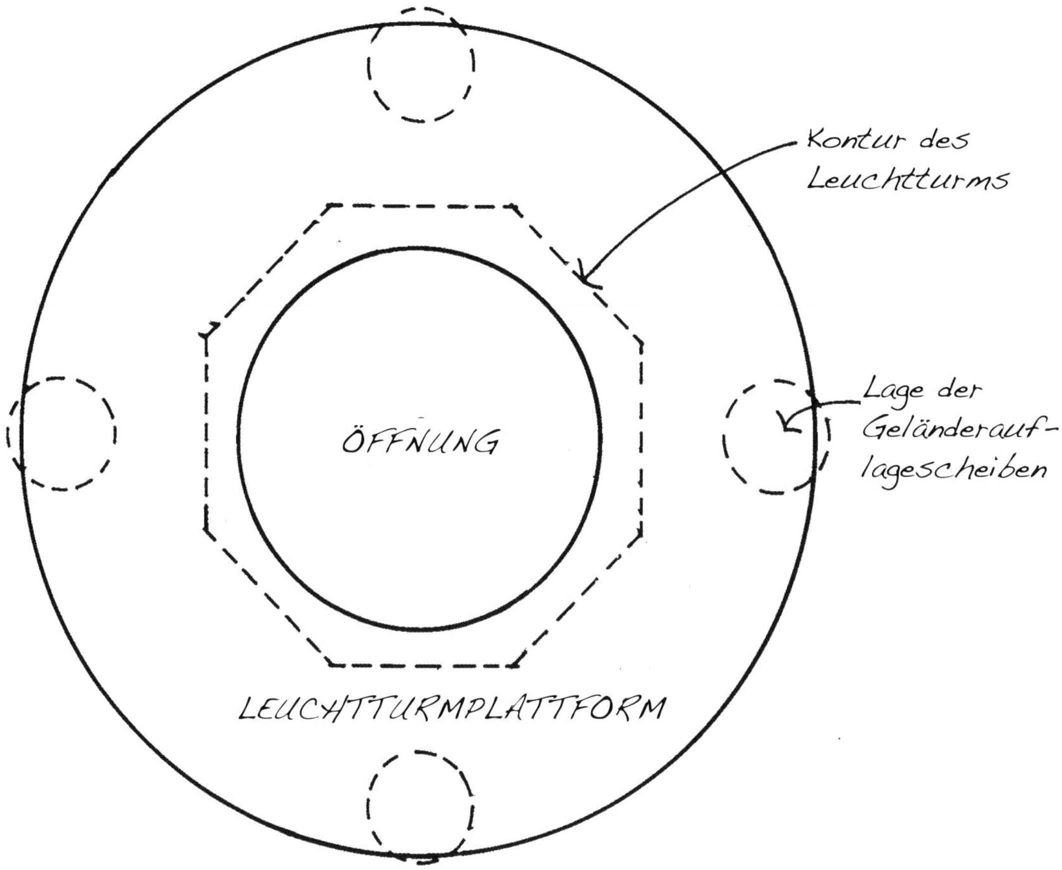
Kontur des Leuchtturms
Lage der Geländerauf-lagescheiben
ÖFFNUNG
LEUCHTTURMPLATTFORM

GELÄNDERAUFLAGESCHEIBEN, 8×

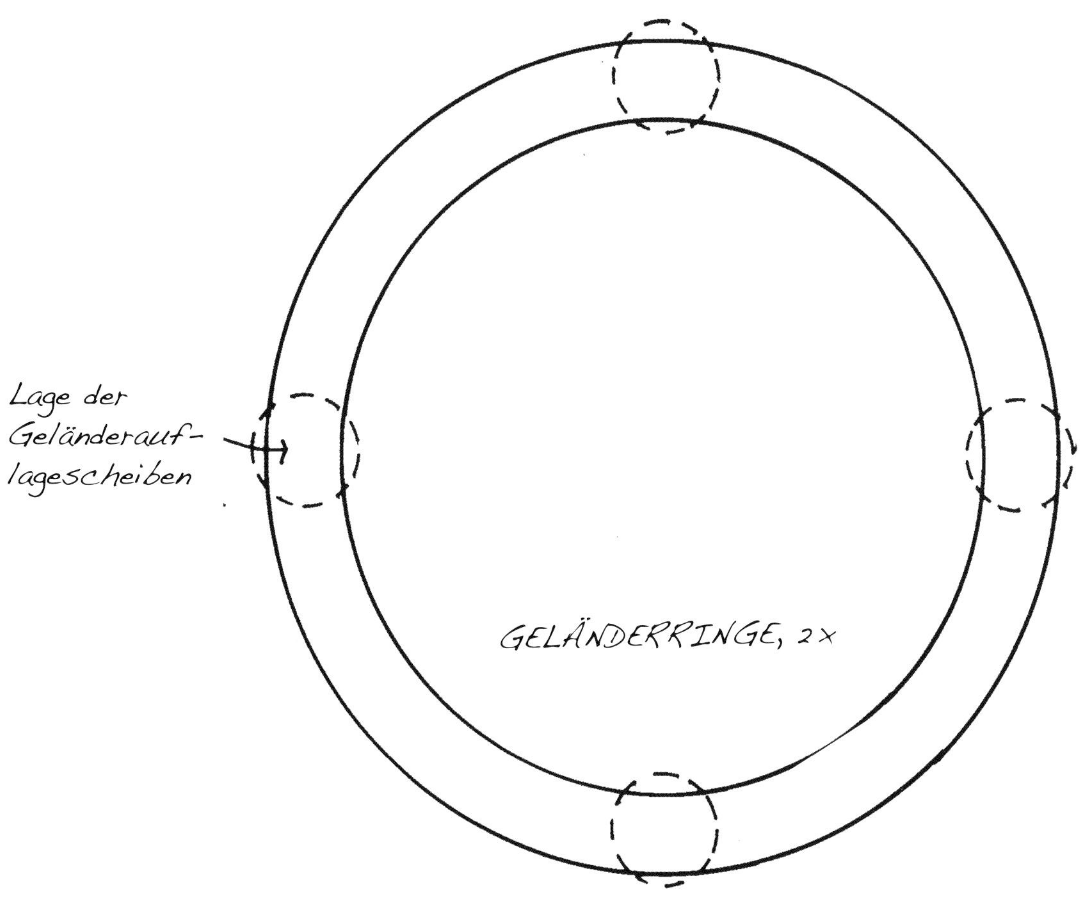
Lage der Geländerauf-lagescheiben
GELÄNDERRINGE, 2×

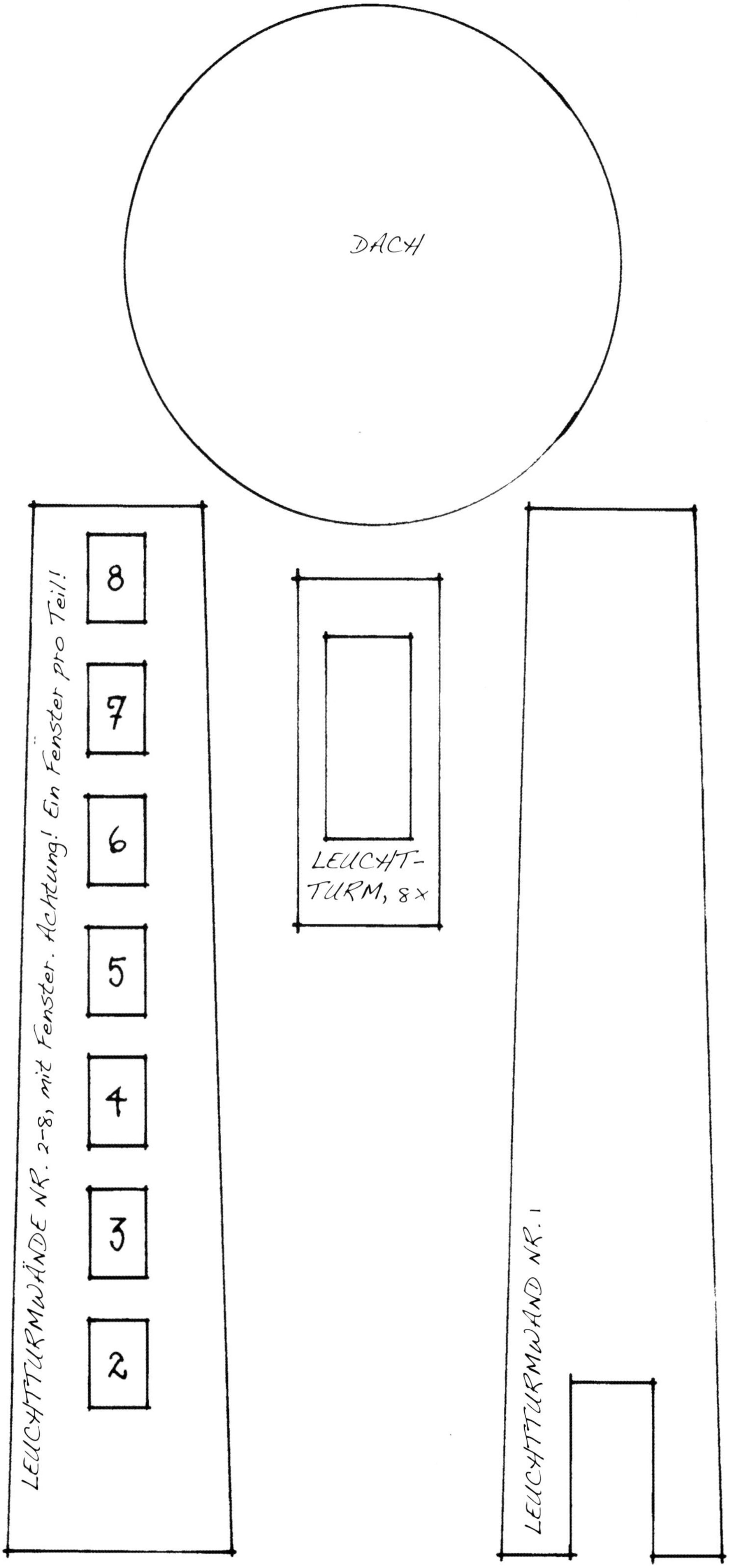
DACH
LEUCHT-TURM, 8x
LEUCHTTURMWÄNDE NR. 2–8, mit Fenster. Achtung! Ein Fenster pro Teil!
8
7
6
5
4
3
2
LEUCHTTURMWAND NR. 1

Kirche

Bei einer Reise durch Schweden entdeckt man viele Kirchen, die ungefähr so aussehen wie diese. Die Kirche aus Lebkuchenteig wirkt sehr stimmungsvoll auf dem Gabentisch oder in einer tiefen Fensternische. Versammeln Sie viele Lebkuchenmännchen auf Standplatten vor der Kirche. Vielleicht fährt auch gerade ein Pferdeschlitten auf dem Weg zur Christmette vorbei.

Die Teigteile ausschneiden und im Ofen backen, auch die beiden Scheiben, die aus dem Turm entfernt werden. Sie werden als Stütze beim Zusammenbauen des Daches (Firstscheiben) benötigt. Die Chorwand auf einem eingefetteten, feuerfesten Gefäß mit dem Durchmesser einer Weinflasche backen oder diese sofort, wenn sie aus dem Ofen kommt, auf eine Flasche drücken, damit sie deren Form annimmt. Der Teig muss dafür noch heiß sein; wenn er erhärtet, ist er nicht mehr formbar. Nimmt der Teig Farbe an, holen Sie ihn aus dem Ofen, legen alle Teile, außer der Chorwand, flach aus und lassen sie abkühlen. Falls nötig, die Ansatzkanten der Teigteile glätten. Bereits jetzt möglichst viel dekorieren, da es oft einfacher ist, wenn die Bauteile dabei flach ausliegen. Mit dem Verzieren der Ecken noch warten, sonst könnte die Glasur beim Zusammenbauen der Kirche springen.

Anleitung zum Zusammenbauen

1. Backpapier auf ein Tablett oder Schneidebrett legen, auf dem die ganze Kirche mit Turm und Chor Platz hat. Alle benötigten Teile darauf anordnen. Das Tablett/Brett in die Nähe der Pfanne mit dem geschmolzenen Zucker stellen, damit die Teile nach dem Eintauchen der Ansatzkanten in den Zucker schnell zusammengefügt werden können.
2. Den Zucker in einer Pfanne schmelzen. Ständig rühren, damit er nicht anbrennt.
3. Die FIRSTSCHEIBEN auf der Innenseite des CHORGIEBELS gemäß der Markierung anbringen. Die KIRCHENLÄNGSSEITEN mit dem CHORGIEBEL zusammensetzen. Die Teile sollten exakt im rechten Winkel zueinander stehen.
4. Die CHORWAND auf die Außenseite des CHORGIEBELS setzen. Die vier Teile des CHORDACHS so zusammensetzen, dass eine zylindrische Form entsteht. Vor dem Befestigen kontrollieren, ob die Kanten noch einmal geglättet werden müssen.
5. Die zwei TURMSEITEN an der Außenseite des TURMGIEBELS befestigen. Danach die TURM-VORDERSEITE anbringen.
6. Die vier kleinen DACHSCHRÄGEN UNTEN AM TURM einpassen und zusammensetzen.
7. Nun wird der KIRCHTURM gebaut. Mit zwei Seiten beginnen und diese auf Backpapier stehend zusammenkleben. Danach die beiden anderen einsetzen. Die Turmkonstruktion mit den Unterkanten in den Zucker tauchen und schnell auf den DACHSCHRÄGEN befestigen. Den Fuß des HAHNS in viel Zucker tauchen und auf der Turmspitze anbringen.
8. TREPPENSTUFEN 1, 2 und 3 so zusammensetzen, dass die Treppe mit der geraden Kante zur Kirche zeigt. Diese Kante in Zucker tauchen und die Treppe unter dem Kirchenportal festkleben. Die beiden KIRCHENTÜRFLÜGEL am Portal befestigen.
9. Alle Kontaktstellen zwischen DACH und Kirche und den anderen Dachteilen mit viel Zuckerkleber bestreichen. Hier gilt es, schnell zu sein, da der Zucker in kürzester Zeit hart wird. Sie können sich dabei von einer anderen Person helfen lassen. Die Teile des DACHES mit den FIRSTSCHEIBEN als Auflage zusammensetzen.
10. Das KREUZ am CHORGIEBEL befestigen und die Kirche fertig dekorieren.

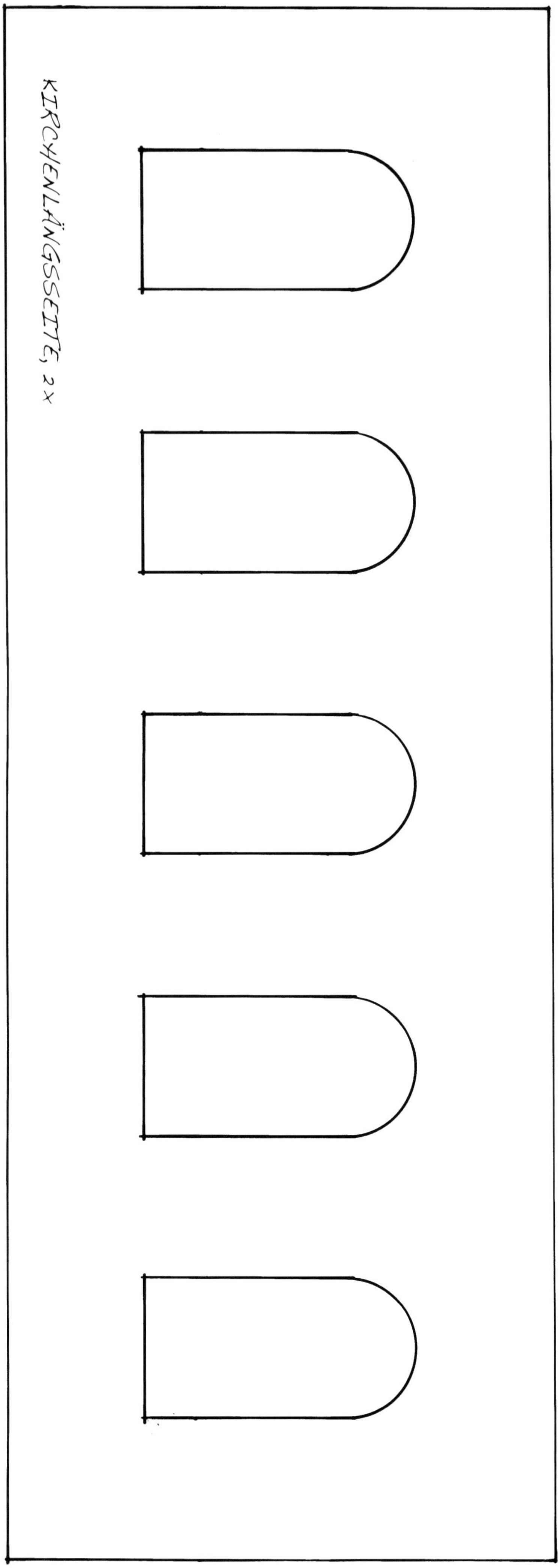
KIRCHENLÄNGSSEITE, 2x

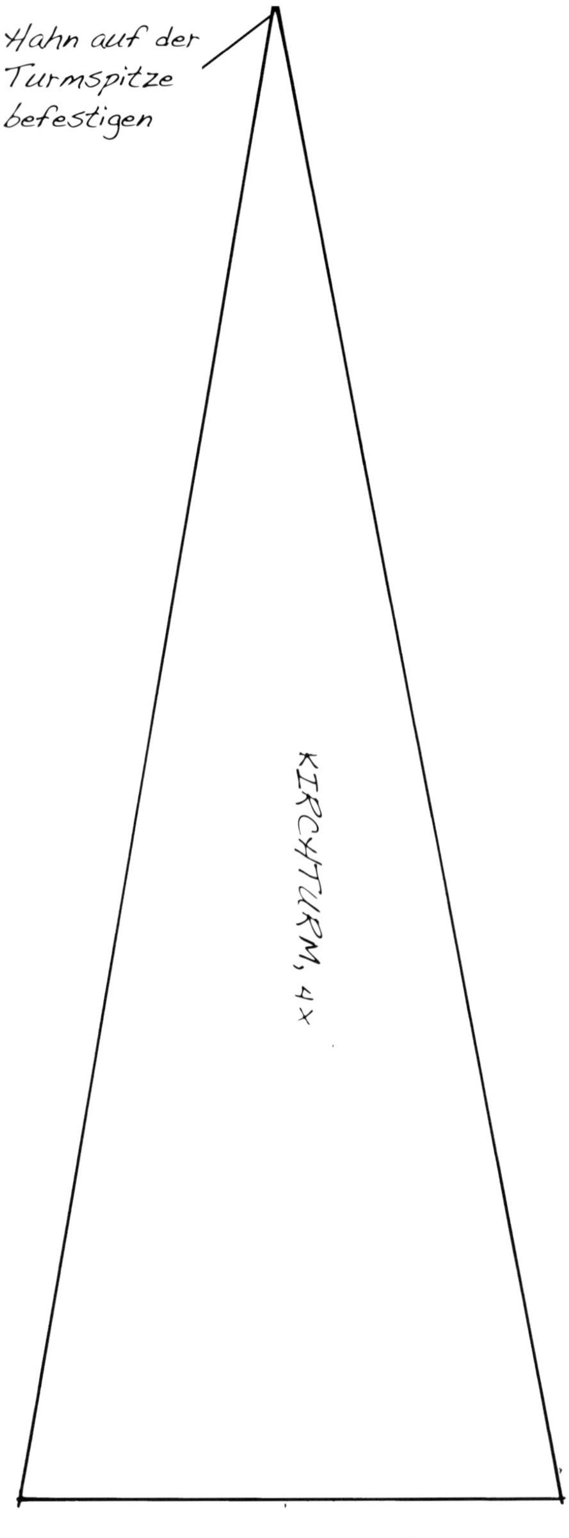
Hahn auf der Turmspitze befestigen
KIRCHTURM, 4x

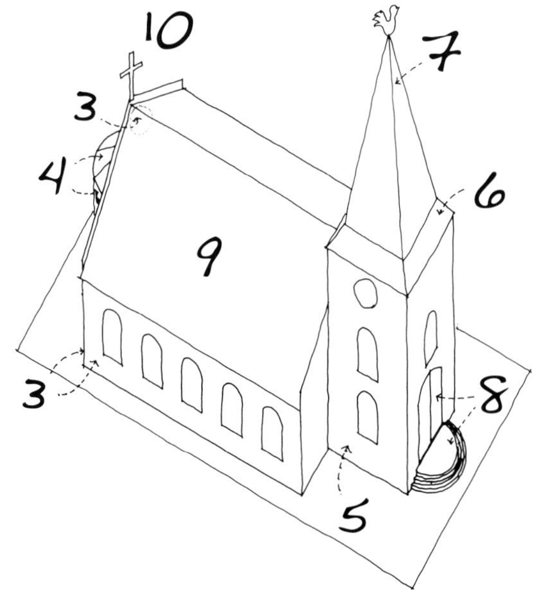
10
7
3
4
6
9
3
8
5

DACHSCHRÄGE UNTEN AM TURM, 4x
TURM-VORDERSEITE
TREPPEN-
STUFE 3
TREPPEN-
STUFE 2
TREPPEN-
STUFE 1

DACH, 2x

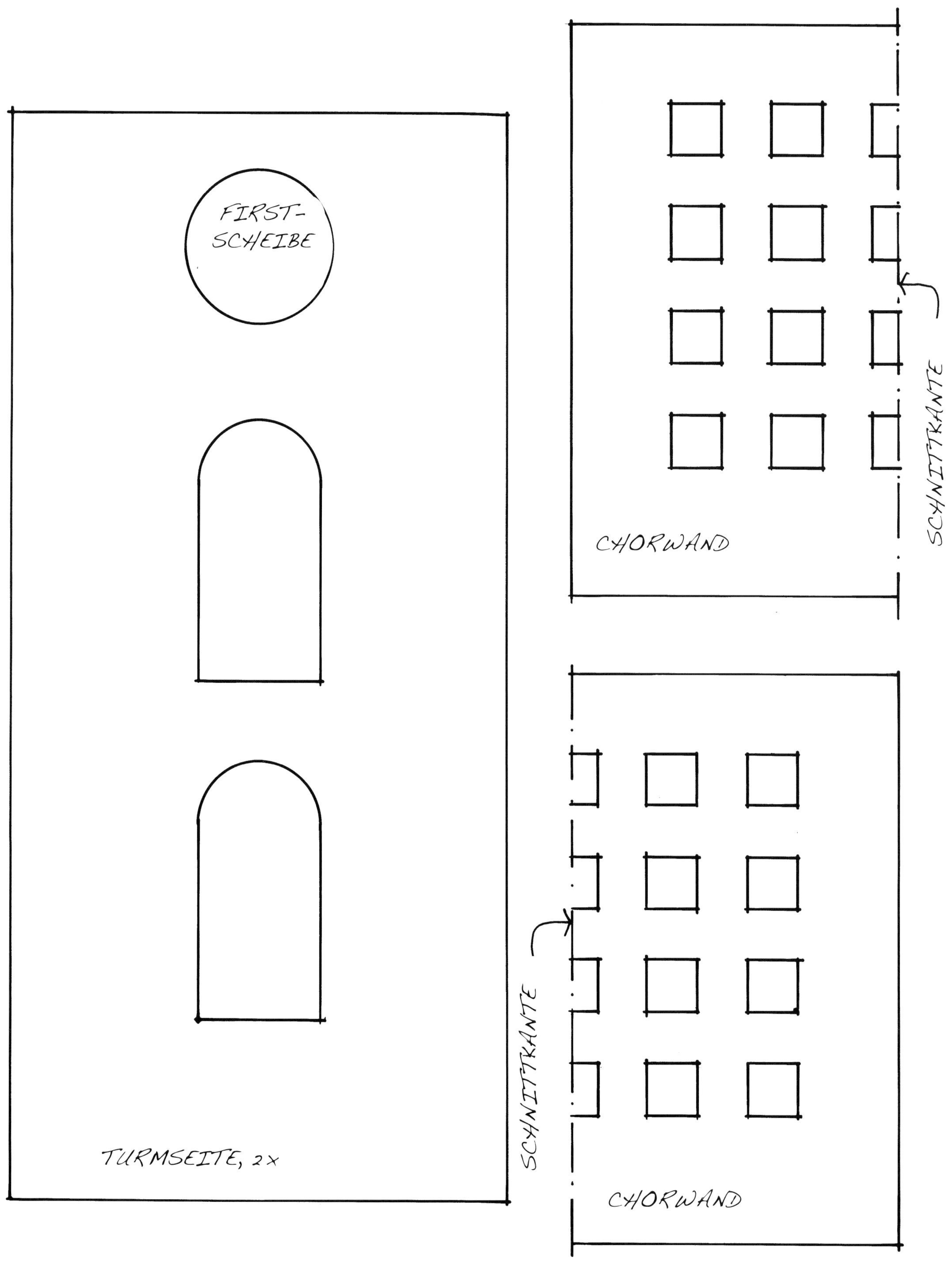
FIRST-
SCHEIBE
TURMSEITE, 2x
CHORWAND
SCHNITTKANTE
CHORWAND
SCHNITTKANTE

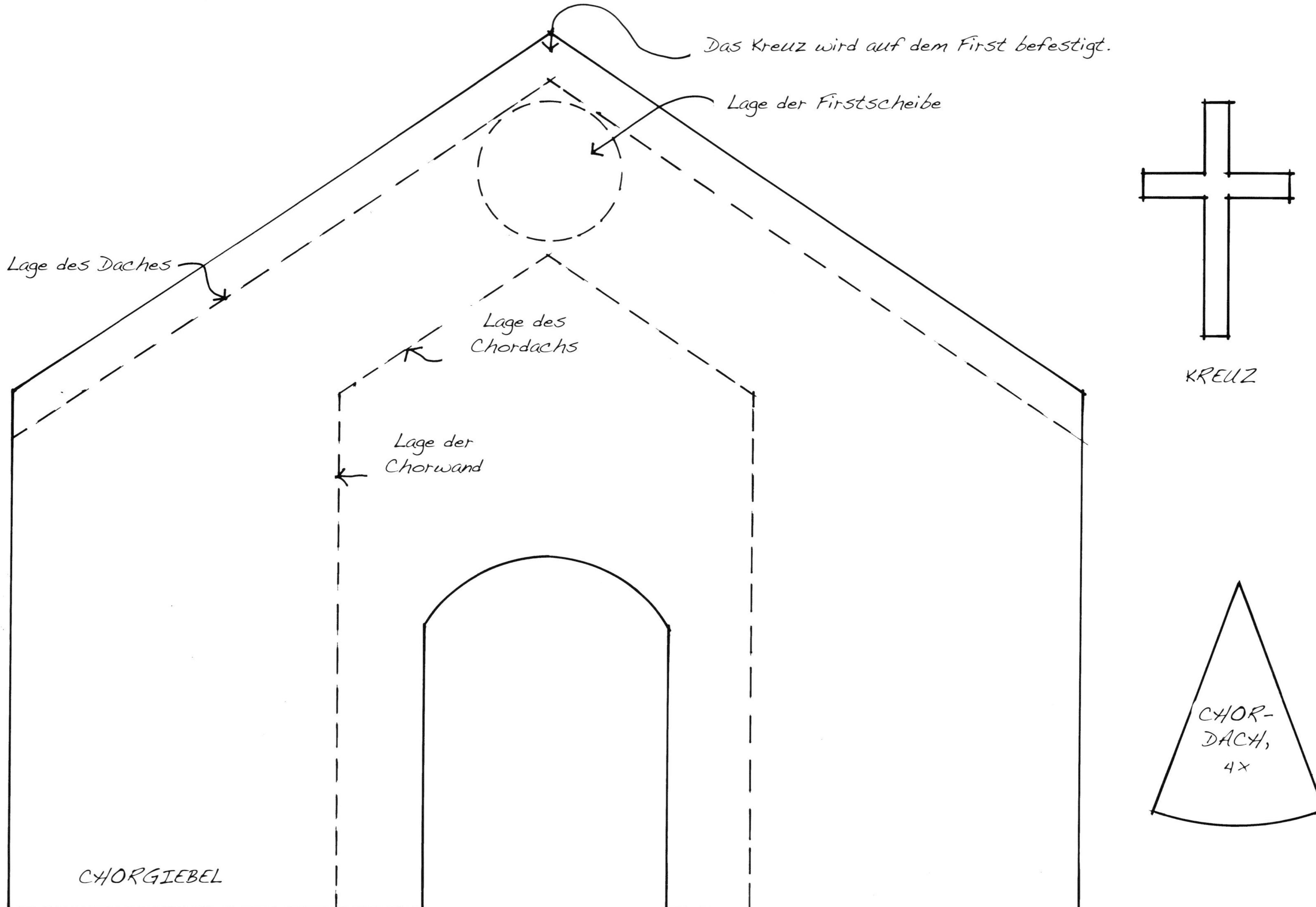
Das Kreuz wird auf dem First befestigt.
Lage der Firstscheibe
Lage des Daches
Lage des Chordachs
Lage der Chorwand
CHORGIEBEL
KREUZ
CHOR-
DACH,
4x

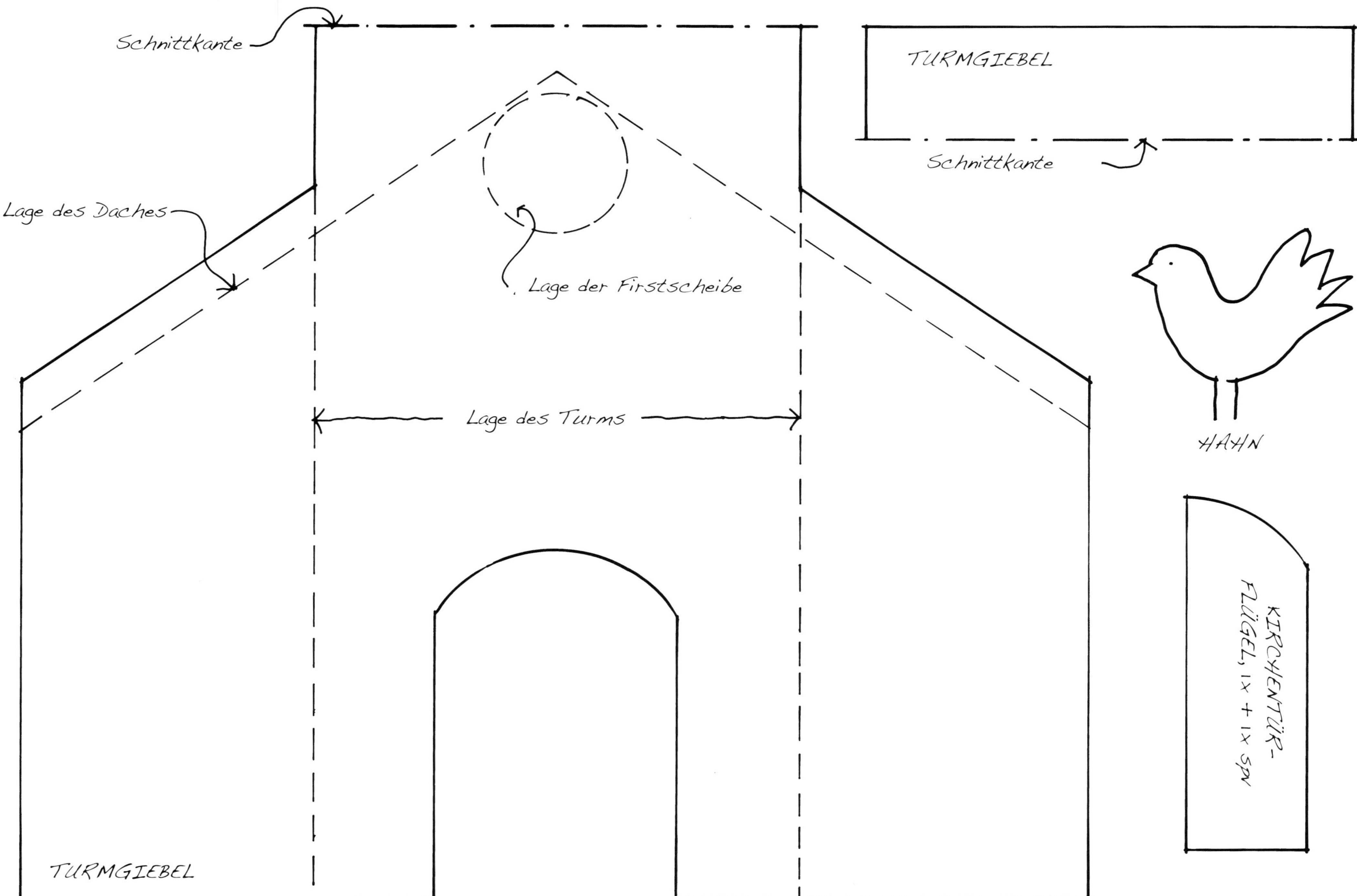
Schnittkante
TURMGIEBEL
Schnittkante
Lage des Daches
Lage der Firstscheibe
HAHN
Lage des Turms
KIRCHENTÜR-
FLÜGEL, 1x + 1x SPV
TURMGIEBEL

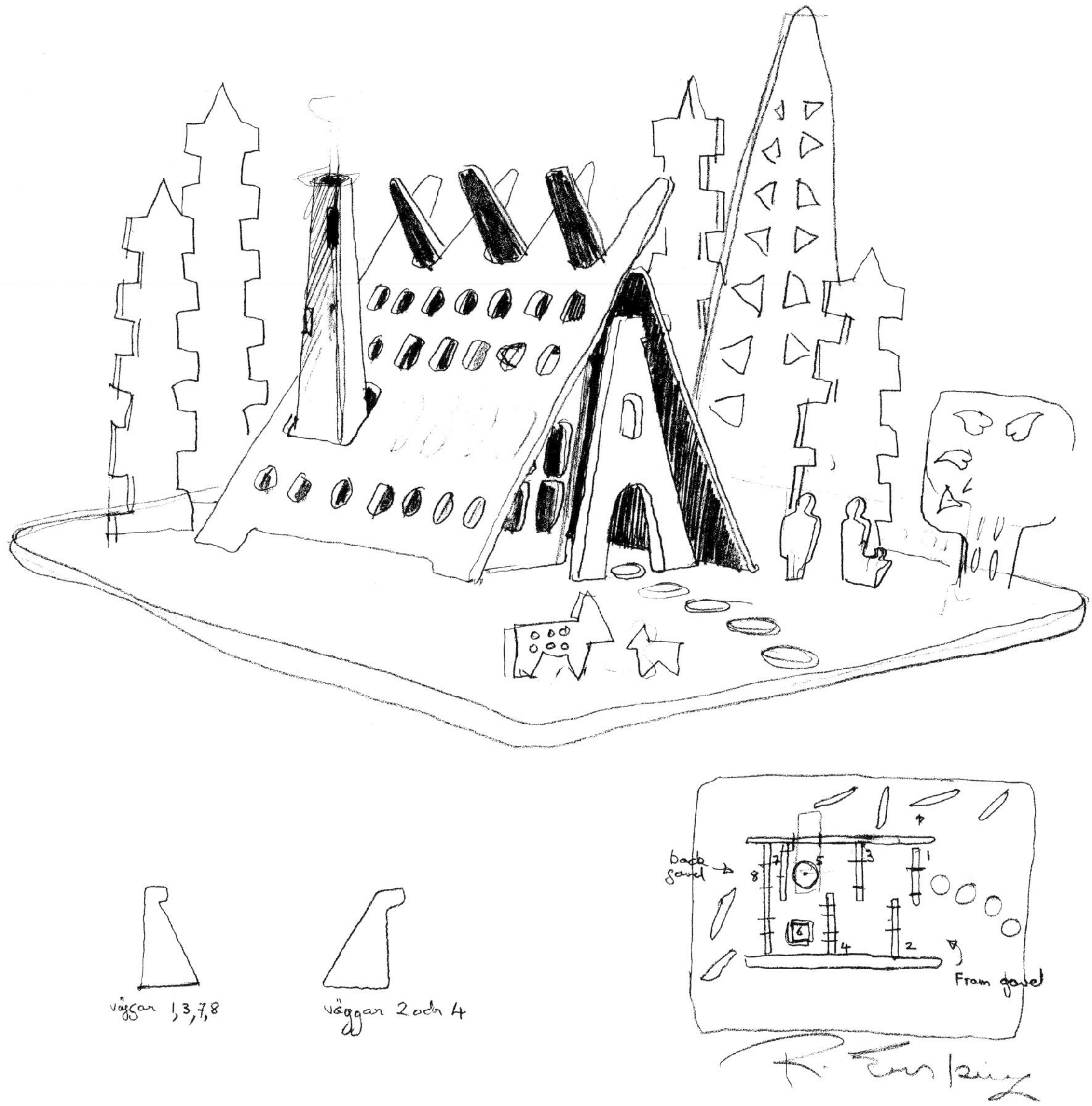

Ralph Erskines Lebkuchenhaus

Ralph Erskine, 1914 in London geboren und 2005 auf Ekerö gestorben, war ein britisch-schwedischer Architekt und Professor für Architektur. Als einer der führenden Vertreter der schwedischen Architektur während des 20. Jahrhunderts fand seine Arbeit internationale Beachtung.

Für Erskine, den Naturliebhaber, war die Einwirkung des Klimas und der Natur bei der Gestaltung von Gebäuden ein wesentlicher Faktor. Er bezog beim Bau von Häusern vor allem die Sonne mit ein. Sonnenlicht und -wärme wurden effizient bei der Platzierung und Ausrichtung von Gebäuden in der Landschaft genutzt, zudem sollten „Sonnenfänger" das schwache Winterlicht einfangen und im Haus reflektieren. Ralph Erskine hatte zudem großen Einfluss auf den schwedischen, aber auch internationalen Architekturdiskurs und förderte zielbewusst die politischen und sozialen Möglichkeiten einer gesellschaftsbezogenen Architektur.

Außerdem hat er dieses Lebkuchenhaus entworfen.

Die Spielhütte der kleinen Mait

Dies ist ein einfaches, kleines Häuschen, für das man nicht viel Lebkuchenteig braucht. Es kann beispielsweise mit dem Kapitänshaus oder der Fin-de-Siècle-Villa zu einem kleinen Lebkuchenensemble zusammengestellt werden.

Die Teigteile ausschneiden und im Ofen backen. Sobald der Teig Farbe annimmt, holen Sie die Teile heraus, legen sie flach aus und lassen sie abkühlen. Falls nötig, die Ansatzkanten glätten. Nach dem Auskühlen kann die Spielhütte dekoriert werden. Dazu die Teile flach auslegen, so geht es leichter. Mit dem Verzieren der Ecken noch warten, sonst könnte die Glasur beim Zusammenbauen springen.

Anleitung zum Zusammenbauen

1. Backpapier auf ein Tablett oder Schneidebrett legen, auf dem die ganze Hütte Platz hat. Alle benötigten Teile darauf anordnen. Das Tablett/Brett in die Nähe der Pfanne mit dem geschmolzenen Zucker stellen, damit die Teile nach dem Eintauchen der Klebeflächen in den Zucker schnell zusammengefügt werden können.
2. Den Zucker in einer Pfanne schmelzen. Ständig rühren, damit er nicht anbrennt.
3. Die eine SEITE des Hauses und den hinteren GIEBEL (ohne Türöffnung) zusammenbauen.
4. Den vorderen GIEBEL (mit Türöffnung) gemäß der Markierung befestigen.
5. Die andere SEITE des Hauses festkleben. Dann den VERANDAGIEBEL einsetzen.
6. Als Nächstes passen Sie den VERANDABODEN so ein, dass er mit der Vorderkante der Verandaöffnung abschließt und an die Unterkante der Türöffnung stößt. Dabei entsteht ein kleiner Spalt seitlich der Verandageländer. Keine Angst, das macht nichts!
7. Die TÜR befestigen und entweder nur anlehnen oder ganz schließen.
8. Die FENSTERLÄDEN an den Seiten der Fenster anbringen. Das DACH aufsetzen.
9. Fertig dekorieren und das Dach mit vielen Süßigkeiten belegen. So wird die Hütte noch schöner.

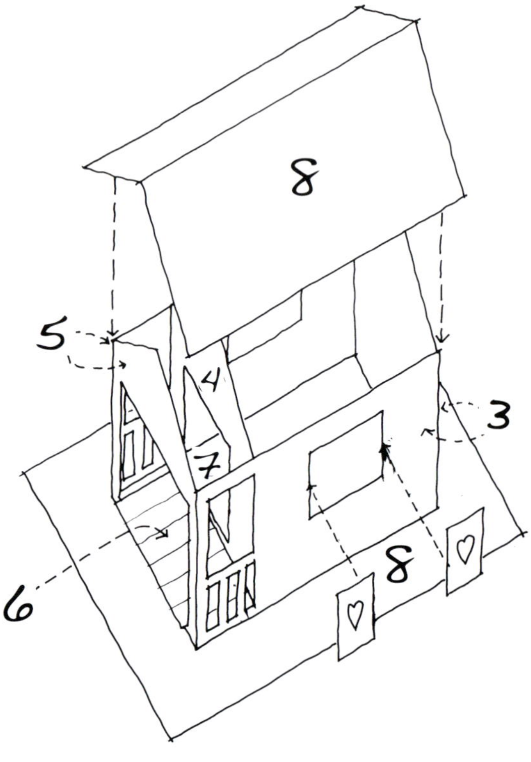

GIEBEL, 2x
TÜR-
ÖFFNUNG
IN EINEM
TEIL
Lage des
Bodens
VERANDAGIEBEL
TÜR
FENSTER-
LADEN
4x
DACH, 2x
Lage des
Giebels
mit Tür-
öffnung
VERANDA-
BODEN
SEITE, 1x + 1x spv

Lebkuchen-Deko

Einen Spitzenstoff über die Lebkuchenteile legen und reichlich mit Puderzucker bestäuben. Vorsichtig den Stoff abheben. Sieht raffiniert aus und ist mal was ganz anderes!

Mittelalterliches Stadthaus

Vorbilder für dieses Haus mit seinen ausgewogenen Proportionen, hochgezogenen Giebeln und hohen Fenstern sind Stockholms Gamla Stan und Amsterdams Treppengiebelhäuser.

Für das Stadthaus alle Teile von der Vorlage kopieren und ausschneiden. Die Teigteile ausschneiden. Zum Ausstechen der Fenster haben wir eine kleine Vierecksform benutzt, die wir aus einem Minilebkuchen-Ausstecher quadratisch zurechtgebogen haben.

Legen Sie große und kleine Teile getrennt auf die Backbleche und backen Sie sie. Auch die beiden Scheiben backen, die aus den obersten Giebelfenstern entfernt werden. Sie dienen als Stützen beim Zusammenbau des Daches (Firstscheiben). Nimmt der Teig Farbe an, holen Sie die Teile aus dem Ofen, legen sie flach aus und lassen sie abkühlen. Falls nötig, Ansatzkanten glätten. Sind die Teile ausgekühlt, sollten Sie schon möglichst viel dekorieren, da es sich besser arbeiten lässt, wenn die Teile flach ausliegen. Mit dem Verzieren der Ecken noch warten, die Glasur könnte sonst beim Zusammenbauen springen.

Anleitung zum Zusammenbauen

1. Backpapier auf ein Tablett oder Schneidebrett legen, auf dem das ganze Haus Platz hat. Achtung: Es wird sehr hoch! Alle benötigten Teile auf dem Tablett/Brett anordnen. In die Nähe der Pfanne mit dem geschmolzenen Zucker stellen, damit die Teile nach dem Eintauchen der Ansatzkanten in den Zucker schnell zusammengefügt werden können.
2. Den Zucker in einer Pfanne schmelzen. Ständig rühren, damit er nicht anbrennt.
3. Die FIRSTSCHEIBEN als Auflage für den Dachfirst auf der Innenseite der HOHEN GIEBEL gemäß Markierung festkleben. Alle Wände des Hauses zusammensetzen. Die HOHEN GIEBEL über die niedrigeren Seiten hinausragen lassen.
4. Kontrollieren, ob das DACH zwischen die HOHEN GIEBEL passt. Die Dachteile mit dem Reibeisen glätten, wenn sie zu groß sind. Das DACH einpassen.
5. Die einzelnen Teile des DACHERKERS zusammensetzen. Kontrollieren, ob er passt, und eventuell zurechtfeilen. Danach über der Öffnung im DACH anbringen.
6. Den SCHORNSTEIN zusammenfügen und auf dem DACH befestigen.
7. Die kleine TREPPE an den Hauseingang kleben. Wenn Ihr Teig dick ist, reichen drei Teile bis zur Türöffnung hinauf. Die Stufen gemäß der Vorlage zusammenbauen und unter der Tür befestigen.
8. Die beiden Türflügel der UNTEREN TÜR am Eingang anbringen, sie können entweder einen Spalt offen oder geschlossen sein.
9. Den HEBEBALKEN und die OBERE TÜR an der Rückseite des Hauses befestigen.
10. Das Stadthaus fertig dekorieren, eventuell Eiszapfen an den Dachkanten anbringen.

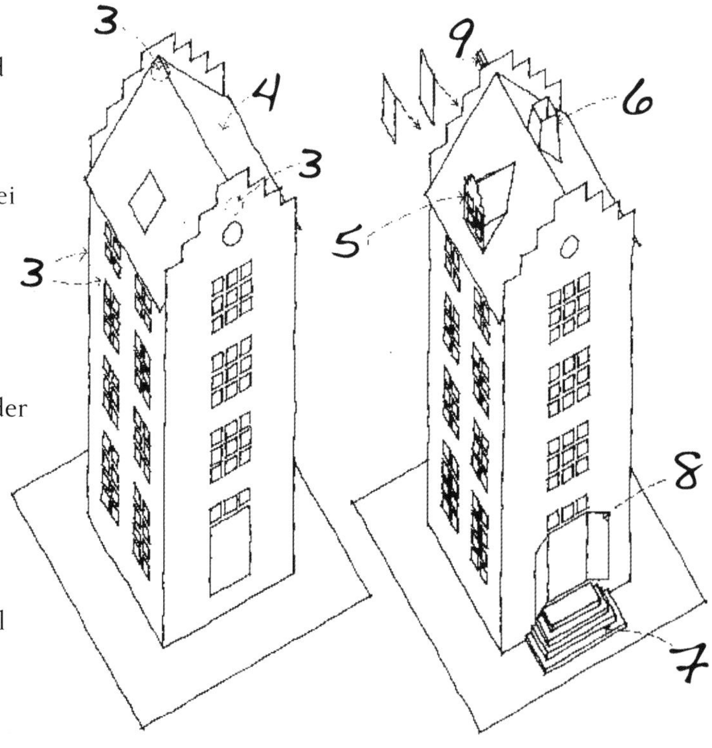

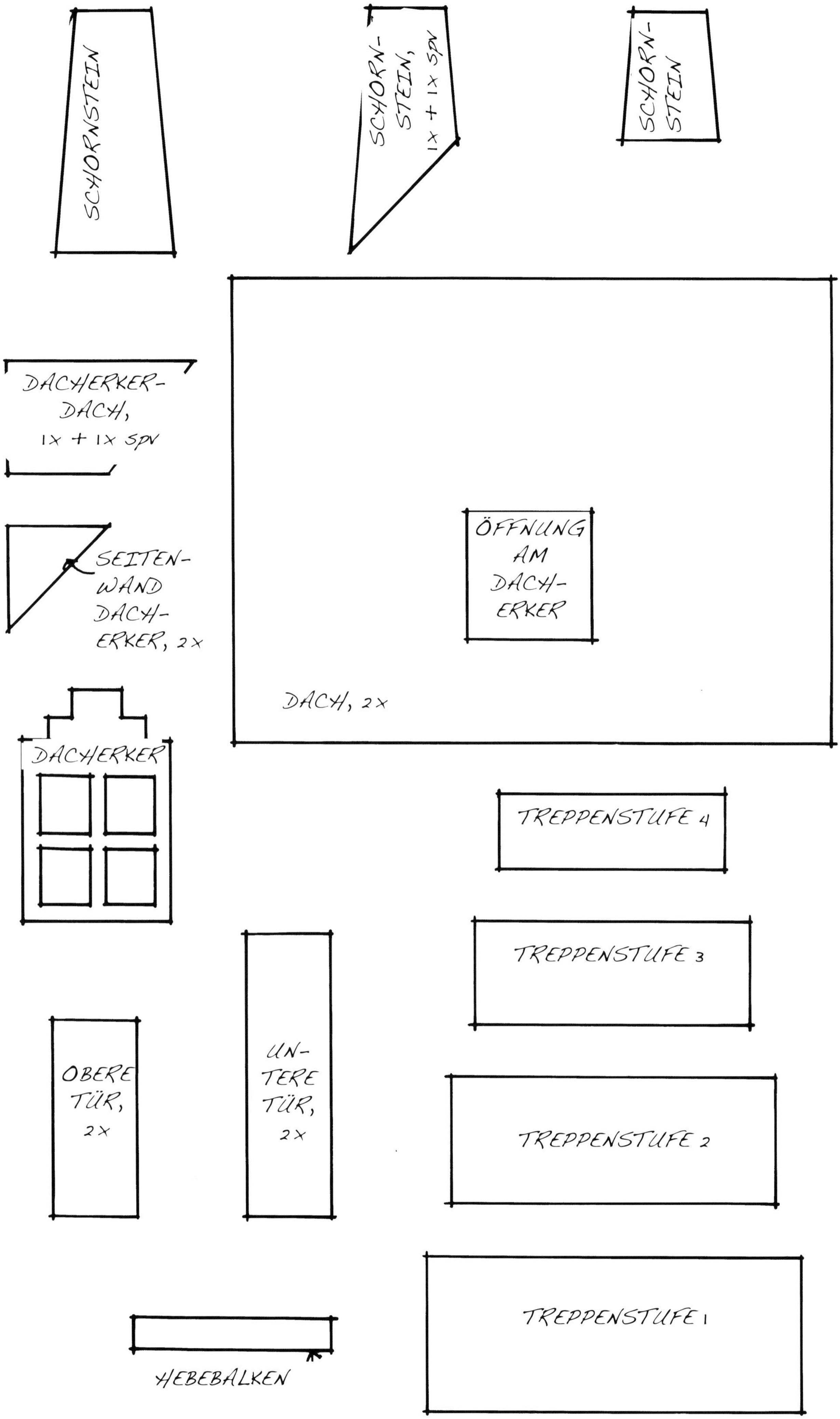
SCHORNSTEIN
SCHORN-
STEIN,
1x + 1x spv
SCHORN-
STEIN
DACHERKER-
DACH,
1x + 1x spv
SEITEN-
WAND
DACH-
ERKER, 2x
ÖFFNUNG
AM
DACH-
ERKER
DACH, 2x
DACHERKER
TREPPENSTUFE 4
TREPPENSTUFE 3
OBERE
TÜR,
2x
UN-
TERE
TÜR,
2x
TREPPENSTUFE 2
TREPPENSTUFE 1
HEBEBALKEN

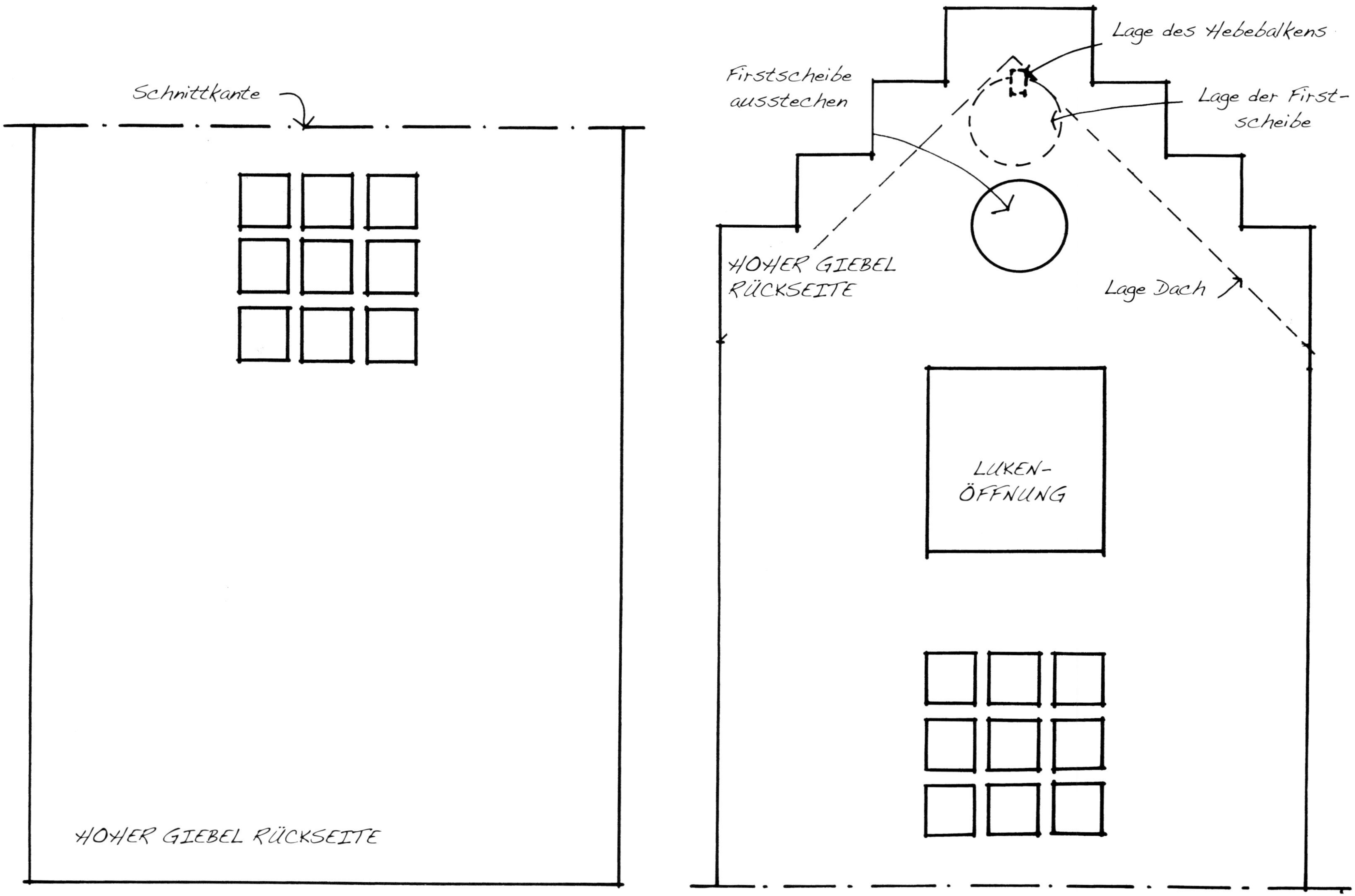

Schnittkante
HOHER GIEBEL RÜCKSEITE
Firstscheibe ausstechen
Lage des Hebebalkens
Lage der First-scheibe
HOHER GIEBEL RÜCKSEITE
Lage Dach
LUKEN-ÖFFNUNG

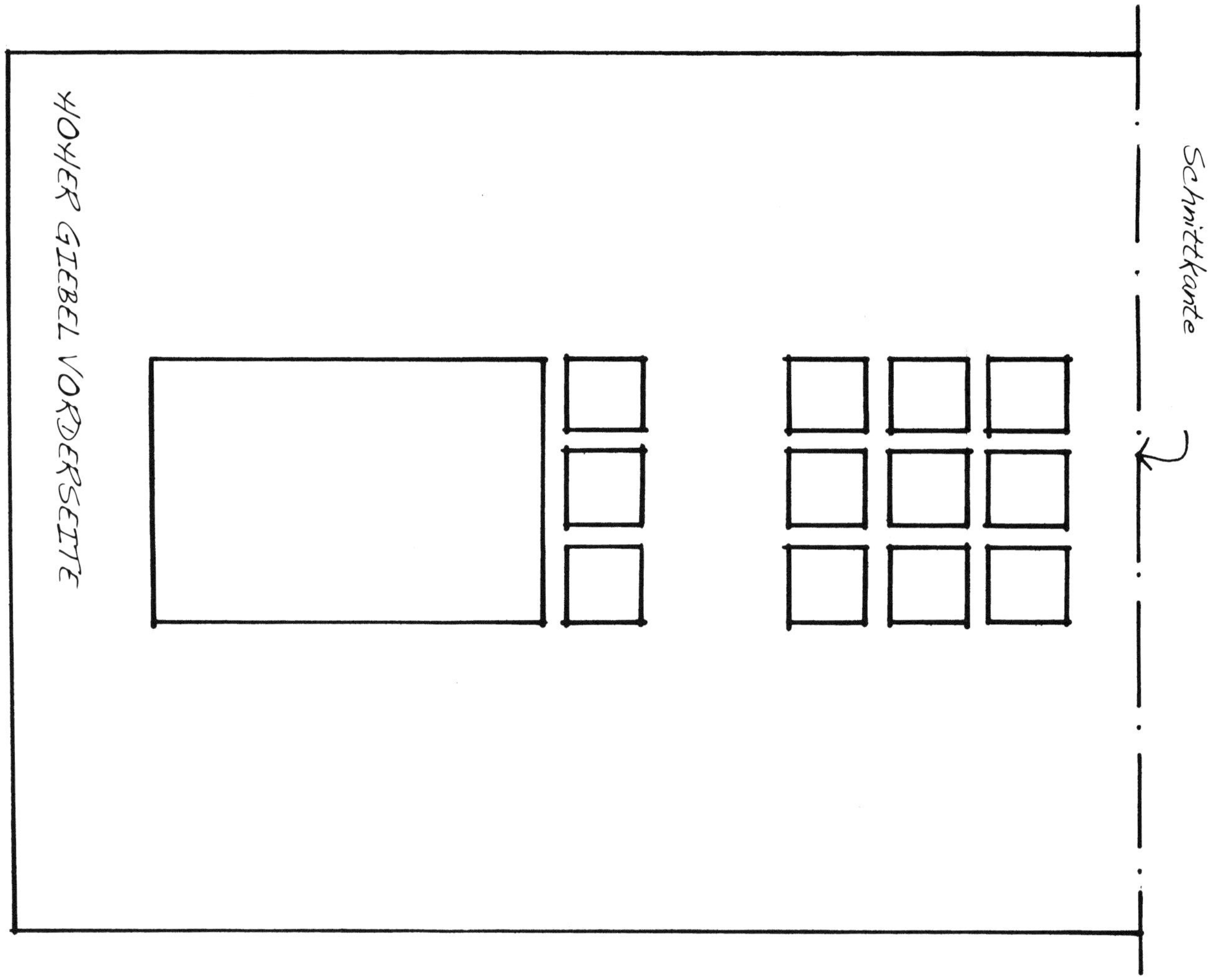

HOHER GIEBEL VORDERSEITE
Schnittkante

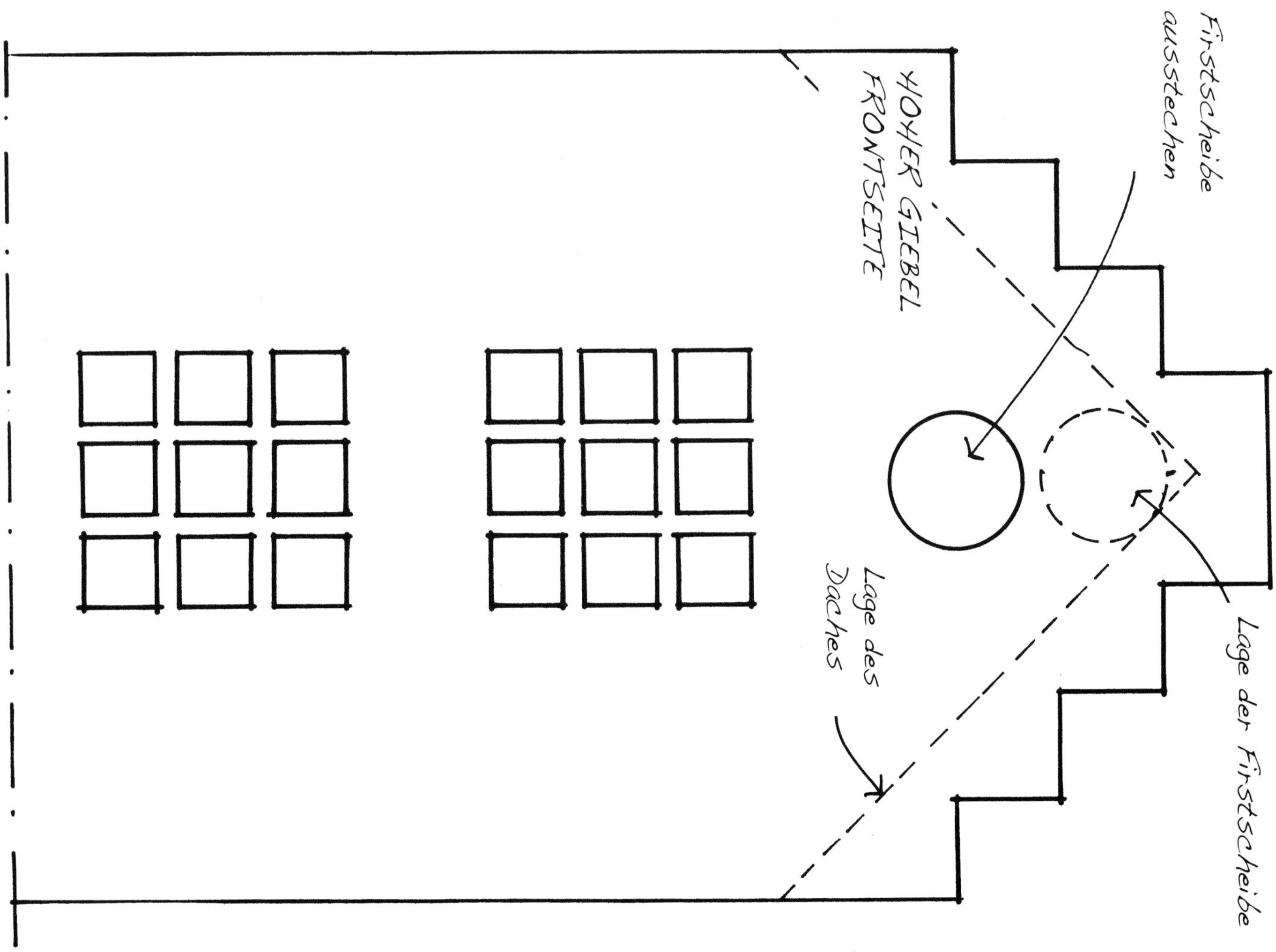

HOHER GIEBEL FRONTSEITE
Firstscheibe ausstechen
Lage der Firstscheibe
Lage des Daches

SEITENWÄNDE, 2x

Weihnachtsspiele

Ich weiß etwas, was du nicht weißt

Bei diesem Spiel wird einer der Mitspieler vor die Tür geschickt. Die anderen einigen sich währenddessen auf einen Begriff, den die Person vor der Tür erraten muss. Es geht dabei immer um ein Verb, also ein Wort, das beschreibt, was man macht, beispielsweise spielen, springen oder hüpfen. Anschließend darf die Person wieder ins Zimmer kommen und muss nun Fragen stellen, um dieses Verb zu erraten. Die Fragen können zum Beispiel wie folgt lauten: „Mache ich das normalerweise?“ oder „Mach ich das gerne?“ Die Gefragten dürfen nur mit „Ja“ oder „Nein“ antworten. Wird der Begriff erraten, muss die Person, die die letzte Antwort gegeben hat, als Nächste vor die Tür.

Lebkuchen-Fangspiel

Das Spiel geht ganz einfach und empfiehlt sich besonders nach dem Weihnachtsessen. Zuerst wird festgelegt, wer der Lebkuchenfänger und wer der Lebkuchen ist. Letzterer wird gejagt, Ersterer ist derjenige, der ihn jagt. Die anderen Mitspieler stellen sich zu zweit, Arm in Arm, auf. Nun beginnt der Fänger, den Lebkuchen zu jagen. Letzter kann sich retten, indem er sich bei einem Paar einhängt. Der nun überzählige Mitspieler muss loslassen und weglaufen. Damit ist er der neue Lebkuchen. Schafft der Fänger es, den Lebkuchen zu fangen, wird der Lebkuchen neuer Fänger, und der alte Fänger wird der Lebkuchen, den der neue Fänger fangen muss.

Wer berührt den Weihnachtsmann als Erster?

Bei diesem Spiel können zwischen fünf und fünfzehn Leute mitspielen. Als Erstes wird eine Startlinie etwa zehn Meter von einer Mauer entfernt gezogen. Danach wird der „Weihnachtsmann“ ernannt. Mit einer Maske sieht er noch besser aus. Er muss sich mit dem Gesicht zur Wand stellen und den anderen Mitspielern den Rücken zukehren. Diese stehen in einer Reihe auf der Startlinie. Der Weihnachtsmann kann nun Folgendes rufen:

„Wichtel-Schritt“ — die Ferse des einen Fußes wird vor die Zehen des anderen gesetzt. Der Schritt beträgt also eine Fußlänge.
„Ameisen-Schritt“ — die Spieler dürfen nur einen möglichst kleinen Schritt machen.
„Menschen-Schritt“ — die Spieler dürfen einen normalen Vorwärtsschritt machen.
„Riesen-Schritt“ — die Spieler müsssen einen möglichst großen Schritt machen.
„Bananen-Schritt“ —. die Mitspieler legen sich auf den Boden und strecken ihre Arme so weit von sich, wie es geht. Bis zu diesem Punkt dürfen sie dann gehen.
„Regenschirm-Schritt“ — nach jedem Schritt müssen sich die Spieler einmal um die eigene Achse drehen.

Hat der Weihnachtsmann einen „Schritt“ gerufen, zählt er leise bis zehn. Währenddessen führen die Teilnehmer seinen Befehl aus. Wenn der Weihnachtsmann mit dem Zählen fertig ist, dreht er sich schnell um. Dann darf sich niemand mehr bewegen. Sieht der Weihnachtsmann trotzdem noch jemanden, der sich bewegt, muss derjenige an die Startlinie zurück. Gewonnen hat, wer den Weihnachtsmann als Erster berühren kann. Er ist dann der neue Weihnachtsmann.

Das Weihnachtslicht verstecken

Für dieses Spiel brauchen Sie eine Kerze.

Die Mitspieler bilden einen Kreis. Eine Person steht in der Mitte. Dann lassen die Mitspieler eine Kerze hinter ihrem Rücken herumwandern. Dazu singen sie „Dieses Licht soll wandern, von einem zum anderen. Lass es gehen, lass es gehen! Lass es niemals stille stehen!" Beim letzten Wort bewegen sich die Hände nicht mehr. Nun muss die Person in der Mitte raten, wo die Kerze ist. Der Mitspieler, der die Kerze gerade hat, muss sich als Nächstes in den Kreis stellen. Oder man kann die Person, die richtig geraten hat, die Kerze anzünden lassen.

Wer darf den Schlitten des Weihnachtsmanns lenken?

Ein lustiges Spiel, bei dem man zudem sein Gehör trainieren kann. Man braucht dafür kleine Glöckchen wie am Schlitten des Weihnachtsmanns. Sie können dafür zum Beispiel einen stabilen Schellenkranz in einem gut sortierten Musikladen kaufen.

Alle sitzen in einem Kreis, am besten auf Stühlen. Eine Person nimmt in der Mitte Platz und schließt die Augen. Dann wird hinter diese Person der Schellenkranz gelegt. Als Nächstes wählt man einen Mitspieler im Kreis aus, der den Schlitten lenken soll. Er holt den Schellenkranz und geht leise auf seinen Platz zurück. Danach legen alle im Kreis die Hände auf den Rücken. Die Person in der Mitte muss nun raten, wer den Schellenkranz weggenommen hat. Wenn die Person in der Mitte genau hingehört hat und alle ruhig gewesen sind, lässt sich gut erraten, wohin die Schellen getragen wurden. Es gibt drei Versuche. Wird der Schellenkranz-Besitzer nicht erraten, muss er sich zu erkennen geben und setzt sich als Nächster in den Kreis.

JaFFE!
ROCK

Ritterburg

Eine stattliche Burg als Weihnachtsschmuck für alle Ritter und Burgfräuleins. Schmücken Sie sie beispielsweise mit Fähnchen, Rittern, Drachen und Burgfräuleins aus der Spielzeugkiste. Sie können den Turm auch mit Süßigkeiten füllen und Teelichter in den Burghof stellen.

Die Teigteile ausschneiden und im Ofen backen. Wir haben die Zugbrücke mit dem Messer bearbeitet, um ihr eine Holzstruktur zu geben. Sobald der Teig Farbe annimmt, können Sie die Teile herausholen, flach auslegen und abkühlen lassen. Falls nötig, Ansatzkanten der Teile glätten. Nach dem Auskühlen die Burg mit einem Wappen aus Zuckerguss dekorieren und Steinquader andeuten. Dazu sollten die Teile am besten flach ausliegen. Mit dem Verzieren der Ecken noch warten, sonst könnte die Glasur beim Zusammenbauen springen.

Anleitung zum Zusammenbauen

1. Backpapier auf ein Tablett oder Schneidebrett legen, auf dem die ganze Burg Platz hat. Achtung: Sie wird sehr groß! Alle benötigten Teile auf dem Tablett/Brett anordnen. In die Nähe der Pfanne mit dem geschmolzenen Zucker stellen, damit die Teile nach dem Eintauchen der Ansatzkanten in den Zucker schnell zusammengefügt werden können.
2. Den Zucker in einer Pfanne schmelzen. Ständig rühren, damit er nicht anbrennt.
3. Die WÄNDE der vier Türme zusammensetzen.
4. Die BURGWÄNDE zwischen den Türmen befestigen.
5. Den UMGANG auf der Innenseite der Burg gemäß Markierung festkleben. Die Konstruktion mit einer Schachtel abstützen, bis der „Kleber" getrocknet ist.
6. Die TURMDÄCHER und die TURMKRONEN befestigen.
7. Die ZUGBRÜCKE anbringen. Für die Ketten der ZUGBRÜCKE eignen sich beispielsweise Fruchtgummischnüre.
8. Die Burg zu Ende dekorieren. Fertig ist das imposante Lebkuchenhaus!

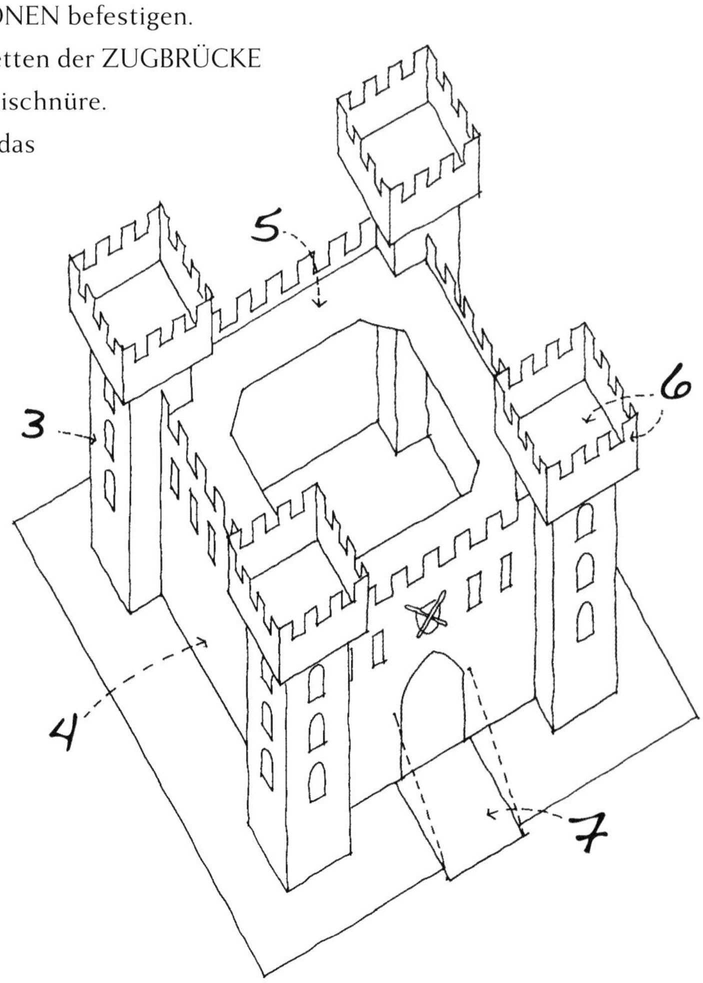

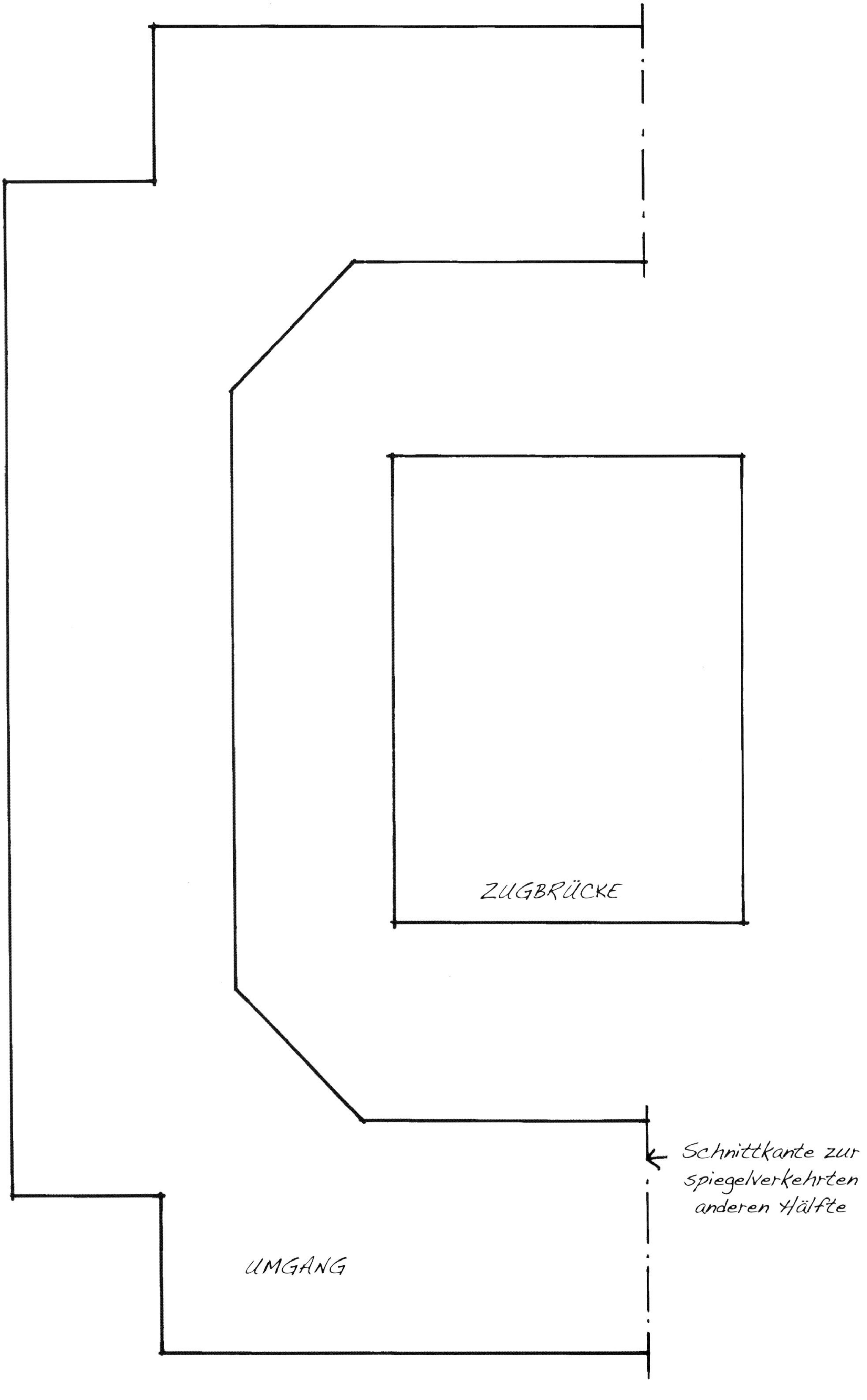

ZUGBRÜCKE
Schnittkante zur
spiegelverkehrten
anderen Hälfte
UMGANG

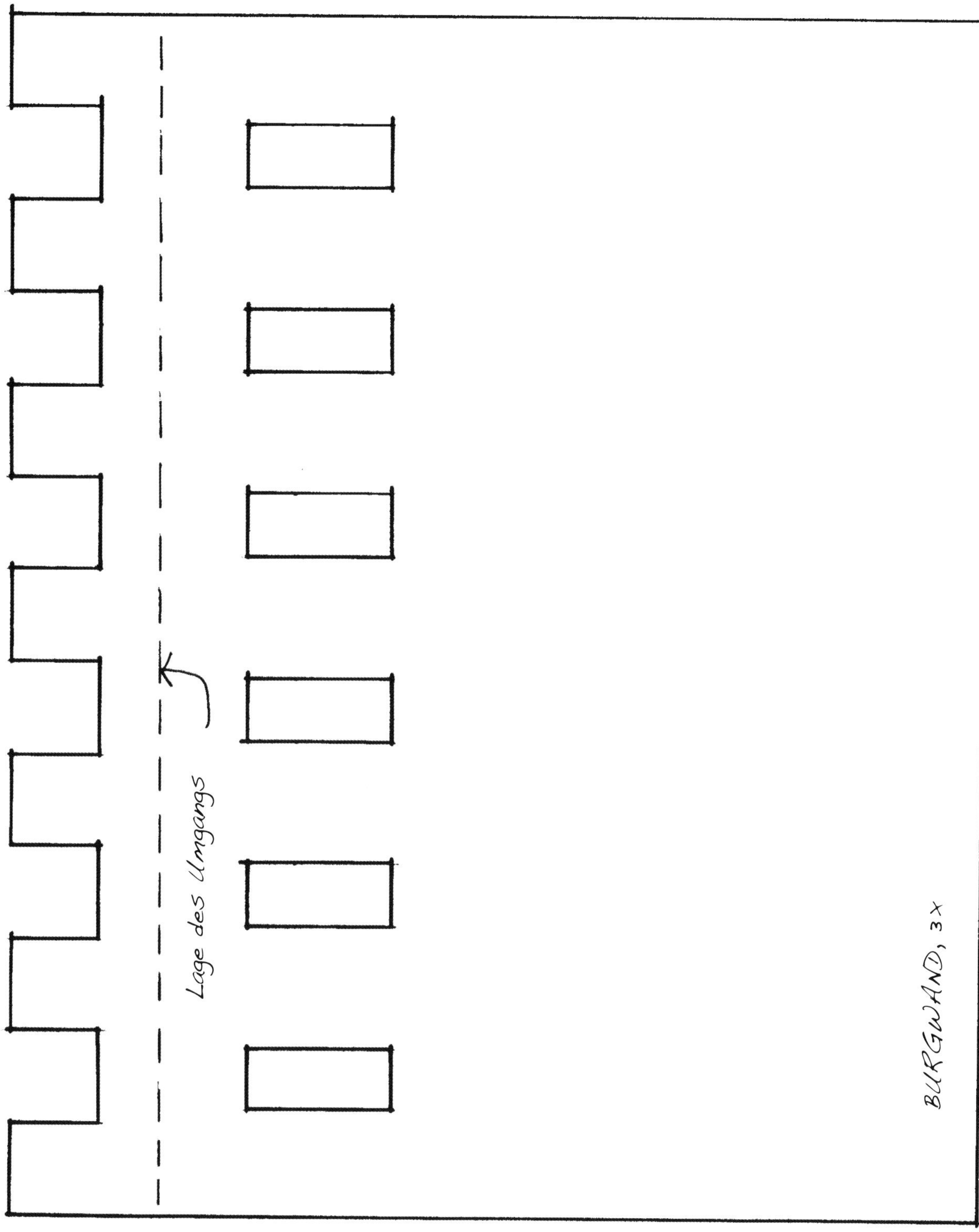
Lage des Umgangs
BURGWAND, 3x

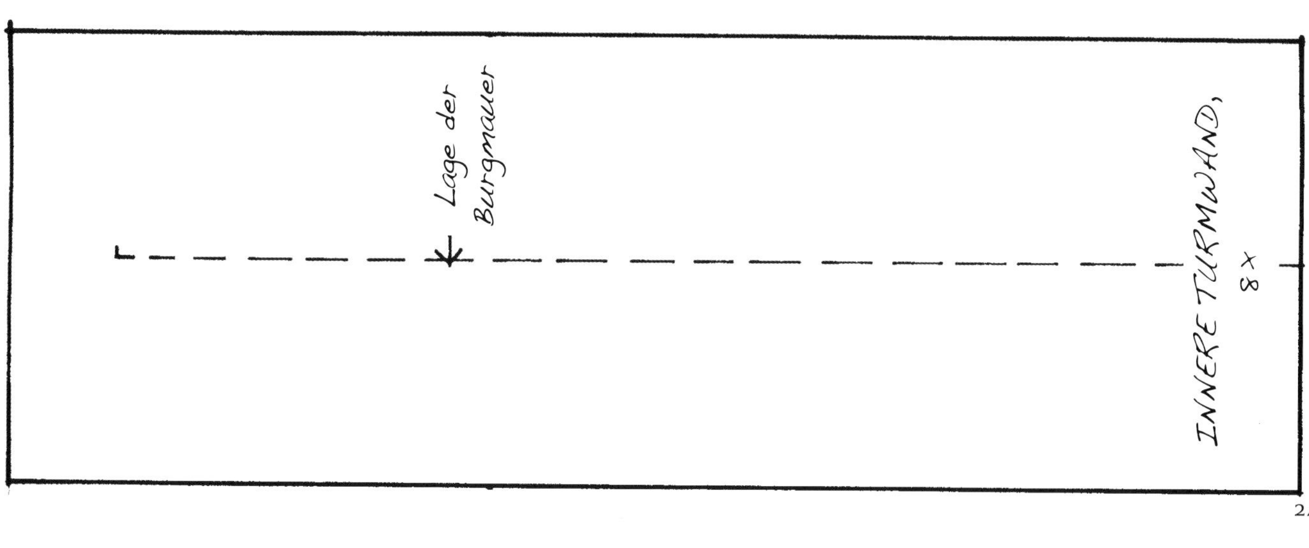
Lage der Burgmauer
INNERE TURMWAND, 8x

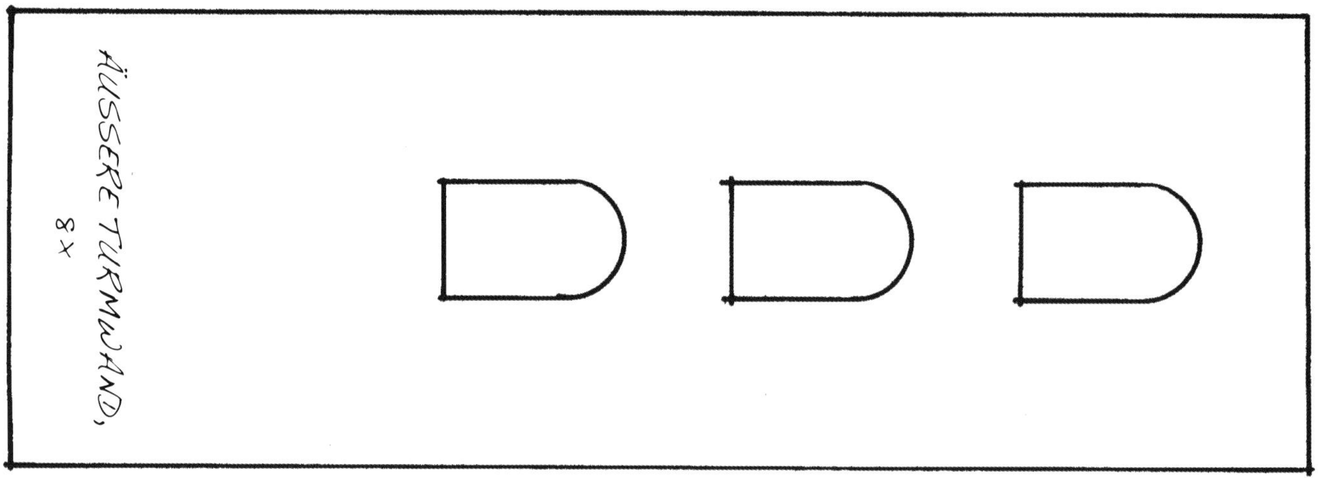
ÄUSSERE TURMWAND,
8x

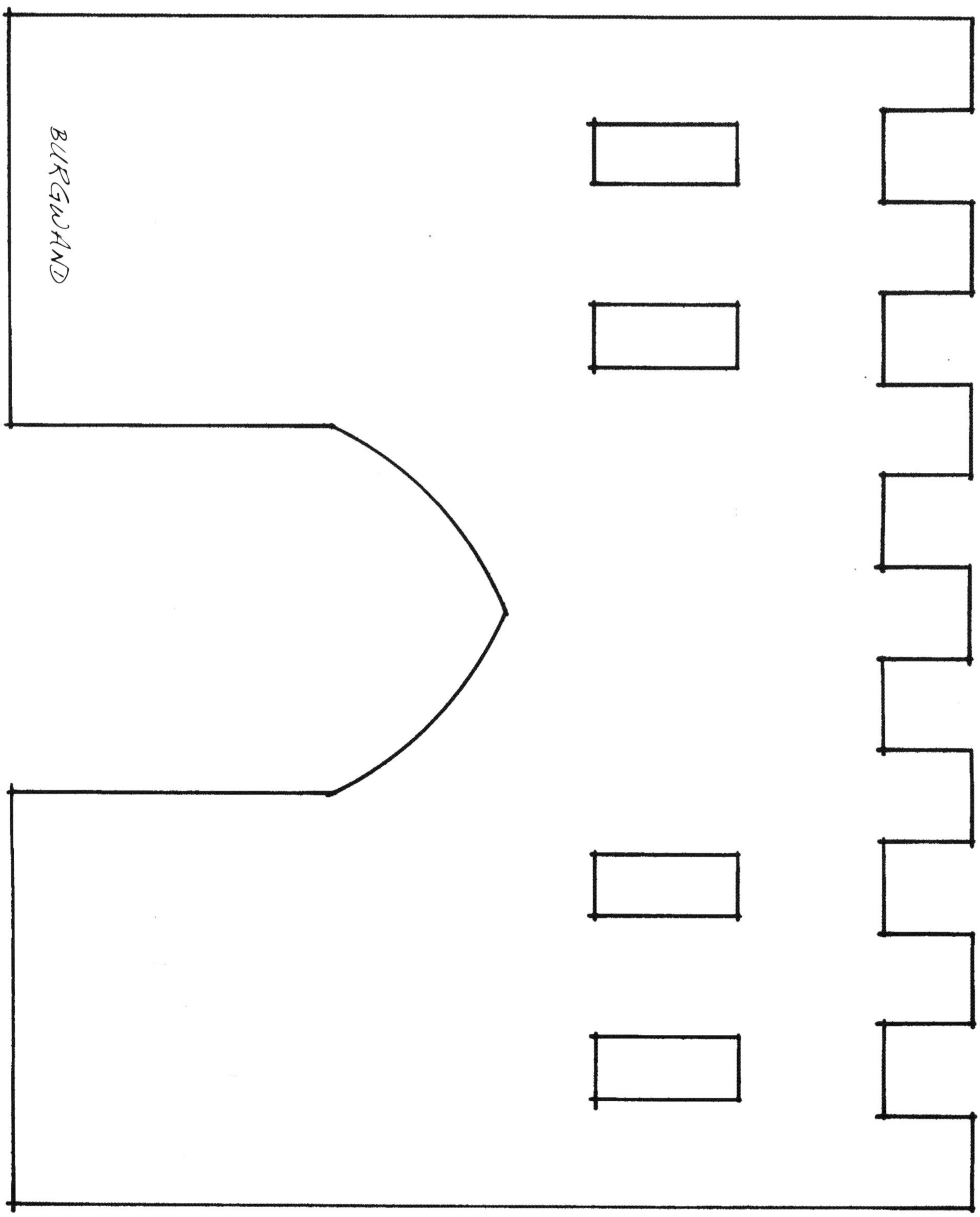
BURGWAND

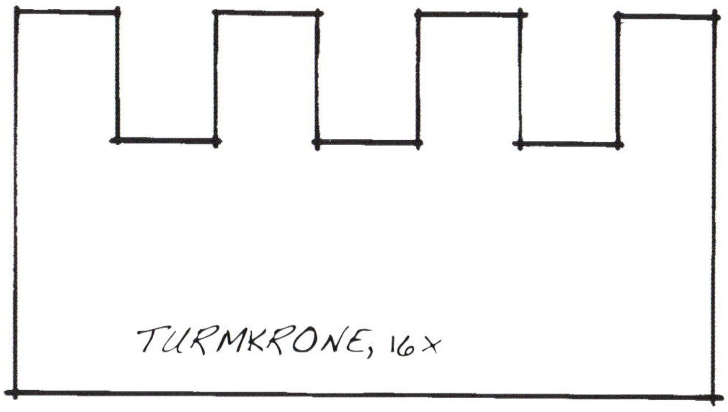
TURMKRONE, 16x

TURMDACH, 4x

Schachbrett

Schach hat eine lange Geschichte. Man spielte es bereits im 5.Jahrhundert n. Chr. in Indien. Zur Zeit der Wikinger gelangte es über Zentraleuropa nach Schweden.

Während Sie sich die nächsten Züge überlegen, können Sie schon einmal die Figuren, die Sie dem Gegner abgenommen haben, genüsslich verspeisen. Sorgen Sie aber dafür, dass er mit den braunen Figuren spielt! Die weißen sollten Sie mit einem Glas Glühwein genießen.

Für unser Modell haben wir weißen und braunen Lebkuchenteig verwendet. Sie können das Ganze aber auch nur mit braunem Teig backen und die Felder und Figuren mit Glasur und Puderzucker weiß färben. Dann entfällt ein Teil der Anleitung unten.

Den Backofen auf 150 °C vorheizen. Das Schachbrett aus braunem Lebkuchenteig ausschneiden und auf Backpapier legen. Den Rahmen und die Felder mit einem langen Messer markieren. Die einzelnen Quadrate mit tiefen Schnitten bis zum Papier hinunter voneinander trennen.
Den Großteil des weißen Teiges ausrollen. Eines der braunen Schachfelder als Vorlage für die 32 Felder verwenden, die aus dem weißen Teig geschnitten werden. Als Nächstes die braunen Felder an den entsprechenden Stellen durch weiße ersetzen. Danach das Backpapier mit dem Schachbrett auf ein Blech geben und den Teig im Ofen backen. Vorsicht: Die braunen Teile sollten hart werden, aber die weißen keine Farbe annehmen! Da die Teigteile beim Backen noch aufgehen, verbinden sich die einzelnen Felder wieder zu einem Schachbrett. Anschließend alles zum Auskühlen flach auslegen.

Die Spielfiguren aus dem braunen (1 Satz) und dem weißenTeig (1 Satz) ausstechen und im Ofen backen. Weiße und braune Figuren auf getrennte Bleche legen, da Backzeit und -temperatur unterschiedlich sind. Die weißen Schachfiguren aus dem Ofen nehmen, bevor sie Farbe annehmen. Sie sollten möglichst hell bleiben, dabei aber durchgebacken und nicht zu weich sein.

Anleitung zum Zusammenbauen

1. Ein Tablett aussuchen, auf dem alle Schachfiguren Platz haben. Mit Backpapier belegen und die Teile darauf anordnen. Das Tablett in die Nähe der Pfanne mit dem geschmolzenen Zucker stellen, damit beim Zusammensetzen der Teile nicht zu viel Zucker danebentropft.
2. Den Zucker in einer Pfanne schmelzen. Ständig rühren, damit er nicht anbrennt.
3. Die Unterseite der Figuren in Zucker tauchen und mittig auf ihre weißen oder braunen STANDPLATTEN setzen. Trocknen lassen.
4. Nun können Sie Ihr Schachspiel stolz präsentieren. Wie die Figuren aufgestellt werden, sehen Sie in der Zeichnung rechts. Bei den Spielregeln hilft Ihnen vielleicht Ihr Mitspieler.

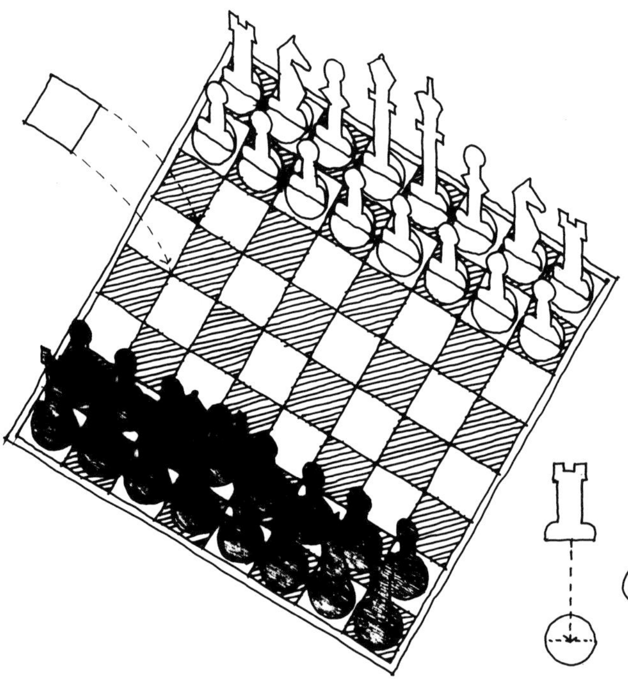

③

Eine Schachpartie kann mehrere Tage dauern.
Viel Spaß dabei!

Weißer Lebkuchenteig

350 ml Wasser
420 g heller Bio-Zuckerrüben-
sirup
500 g Feinstzucker
75 g Margarine
1 EL Bio-Hirschhornsalz
1,5 kg Weizenmehl

Wasser, Sirup, Zucker und Fett in einem großen Topf vermengen. Aufkochen und abkühlen lassen. Das Hirschhornsalz mit etwas Mehl vermischen. In die Flüssigkeit geben und das restliche Mehl unterrühren. Der Teig sollte relativ fest sein. Er darf nicht auseinanderfließen. Lässt er sich schwer ausrollen, für ca. einen Tag zugedeckt in den Kühlschrank legen. Nun den Teig dünn ausrollen und eine Probefigur daraus backen.

KÖNIG, 2x

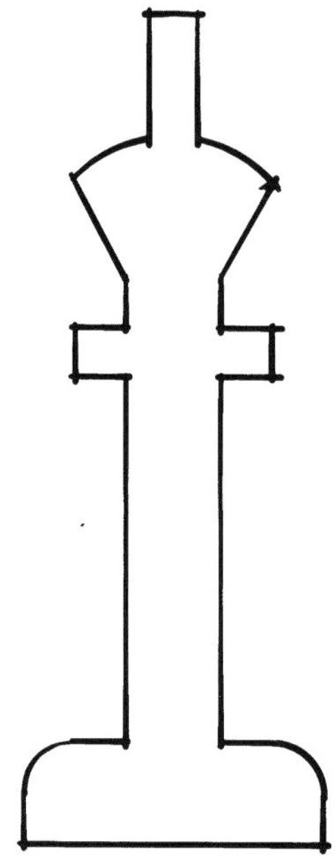

DAME, 2x

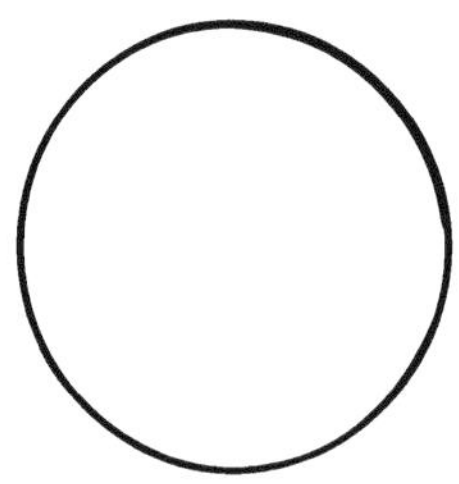

FIGUREN-STANDPLATTEN, 32x

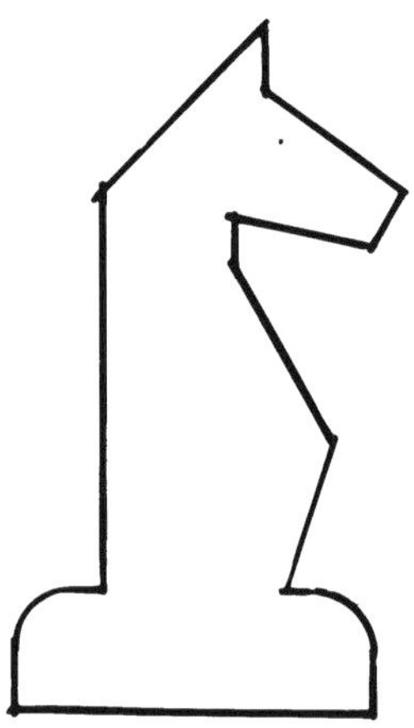

SPRINGER, 4x

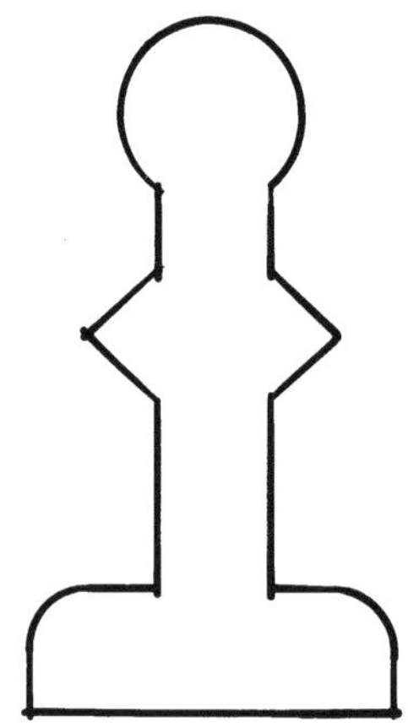

LÄUFER, 4x

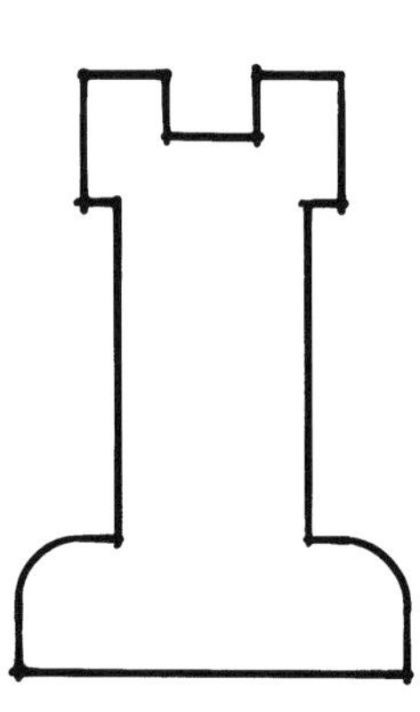

TURM, 4x

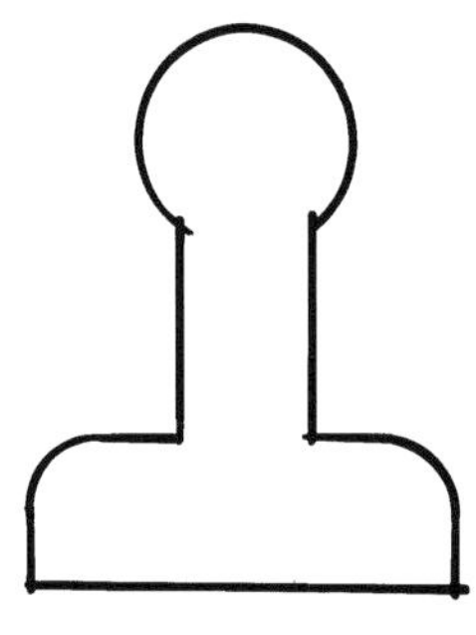

BAUER, 16x

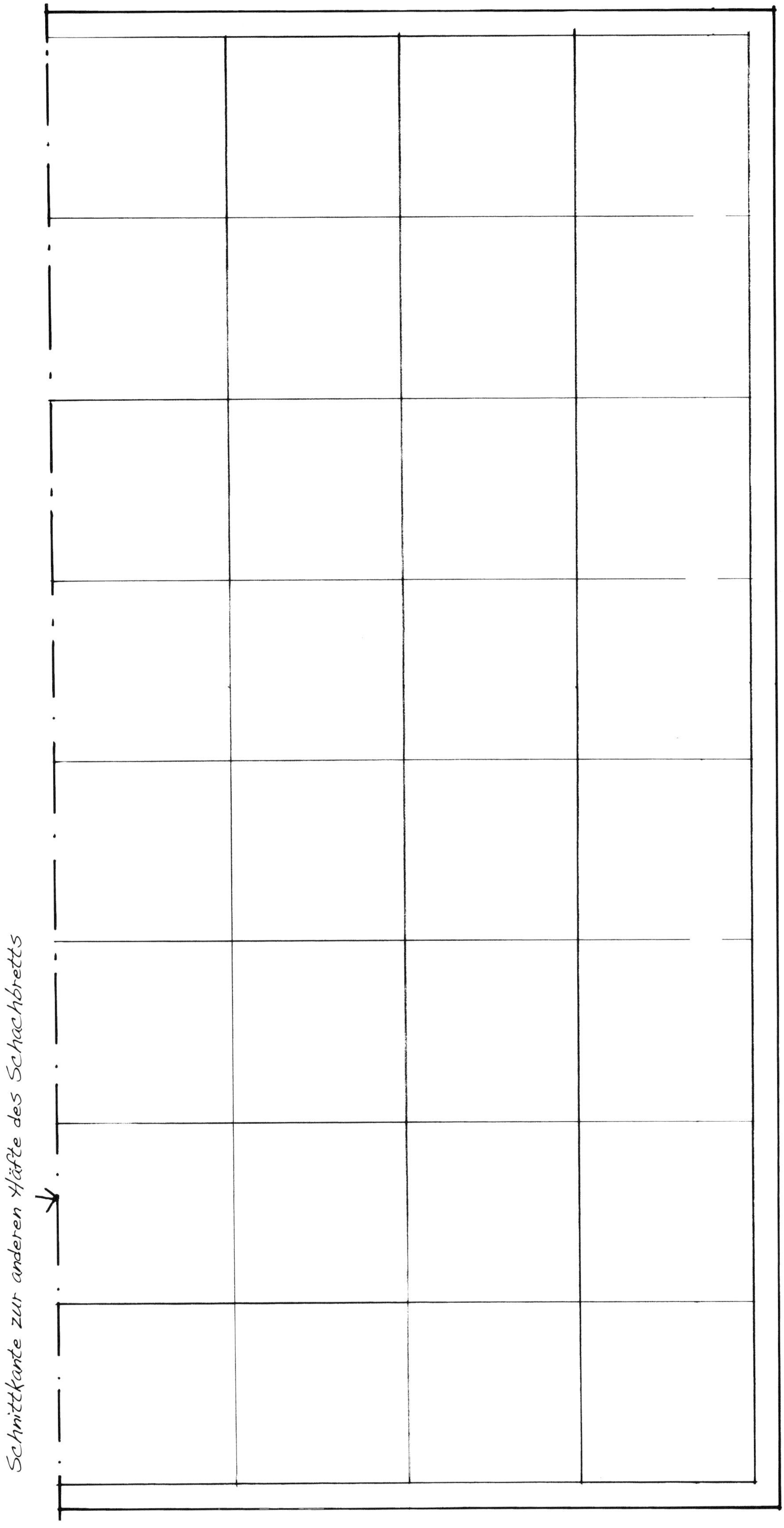
Schnittkante zur anderen Hälfte des Schachbretts

Villa im Stil des Fin de Siècle

Dieses Haus ist vielleicht das schönste von allen. Es ist ein echtes Traumhaus mit großen, steilen Dächern und vielen symmetrisch angeordneten Sprossenfenstern. Die große Glasveranda ist typisch für Villen dieser Zeit. Wir haben Gelatineblätter für die Fenster verwendet, damit sie noch stärker zur Geltung kommen. Das ist etwas mühsam, aber sehr effektvoll.

Die Teigteile ausschneiden und im Ofen backen. Sobald der Teig Farbe angenommen hat, die Teile herausholen, flach auslegen und abkühlen lassen. Bei Bedarf die Ansatzkanten der Teile glätten.

Anleitung zum Zusammenbauen

1. Backpapier auf ein Tablett oder Schneidebrett legen, auf dem das ganze Haus Platz hat. Alle benötigten Teile darauf anordnen. Das Tablett/Brett in die Nähe der Pfanne mit dem geschmolzenen Zucker stellen.
2. Den Zucker in einer Pfanne schmelzen. Ständig rühren, damit er nicht anbrennt.
3. Vor allen Fenstern im Haus Gelatineblätter anbringen. Mit kleinen Punkten aus geschmolzenem Zucker über- und unterhalb der Fenster befestigen.
4. Dekorieren Sie die Teile, wenn alle flach ausliegen. Warten Sie noch mit dem Verzieren der Stücke, bei denen die Glasur beim Zusammenbauen springen könnte.
5. Die vier Wände des Hauses zusammensetzen.
6. Die kleine Treppe aus TREPPENSTUFEN, TREPPENBRÜCKE, TREPPENSTÜTZE und GELÄNDER zusammenbauen und direkt unter der Öffnung für die Eingangstür anbringen.
7. Die EINGANGSTÜR entweder einen Spalt geöffnet oder geschlossen anbringen.
8. Die drei GLASVERANDAWÄNDE zusammenfügen. Kontrollieren, ob alles mit der RÜCKSEITE des Hauses zusammenpasst. Falls nötig, Kanten noch einmal glätten. Die Ansatzkanten der Veranda, die am Haus befestigt werden, in Zucker tauchen und die Veranda anbringen.
9. Nun die DÄCHER auf den Wänden der Villa befestigen.
10. Die SCHORNSTEINE zusammensetzen und auf dem Dachfirst anbringen.
11. Das Haus fertig dekorieren und an einen Platz stellen, an dem es voll zur Geltung kommt.

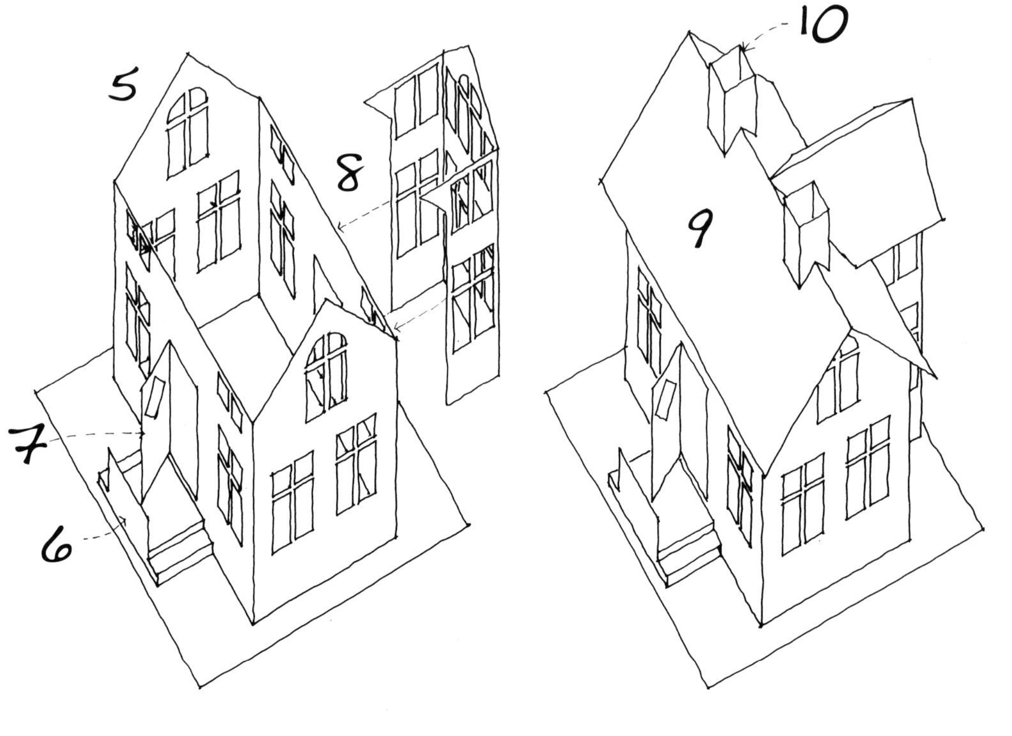

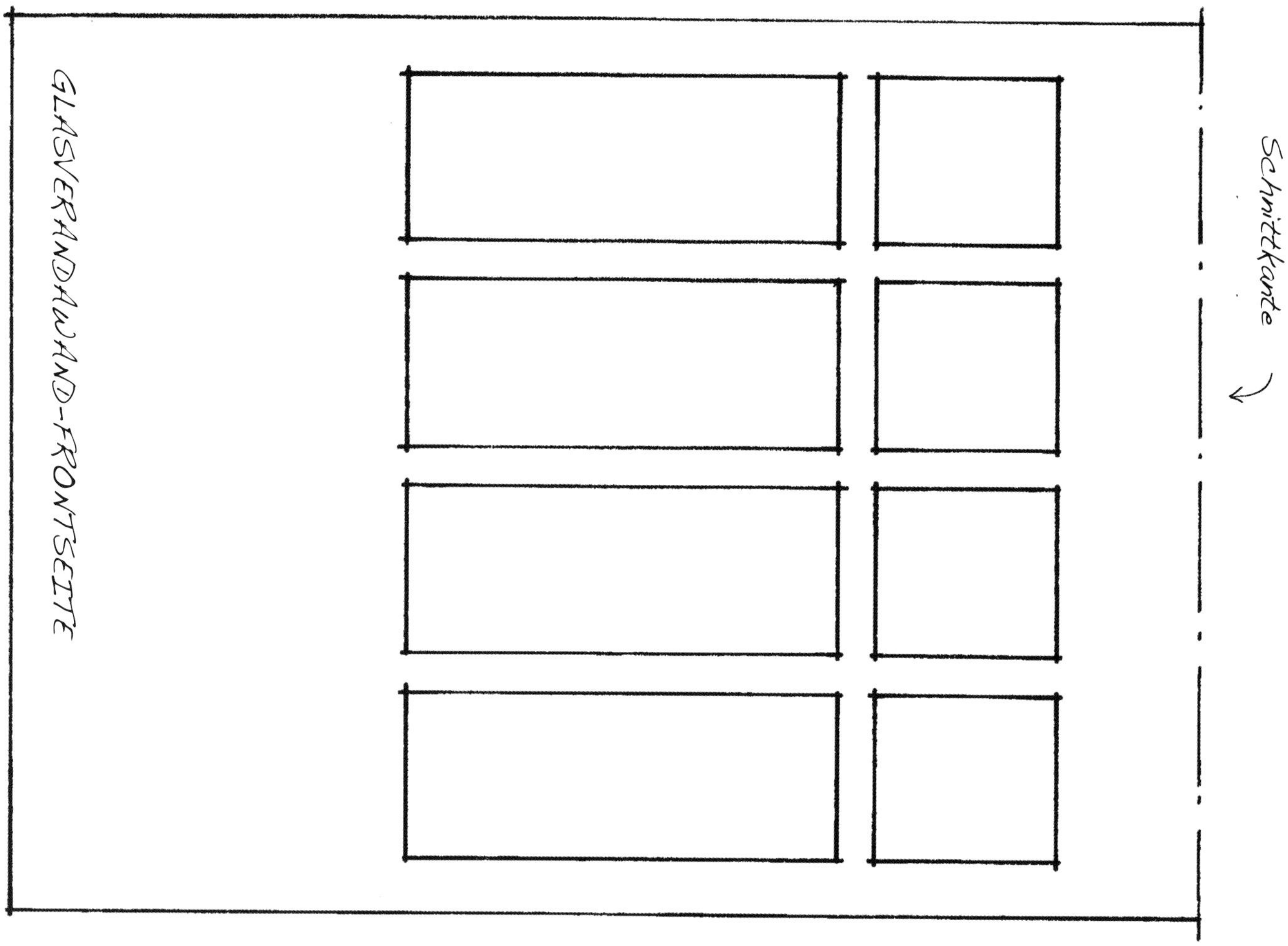
GLASVERANDAWAND-FRONTSEITE
Schnittkante

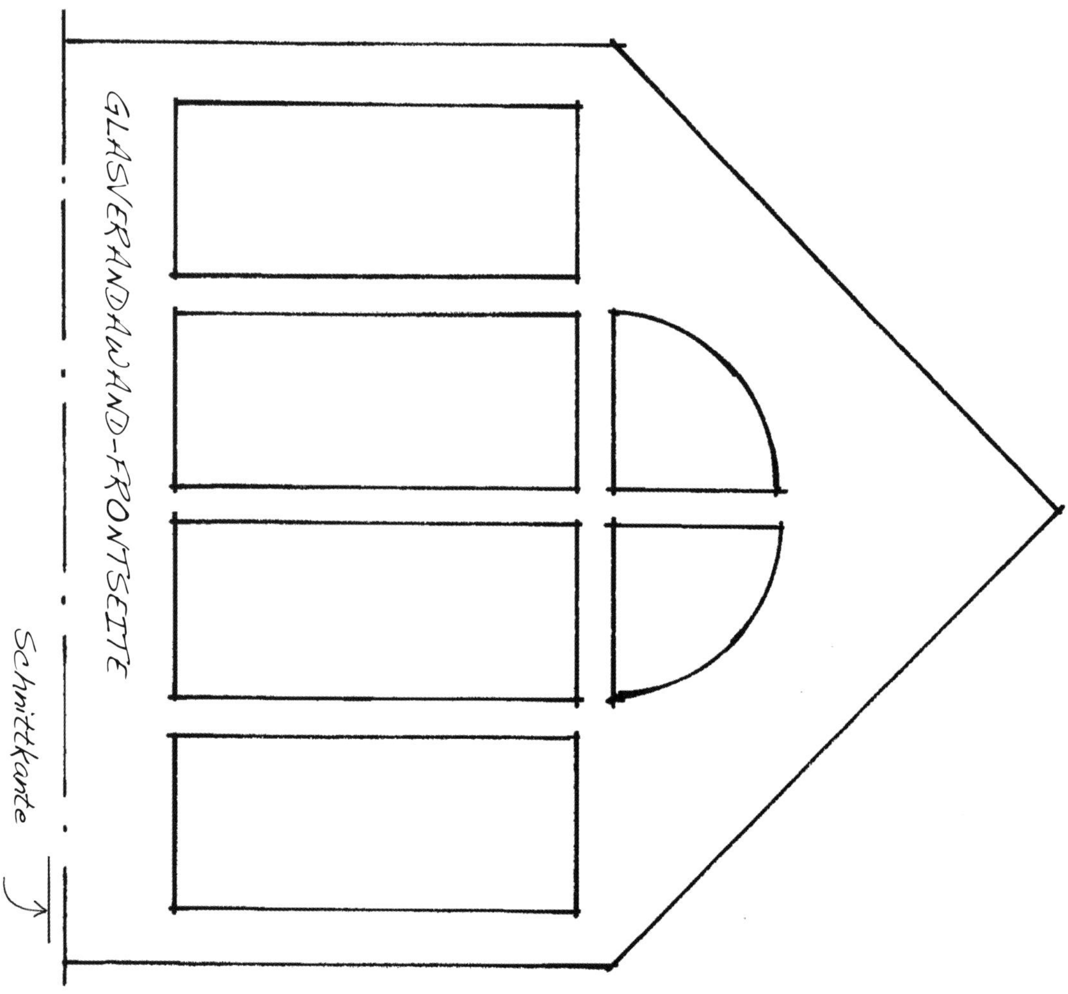
GLASVERANDAWAND-FRONTSEITE
Schnittkante

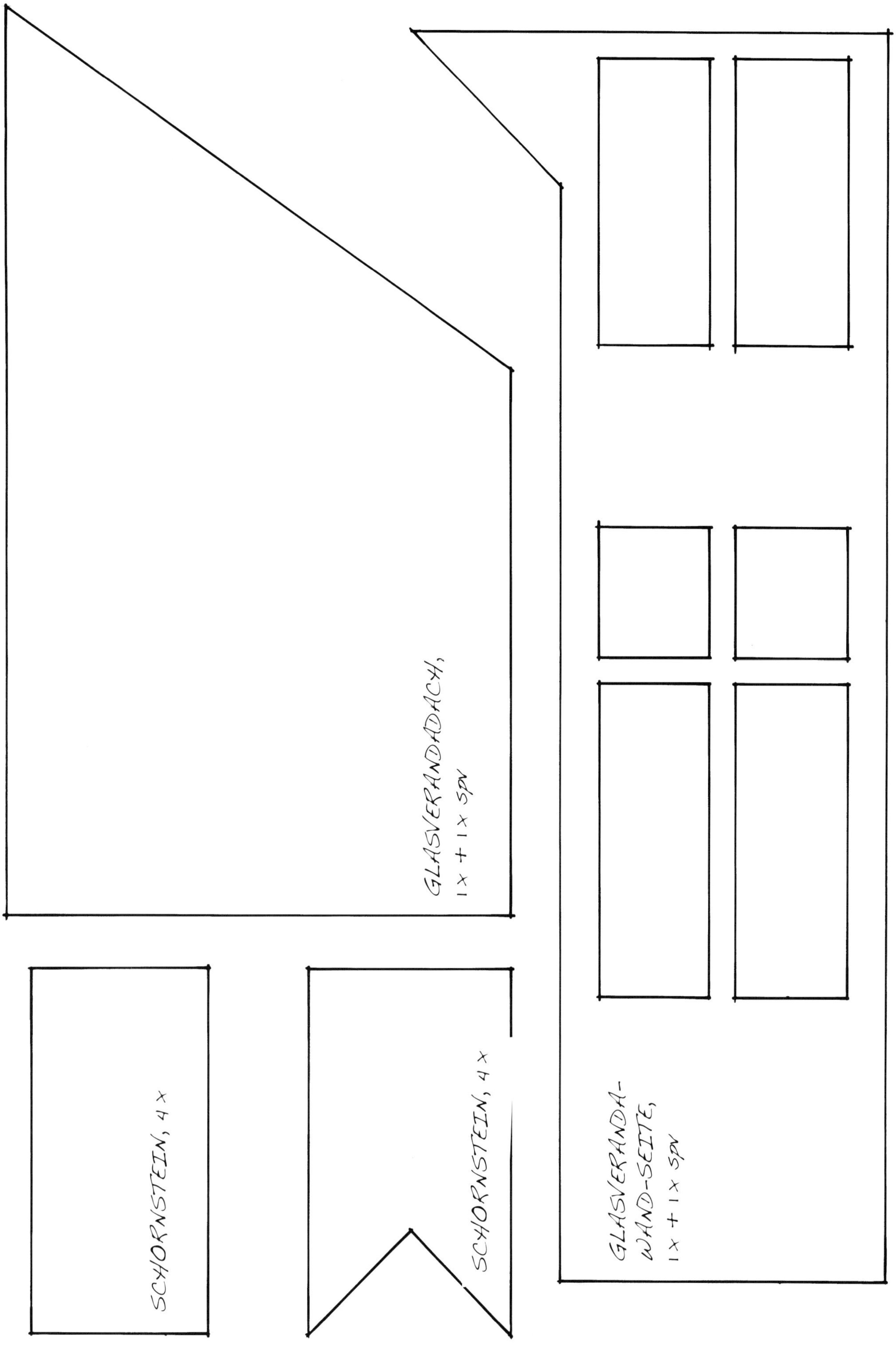
GLASVERANDADACH,
1x + 1x SPV
SCHORNSTEIN, 4x
SCHORNSTEIN, 4x
GLASVERANDA-
WAND-SEITE,
1x + 1x SPV

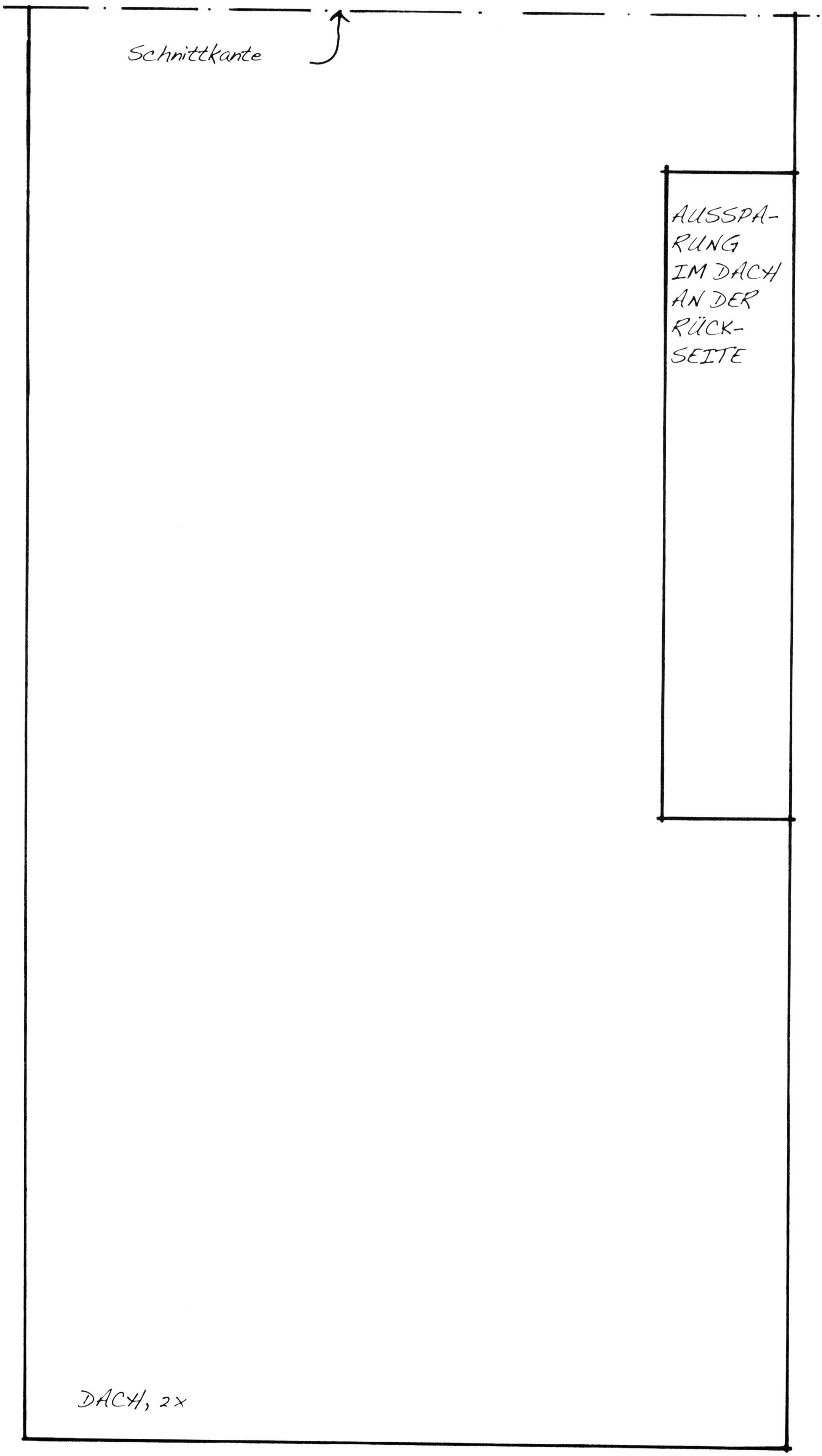
Schnittkante
AUSSPA-
RUNG
IM DACH
AN DER
RÜCK-
SEITE
DACH, 2x

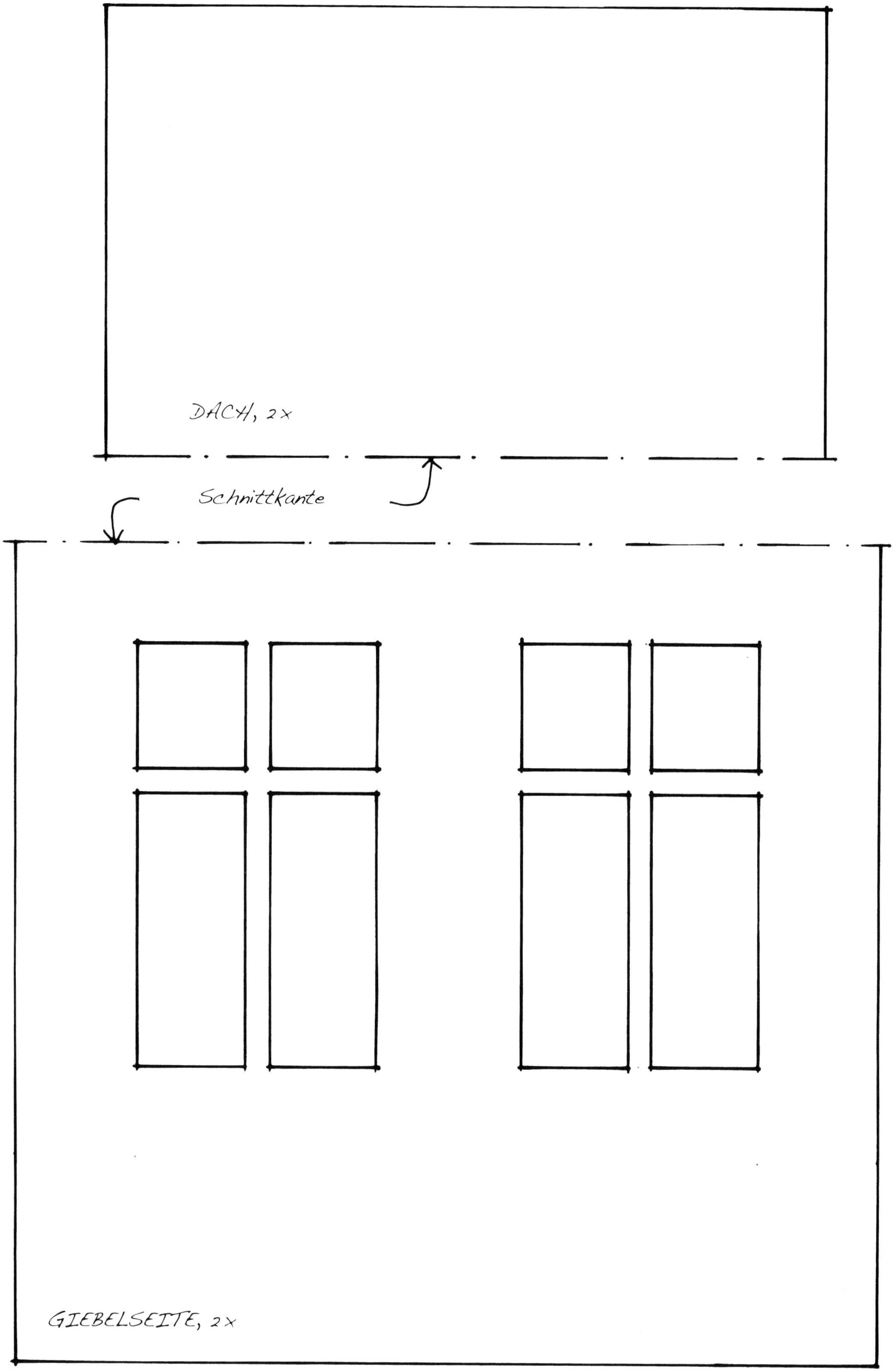
DACH, 2x
Schnittkante
GIEBELSEITE, 2x

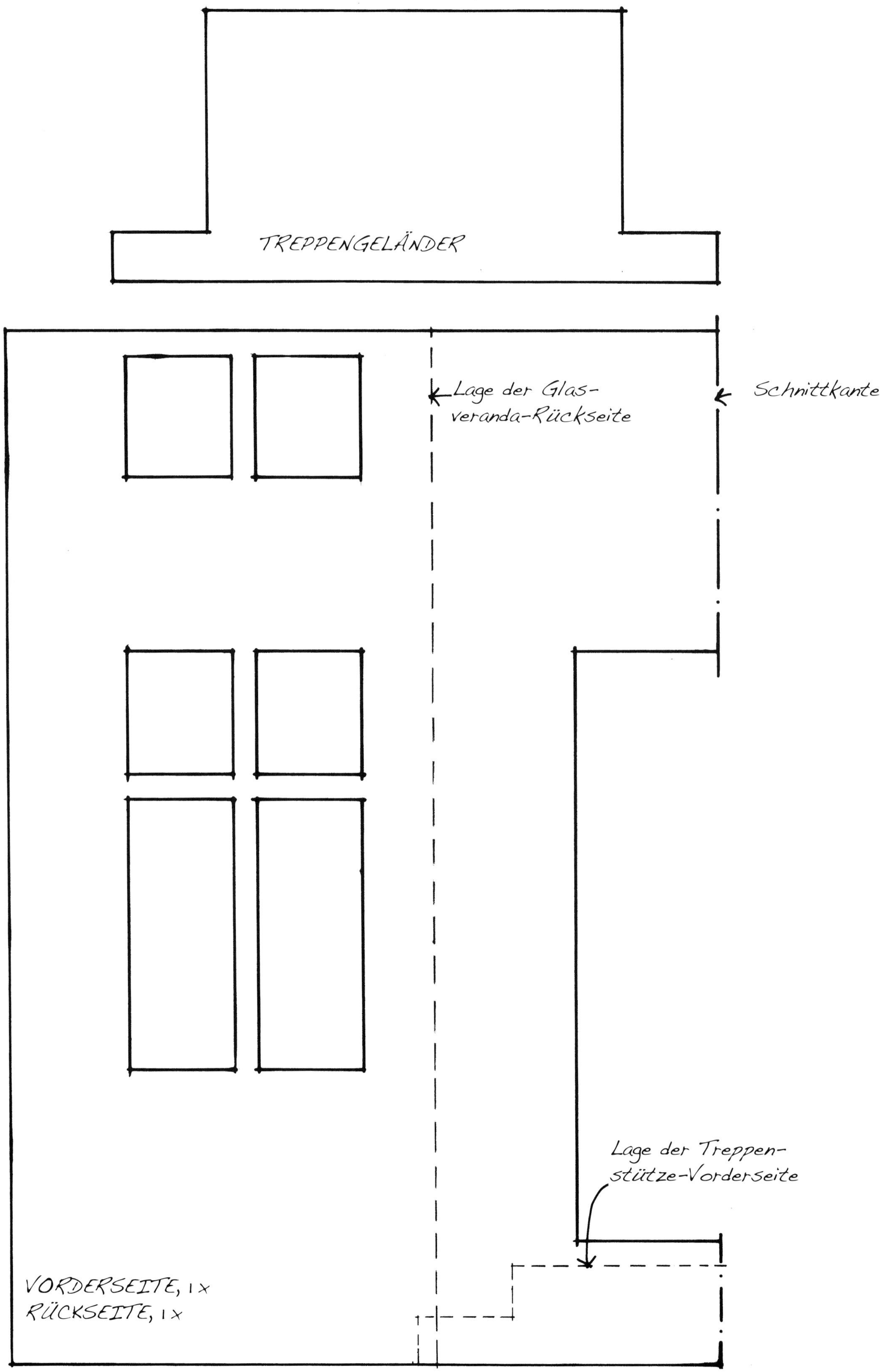
TREPPENGELÄNDER
Lage der Glas-
veranda-Rückseite
Schnittkante
Lage der Treppen-
stütze-Vorderseite
VORDERSEITE, 1 x
RÜCKSEITE, 1 x

TREPPENSTÜTZE AN DER VORDERSEITE

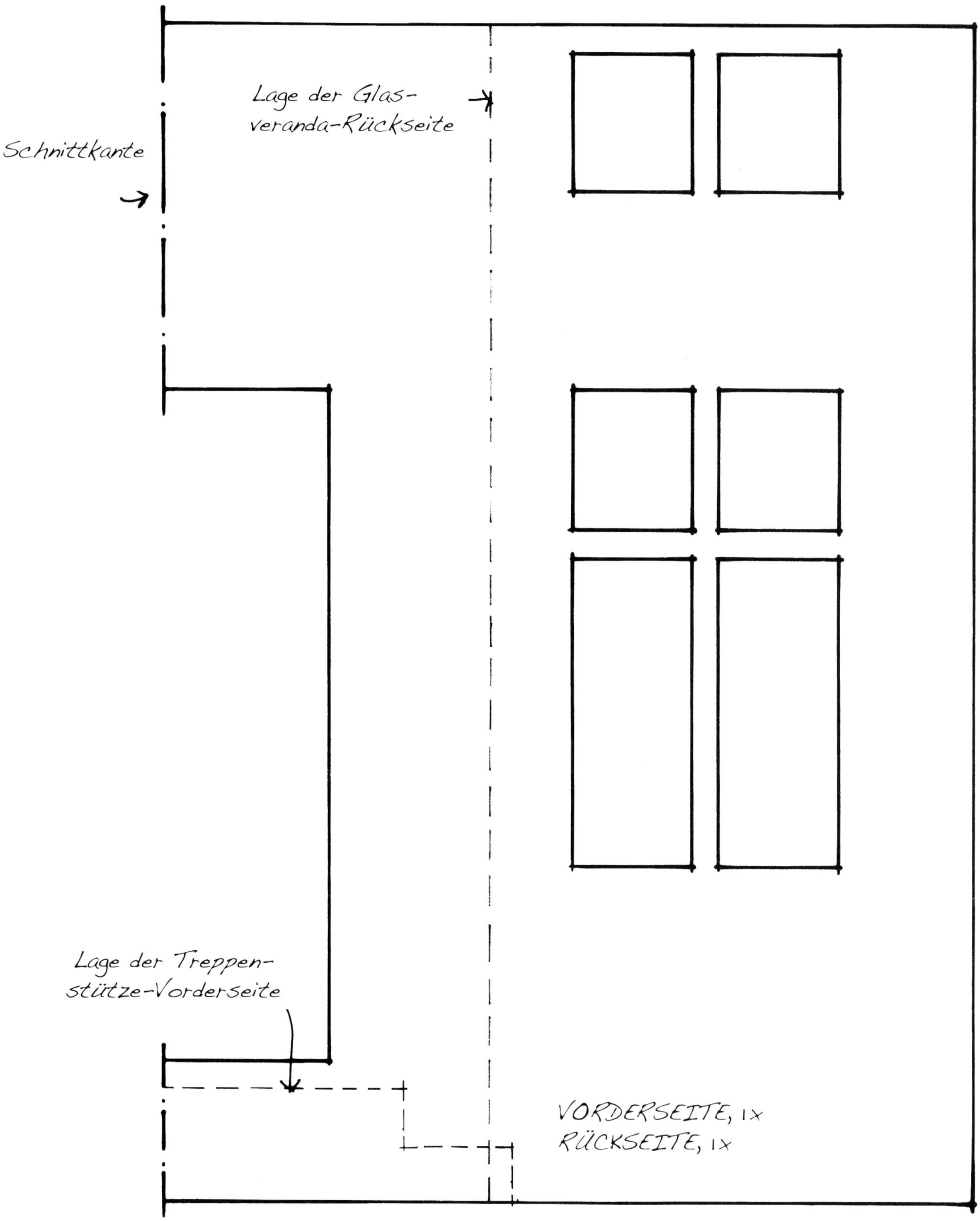
Lage der Glas-
veranda-Rückseite
Schnittkante
Lage der Treppen-
stütze-Vorderseite
VORDERSEITE, 1x
RÜCKSEITE, 1x

TREPPENBRÜCKE
EINGANGSTÜR
TREPPENSTUFE, 2x
GIEBELSEITE, 2x
Schnittkante

Pavillon, unbeleuchtet

Dieser Pavillon ist genau das Richtige für alle, die keinen Backofen oder Herd haben – oder die ein Lebkuchenhaus bauen möchten, ohne zu backen oder Zucker zu schmelzen.

Nicht jeder hat Zeit und Lust, ein Lebkuchenhaus zu bauen, bei dem die Teile ausgeschnitten, gebacken und angepasst werden müssen. Unsere Lösung: Wir haben einen Pavillon aus gekauften Lebkuchen und fertiger Glasur gebaut. Schauen Sie sich das Foto unten an, und rechnen Sie aus, wie viele Lebkuchen Sie dafür brauchen. Die Menge der Lebkuchen hängt von der jeweiligen Sorte ab. Der Pavillon wird von unten nach oben gebaut, und die Einzelteile werden mit Glasur zusammengeklebt.

An diesem Lebkuchenhaus haben Sie die ganze Weihnachtszeit Freude!

Ein schwedisches Heim auf Rädern

Viele sind in einem Haus auf Rädern am glücklichsten. Wir haben deshalb diesen kleinen Wohnwagen gebaut, auch wenn das mit Lebkuchen kein einfaches Unterfangen war. Den Volvo können Sie gern gegen Ihr Traumauto austauschen.

Die Teigteile ausschneiden und im Ofen backen. Wenn der Teig Farbe angenommen hat, holen Sie die Teile heraus, legen sie flach aus und lassen sie abkühlen. Glätten Sie die Ansatzkanten der Teile. Nach dem Auskühlen können der Wohnwagen und das Auto dekoriert werden.

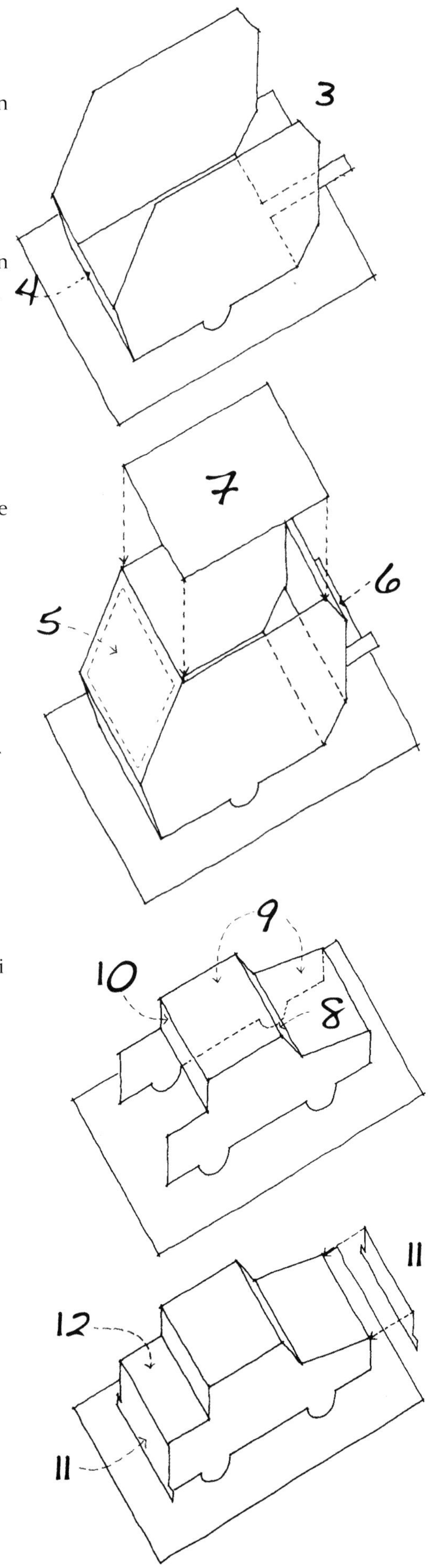

Anleitung zum Zusammenbauen

1. Backpapier auf ein Tablett oder Schneidebrett legen. Alle benötigten Teile darauf anordnen. Das Tablett/Brett in die Nähe der Pfanne mit dem geschmolzenen Zucker stellen.
2. Den Zucker in einer Pfanne schmelzen. Ständig rühren, damit er nicht anbrennt.

Wohnwagen

3. Die SEITEN des Wohnwagens so auf der BODENPLATTE befestigen, dass die Unterkante der SEITEN auf Höhe der Unterkante der BODENPLATTE liegt. Welcher Teil der SEITEN nach vorn zur Anhängerkupplung zeigen soll, sehen Sie in der Zeichnung rechts.
4. Das UNTERE RÜCKTEIL des Wohnwagens an den hinteren Seitenteilkanten anbringen.
5. Das RÜCKFENSTER einsetzen. Versuchen Sie, dass dabei möglichst kleine Spalten zwischen den Teilen entstehen.
6. Nun von unten nach oben die VORDERTEILE befestigen. Probehalber vorher anlegen, damit auch hier möglichst kleine Spalten zwischen den Teilen entstehen.
7. Das DACH befestigen. Nun ist der Wohnwagen fertig.

Auto

8. Die SEITENTEILE des Autos aufstellen und die WINDSCHUTZSCHEIBE daran befestigen.
9. DACH und MOTORHAUBE anbringen.
10. Die RÜCKSCHEIBE einsetzen.
11. KÜHLERGRILL und RÜCKSEITE des Autos festkleben.
12. Die KOFFERRAUMHAUBE anbringen.
13. Hinten an der Unterkante des Autos die Anhängerkupplung des Wohnwagens befestigen.
14. Verzieren und mit Puderzucker bestäuben.

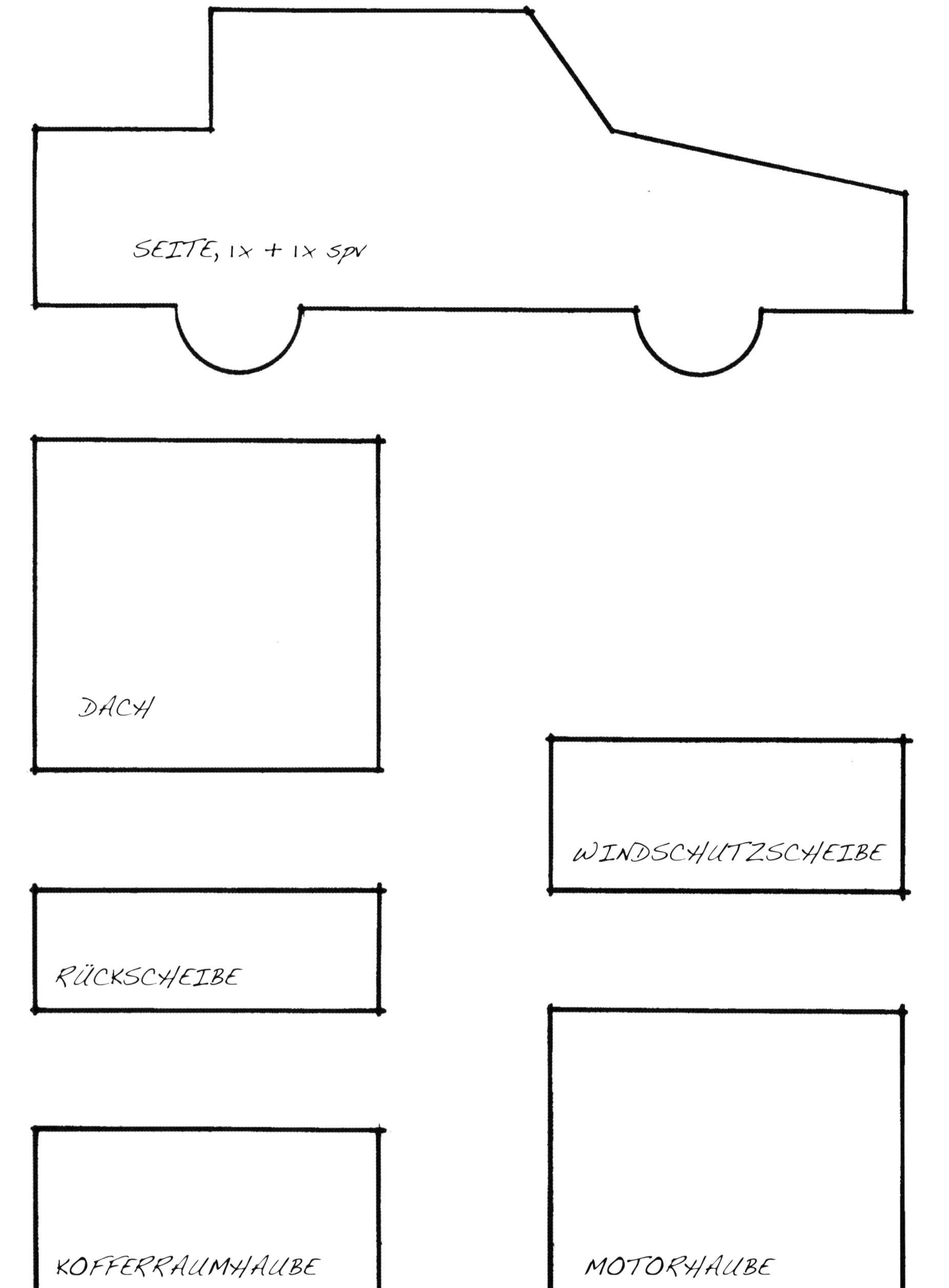
SEITE, 1x + 1x spv
DACH
WINDSCHUTZSCHEIBE
RÜCKSCHEIBE
KOFFERRAUMHAUBE
MOTORHAUBE
RÜCKSEITE
KÜHLERGRILL

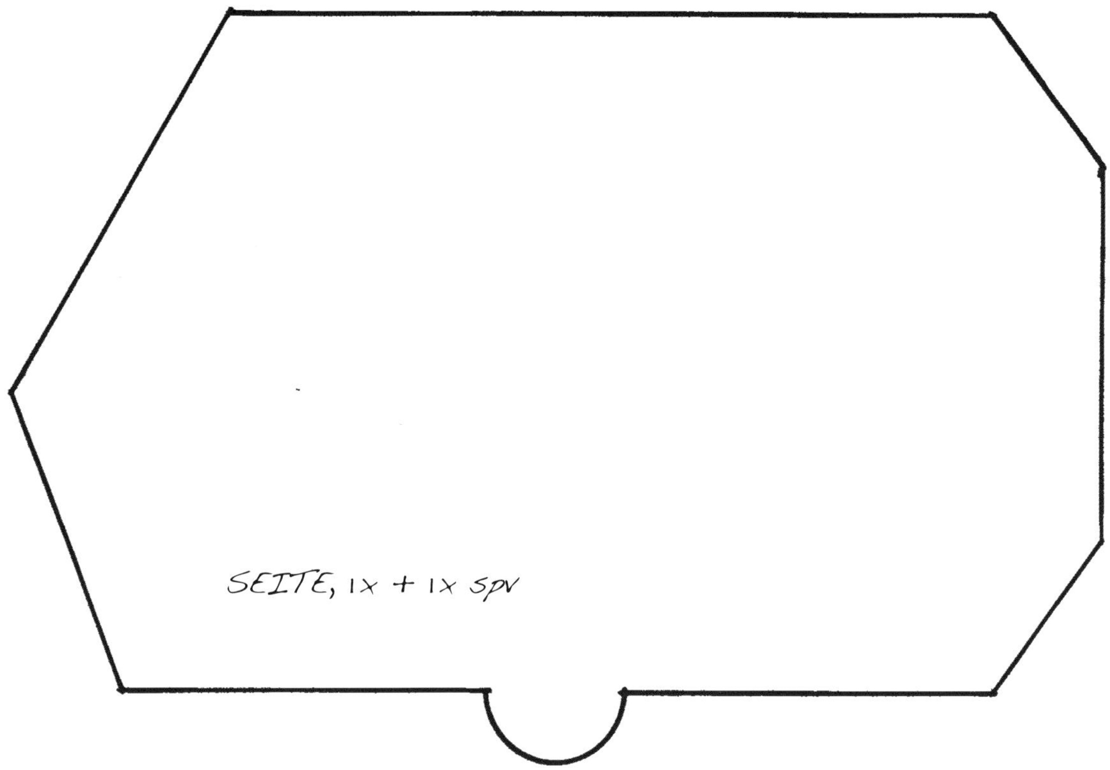
SEITE, 1x + 1x spv

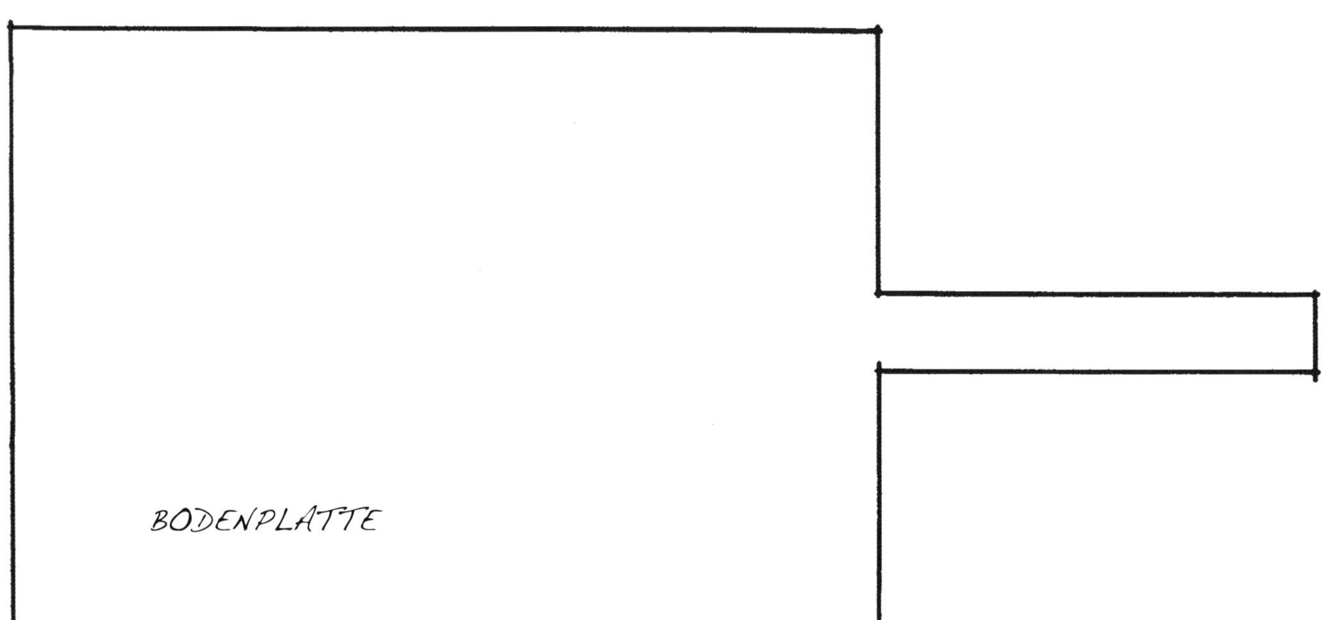
BODENPLATTE

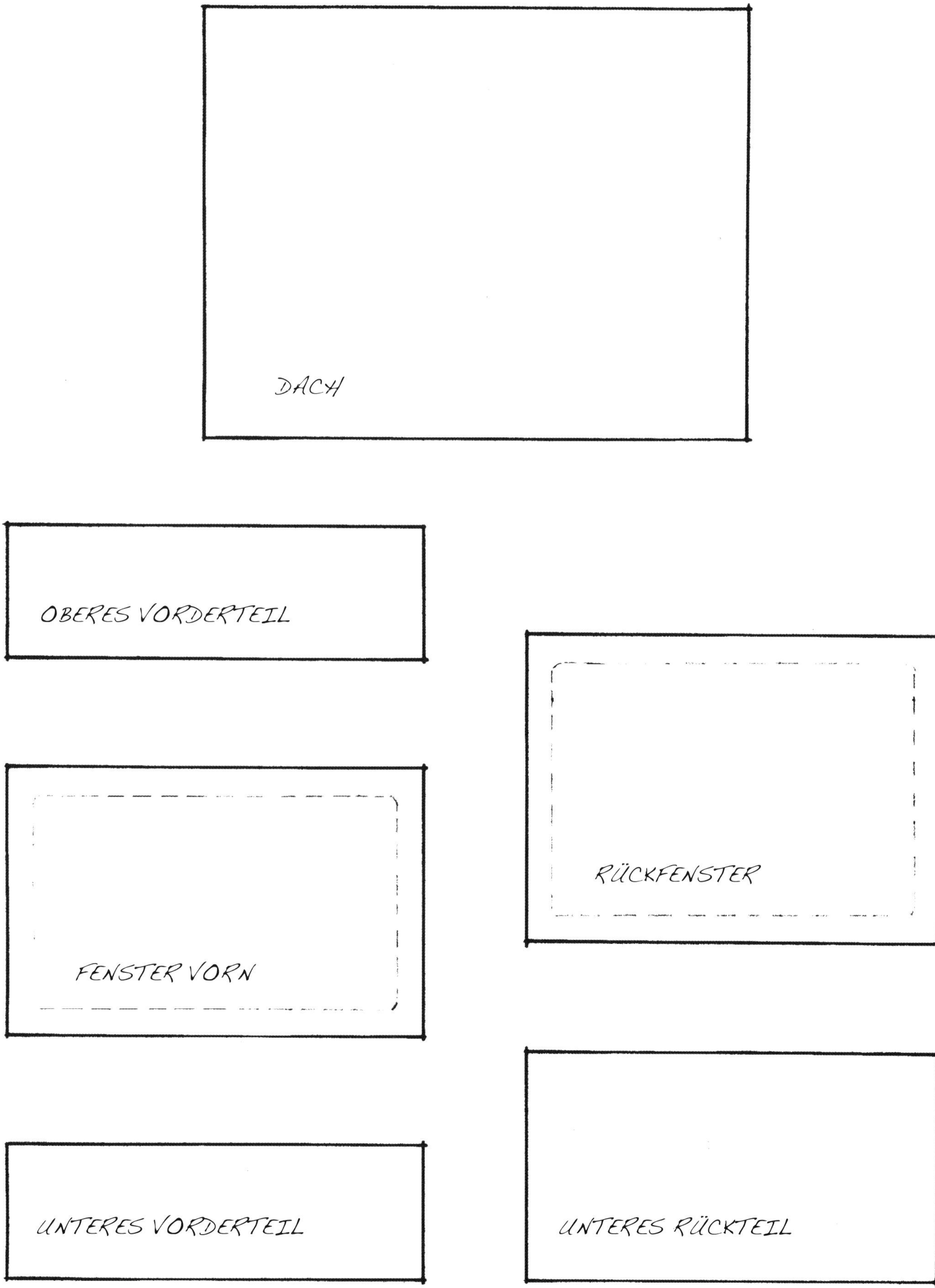
DACH
OBERES VORDERTEIL
RÜCKFENSTER
FENSTER VORN
UNTERES VORDERTEIL
UNTERES RÜCKTEIL

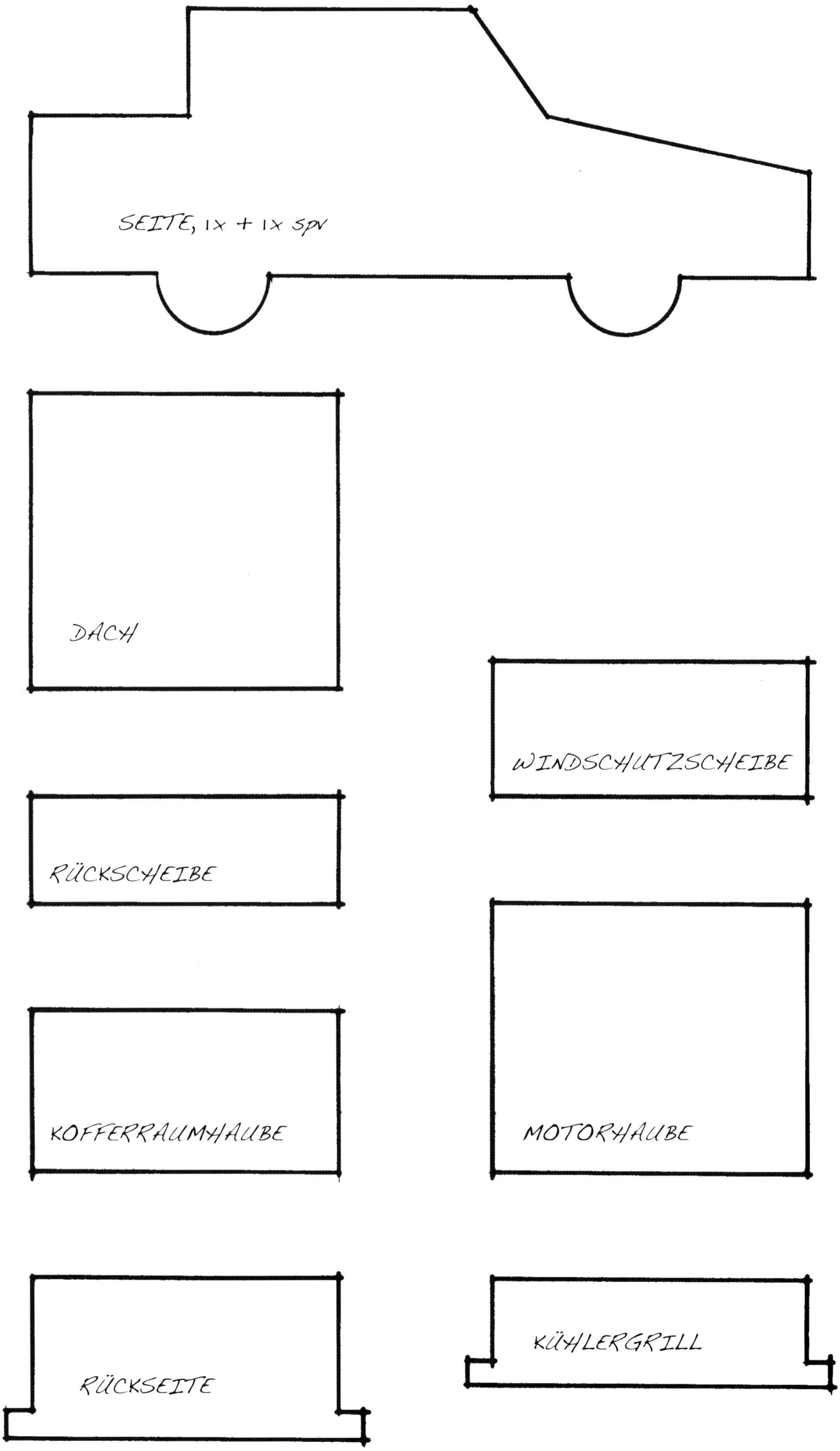
SEITE, 1X + 1X SPV
DACH
WINDSCHUTZSCHEIBE
RÜCKSCHEIBE
KOFFERRAUMHAUBE
MOTORHAUBE
KÜHLERGRILL
RÜCKSEITE

MADE IN

Torgils Häuschen mit Herz

Großvater Anders Torgil hatte eine Vorliebe für Sommerhäuser mit diesem besonderen Extra. Zum Erstaunen der Gäste gab es in dem Häuschen neben der Toilettenschüssel eine Kette für die Spülung mit echten Porzellanhandgriffen. Wenn die Gäste ihr Geschäft verrichtet hatten und erwartungsvoll an der Kette zogen, verkündete jedoch nur eine große Uhr auf dem Dach des Klos, dass ein weiterer Gast auf den Scherz hereingefallen war. Es ist außerdem ein absolutes Muss in unserer Familie, dass ein Bild der königlichen Familie in dieser Einrichtung hängt. Es dürfte wohl schwierig werden, so ein Bild mit Glasur zu malen, aber einen Versuch ist es wert.

Die Teigteile ausschneiden und im Ofen backen. Nimmt der Teig Farbe an, holen Sie die Teile heraus, legen Sie sie flach aus und lassen Sie sie abkühlen. Falls nötig, glätten Sie die Ansatzkanten. Nach dem Auskühlen kann dekoriert werden. Dazu die Teile flach auslegen, so geht es leichter. Mit dem Verzieren der Ecken noch warten, sonst könnte die Glasur beim Zusammenbauen brechen.

Anleitung zum Zusammenbauen

1. Backpapier auf ein Tablett oder Schneidebrett legen, auf dem das Häuschen Platz hat. Alle benötigten Teile darauf anordnen. Das Tablett/Brett in die Nähe der Pfanne mit dem geschmolzenen Zucker stellen, damit die Teile nach dem Eintauchen der Ansatzkanten in den Zucker schnell zusammengefügt werden können.
2. Den Zucker in einer Pfanne schmelzen. Ständig rühren, damit er nicht anbrennt.
3. Die RÜCKWAND mit einer SEITENWAND zusammenbauen. BODENPLATTE einsetzen. Kontrollieren, ob der Boden so breit ist wie die RÜCKWAND, damit die andere SEITENWAND angesetzt werden kann. Sonst den Boden mit einem Reibeisen kürzen. Die BODENPLATTE in Zucker tauchen und in der gleichen Höhe wie die Unterkante der Türöffnung befestigen. Hierfür die VORDERE WAND als Hilfsmittel verwenden.
4. Die VORDERSEITE der Sitzbank auf der Oberseite der BODENPLATTE befestigen, in genau dem Abstand zur RÜCKWAND, dass das SITZTEIL (mit Loch) oben aufgesetzt werden kann.
5. Rück- und Seitenkanten des SITZTEILS in Zuckerlösung tauchen. SITZTEIL auf der Vorderkante liegend fixieren und so an der RÜCKWAND ausrichten, dass eine gerade Sitzbank entsteht.
6. Dann ist die andere SEITENWAND an der Reihe. Kontrollieren, ob nichts übersteht. Falls ja, noch einmal glätten. Dann die Ansatzkanten der ganzen Konstruktion in Zucker tauchen und die SEITENWAND möglichst schnell einsetzen.
7. Jetzt kommt die VORDERE WAND an die Reihe. Auch hier prüfen, ob es Unebenheiten gibt. Falls ja, ebenfalls noch einmal glätten. Die ganze Konstruktion nehmen und die Ansatzkanten vorn vorsichtig in Zucker tauchen. Dann die VORDERE WAND schnell befestigen.
8. Nun fehlen noch die Treppenstufen vor der Tür. Bringen Sie die STUFEN im 90-Grad-Winkel zueinander an. Das obere Teil kann etwas über den Rand des unteren hinausragen. Kurz trocknen lassen, dann an der VORDEREN WAND unter der TÜR ankleben.
9. Legen Sie fest, auf welcher Seite die TÜR einen Spalt offen stehen soll. Sie kann auch weit geöffnet sein, damit man besser ins Innere sehen kann. Tauchen Sie die entsprechende Türseite in Zucker und befestigen Sie sie am Haus.
10. Bleibt nur noch die DACHPLATTE übrig. Die Konstruktion vorsichtig hochheben und die oberen Kanten in Zucker tauchen. Schnell das DACH aufsetzen. Es sollte etwas über die TÜR hinausragen, ohne dass dabei ein Spalt an der Rückkante entsteht.
11. Nun können die letzten Verzierungen an dem Häuschen vorgenommen werden. Viel Spaß!

MIELE

3

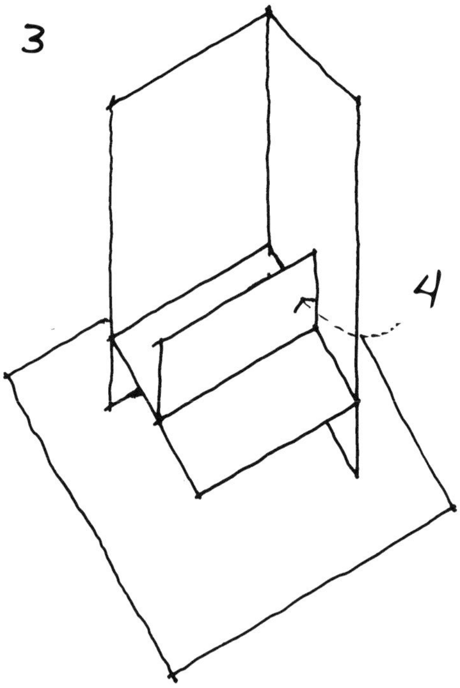

6

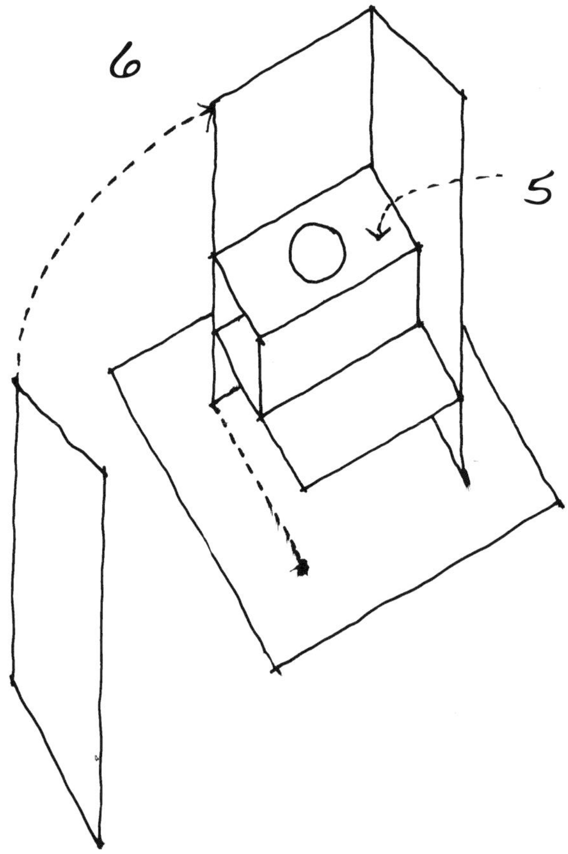

7

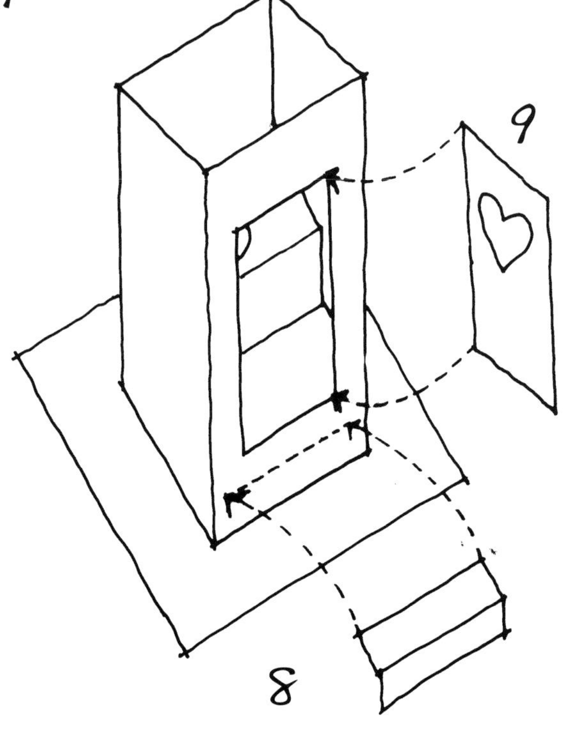

10

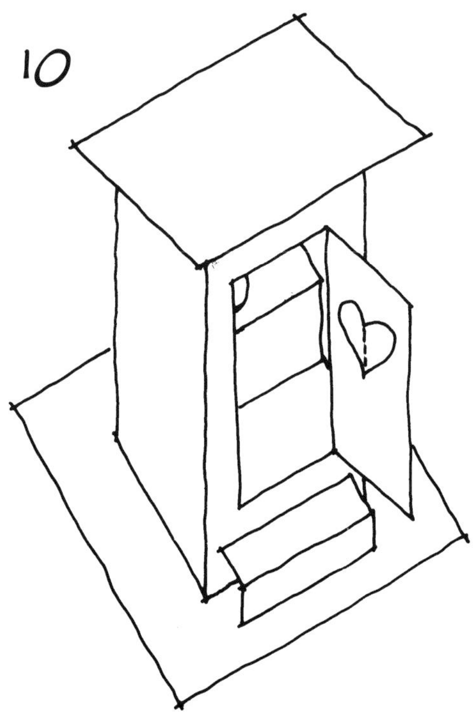

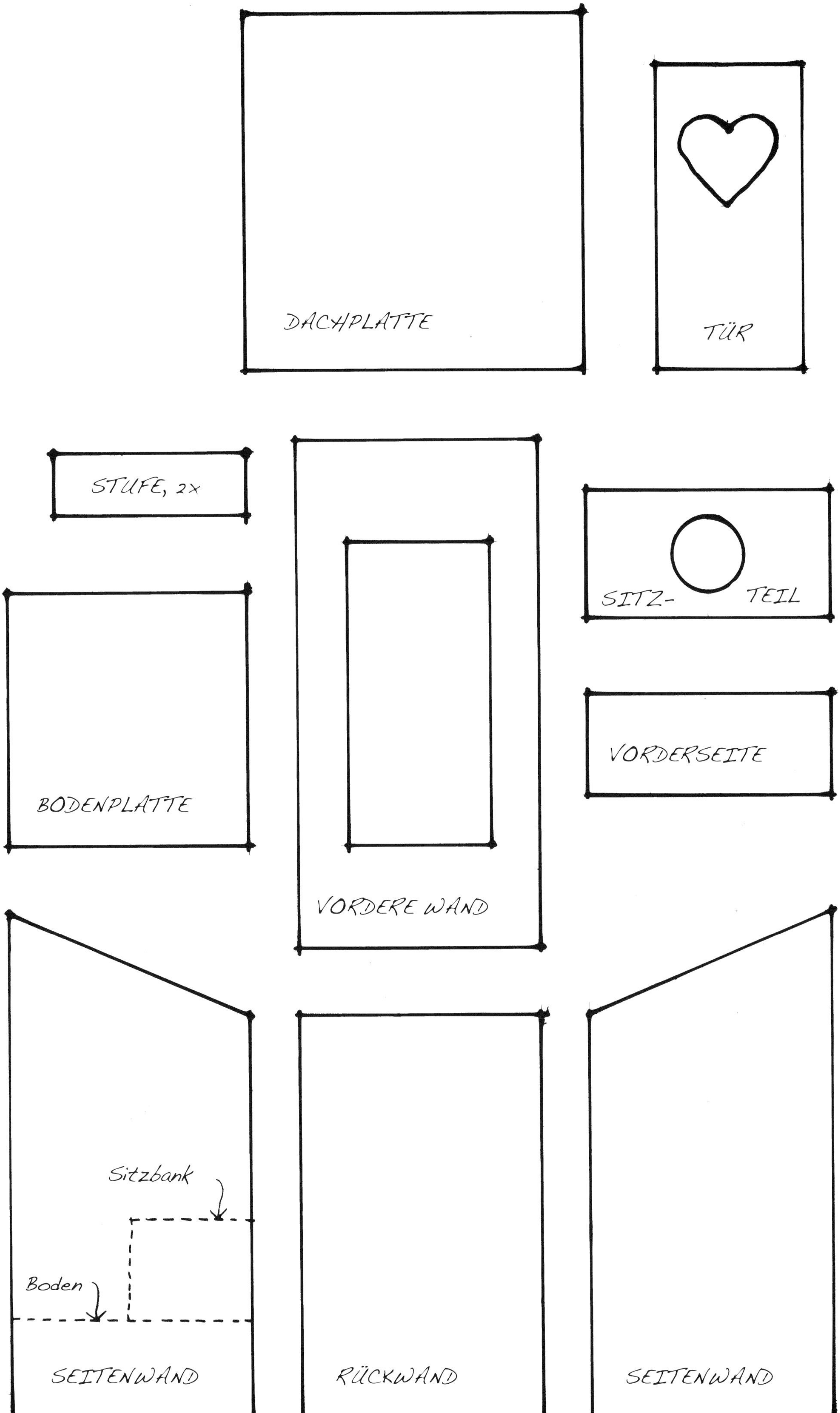
DACHPLATTE
TÜR
STUFE, 2x
SITZ-
TEIL
VORDERSEITE
BODENPLATTE
VORDERE WAND
Sitzbank
Boden
SEITENWAND
RÜCKWAND
SEITENWAND

Viele Küsse

In der Nordischen Mythologie tötet Hödur Balder mit einem Mistelzweig. Der Mistel wurden deshalb magische Kräfte nachgesagt – und das bereits bevor der Brauch nach Schweden kam, sich unter Misteln zu küssen. In früheren Zeiten glaubte man, dass Misteln die Kraft besäßen, Hexen und böse Geister fernzuhalten. Daher brachte man die Zweige am Türpfosten an.

Auch wenn Sie nicht daran glauben: Hängen Sie einfach einmal zu Weihnachten Misteln über die Tür und küssen Sie diejenigen, denen Sie darunter begegnen! Der Brauch stammt aus Großbritannien zur Zeit des 18. Jahrhunderts. Die Mistel lebt als Parasit auf Laubbäumen und ist in Schweden geschützt. Ihre magischen Kräfte sollen diejenigen, die sich zu Weihnachten unter Misteln küssen, davor schützen, unverheiratet zu bleiben. Auch wenn die Singles heutzutage bestimmt nicht ernsthaft daran glauben, findet diese Tradition in den letzten Jahren wieder mehr und mehr Zuspruch.

Die Regeln dabei sind ganz einfach: Jeder Mann, der eine Frau unter dem Mistelzweig geküsst hat, muss eine Mistelbeere pflücken. Ist die letzte Beere gepflückt, ist die Magie aufgebraucht, und es hat sich leider ausgeküsst …

Edel Books
Ein Verlag der Edel Germany GmbH

Neumühlen 17, 22763 Hamburg
www.edel.com
1. Auflage 2013

Projektkoordination der deutschen Ausgabe:
Nina Schnackenbeck
Texte: Eva Grane und Ylva Norman
Zeichnungen: Ylva Norman
Übersetzung: Anne Görblich-Bayer
Redaktion und Satz der deutschen Ausgabe:
Anne-Kathrin Wahler, bookwise GmbH, München
Umschlaggestaltung: Groothuis, Lohfert, Consorten,
Hamburg | www.glcons.de

Umschlagfotografien und Fotografien Innenteil:
Åke Gunnarsson
Fotografie Seite 20: Deutsches Uhrenmuseum Furtwangen
Fotografien Seite 86, 134–135 und 202: Agneta Larsson

Druck und Bindung: optimal media GmbH, Glienholzweg 7,
17207 Röbel / Müritz

Erstveröffentlichung unter dem Titel „Pepparkakshus &
Mera Julbus" durch Balkong Förlag, Schweden

Printed in Germany

ISBN 978-3-8419-0224-5

Weihnachten steht wieder vor der Tür

Kerzen brennen, Düfte locken und – mit viel Glück – schneit es auch. Es stehen Besuche und Einladungen bei Familie, Verwandten und Freunden an. Das sind viele gemeinsame freie Stunden nach dem üblichen Stress an den Tagen vor dem Heiligen Abend.

In unserer Familie gab es schon immer die Tradition, gemeinsam Lebkuchenhäuser zu backen. Das macht Spaß, auch wenn es manchmal ein wenig knifflig ist. Umfang und Ergebnis der Backaktion lassen sich nicht wirklich planen. Das Einzige, mit dem man dabei immer rechnen kann, sind die Brandblasen an den Fingern vom heißen Zucker. Mogeln gilt hier aber nicht. ALLES muss schön sein und ALLES essbar. Sogar der Kleber. Aber da die Brandblasen so rot sind, passen sie eigentlich ganz gut zur allgemeinen Vorliebe für die Farbe Rot zu Weihnachten.

Vor zehn Jahren wurde in Schweden unser erstes Buch zum Thema Lebkuchenhäuser veröffentlicht. Diese noch viel umfangreichere Ausgabe erscheint nun endlich auch in Deutschland: mit allen unseren bereits vorgestellten Häusern und ebenso vielen neuen. Außerdem gibt es in diesem Buch noch mehr zum Thema Weihnachten zu entdecken, wenn wir schon mitten in den Weihnachsvorbereitungen stecken.

Suchen Sie sich Ihr ganz persönliches Traumhaus aus. Die einzelnen Bauteile können Sie direkt aus diesem Buch übernehmen. Sie sind alle im Maßstab 1:1 angelegt, und die dazu gehörenden ausführlichen Anleitungen helfen Ihnen, dass der Bau Ihres Hauses auch gelingt.

Wir wünschen Ihnen viel Freude und auch die nötige Ruhe und Geduld beim Backen!

„Und hätte ich nur einen Pfennig im Sack, du solltest ihn haben, um dir Pfeffernüsse zu kaufen.“

Liebes Leid und Lust, 5. Akt, 1. Szene
(Übersetzung von Wolf Graf Baudissin)